Minerva Shobo Librairie

# スクールソーシャルワーカーの学校理解

子ども福祉の発展を目指して

鈴木庸裕

[編著]

ミネルヴァ書房

## はじめに

　日本の教育現場に，スクールソーシャルワーカーが導入された経緯や背景をどう評価するのか。それを語るにはまだ拙速と思われる。その理由の1つに，学校におけるソーシャルワークと教師の教育活動との実践交流やお互いを高めあう交互作用がまだ不十分であるという点がある。1990年代以降，社会福祉も学校教育も，ともに実践や支援の対象拡大を広げ，「何でも屋」と揶揄される状況にある。しかも両者のつながりも現場での個人的な努力に依存しており，組織的な協働が乏しい「隣人」のままになっている。「スクール」と冠しつつもさらに学校理解が求められる現状にある。

　スクールソーシャルワーカーと教師との関係において，「特定の子どもが対象―すべての子どもを対象」「事後対応介入や問題解決的対応―予防的・開発的対応」「個別的対応―集団的対応」といった二項対比がまだまだみられる。教師や学校とスクールソーシャルワーカーあるいは社会福祉とが出会う媒介項に，何らかの困難や問題のケースばかりがある。これでは真の隣人にはほど遠い。

　ソーシャルワーカーが使う「ストレングス視点」という言葉と，学校現場での「子どもの良さ」という言葉にはどのような共通点とちがいがあるのか。こうした観点を通じた福祉と教育の協働の模索もこれからである。

　子どもたちの学びや命，暮らしをめぐる今日的な「生きづらさ」について，社会福祉職も教育職もそれぞれに共通の課題をもち，両者がともに手を携えて子ども福祉と学校教育それぞれの課題を串刺しする具体的な実践（学校福祉実践）と向きあう必要がある。

　そのためには，「学校という場での教育活動のなかにある福祉活動の価値とその可能性を見出すこと」「困難を体験する子どもたちのなかに，成長や発達の芽を見出すこと」「事後対応ではなく，予防としてソーシャルワークをとらえること」が大切になると思われる。

これらを通じて，子どもの生活要求に根ざした教育活動が実現でき，さらに子どもたちが環境に働きかける主体に育つのではないだろうか。

そこで，本書は，大きく3つのことを目的としている。

- 「社会福祉・福祉専門職・ソーシャルワーク」と「学校教育・教育職・教育実践」が，ともに子どもの最善の利益や達成感のある学校生活と学習の保障を目指す「同時代の専門職」として，それぞれの実践的価値や目的，方法・技術，人材養成・育成において，何を共有すべきかを考える。
- スクールソーシャルワーカーにとって，今日的な学校経営や学級経営，生徒指導，教育相談をめぐる教育実践，教師の指導観や職業観，組織文化などをめぐる「学校理解（職場理解）」の習得が，ややもすると経験則ないしOJTになりがちなため，そのサポートを考える。
- 人びとの苦悩や悩みを目の前にして，「どう支援するのか」という方法や技術，知識に目が向きがちな現状のなかで，「何を支援するのか」「なぜ私は学校にいるのか」を振り返る視座を提案する。

スクールソーシャルワーカーは，「即戦力」として扱われることが多い。本書が，こうした現状のなかで苦戦する初任者や経験者，あるいはスクールソーシャルワーカーを目指す人びとに，自信をもって「職場としての学校や教育関係機関」に一歩踏み出していけるようになる「後方支援」の一助でありたいと考えている。

本書の構成は学校や学校・家庭・地域のつながりへの今日的な理解をめぐる理論部分（第1章から第6章）と学校や教師，子どもとともに成長するスクールソーシャルワーカーの実践部分（第7章・第8章）からなっている。第1章では，今日求められる学校教育改革の一員としてスクールソーシャルワーカーにはどのような課題があるのかを概説，第2章は，現代の貧困論と子ども理解を学校からいかに掘り下げるのか，第3章では子どもの発達保障と教育福祉論の筋道から学校におけるソーシャルワークを問い直す視点，第4章では学校・家庭・地域のつながりにおいてそもそも学校の位置にはいかなる意味があるのか，第5章では福祉職が教師の生活指導をめぐる教育実践から何を学び取るべきか，

はじめに

　第6章では臨床教育論の視点からスクールソーシャルワーカーの役割をひも解くという，それぞれに問題提起である。

　第7章からは，ミクロ・メゾ・マクロのつながりをもとに，スクールソーシャルワーカーの専門性について論じている。ピンチをチャンスとするような展開を深める実践的要点や実際の学校・教育機関を職場や職域とする社会福祉専門職の知識理解について実践的に提起するものである。第8章は「スクール」を冠するソーシャルワーカー固有の学びについて，今日的課題を示しつつ，スーパーバイズの実際や集合研修のあり方について論じている。ぜひ，各章末の「コラム」や巻末の「スクールソーシャルワーカーに読んでほしい学校教育・教育実践関連の図書一覧」にも目をとおしていただきたい。

　本書の執筆者は，スクールソーシャルワーカーとともに歩む教育学や児童福祉学およびソーシャルワーカー養成にあたる大学研究者，スクールソーシャルワーカーの育成や研修，スーパーバイズにあたる実践家である。ぜひ，現任のスクールソーシャルワーカーやこの職業を目指す学生・院生，社会福祉士，精神保健福祉士，教職関係者，社会人の方々に読んでいただき，ともにこれからのスクールソーシャルワーカーの営みを深めていければと考える。

　2015年5月

筆者を代表して　鈴木庸裕

## スクールソーシャルワーカーの学校理解
―― 子ども福祉の発展を目指して ――

## 目　次

はじめに

# 第1章　スクールソーシャルワーカーと学校福祉 …… 1

## 第1節　「危機のなかの教育」と学校，そして教師は …… 1
　　（1）改正教育基本法を読む　1
　　（2）教師の職務　3
　　（3）教員文化の変容——指導の無限定性　5
　　（4）これからの学校論への接近　6

## 第2節　教育と福祉の養成論の共通点を探る …… 8
　　（1）人材育成をめぐるガバナンスとマネジメント　8
　　（2）スクールソーシャルワーカーと教員の養成カリキュラム　9
　　（3）社会福祉職と教育職の結節点を発見する　12

## 第3節　学校の福祉的機能の再生 …… 13
　　（1）地域の福祉施設としての学校　13
　　（2）学校福祉論の構造　14
　　（3）学校がソーシャルワークに求めるもの　16

## 第4節　「支えられる能力」をめぐる実践的提起 …… 18
　　（1）抱え込み——支える能力から支えられる能力への転換　18
　　（2）学校の協力を得て発展する子ども福祉　19
　　（3）福祉と教育の境界面をめぐる実践研究の重要性　21

〔コラム1〕"ソーシャル・センター"としての学校——ジョン・デューイから学ぶ　22

# 第2章　学校から子どもの貧困を問い直す …… 25

## 第1節　子どもの貧困と貧困対策 …… 25
　　（1）「子どもの貧困」とは　25
　　（2）子どもの貧困対策法　29

## 第2節　子育て格差とみえない貧困 …… 29
　　（1）豊かな子育てで育まれる「能力」　29
　　（2）学校での貧困のみえ方　31

第3節　貧困対策をめぐる教師と学校………………………………………33
　　　　　（1）貧困に対する教師の取り組みと現状　33
　　　　　（2）プラットフォームとしての学校？　34
　　〔コラム2〕学校事務職員からみた子どもの貧困　38

# 第3章　スクールソーシャルワークと子どもの権利………………40

　　第1節　子どもの権利………………………………………………………40
　　　　　（1）ソーシャルワークと子どもの権利　40
　　　　　（2）子どもの権利条約の意義　41
　　　　　（3）マクロな視点からみたスクールソーシャルワークの課題　42
　　第2節　スクールソーシャルワークによる子どもの権利保障…………44
　　　　　（1）競争主義の否定的影響からの保護　44
　　　　　（2）「子どもの最善の利益」を保障する学校の協働性支援　45
　　　　　（3）地域に根ざす教育の再建とスクールソーシャルワークの課題　46
　　第3節　スクールソーシャルワーカーの職業倫理………………………47
　　　　　（1）遵守すべき価値　47
　　　　　（2）子どもの最善の利益と社会正義の追求　48
　　第4節　教育福祉としてのスクールソーシャルワーク…………………49
　　　　　（1）教育と福祉の統一　49
　　　　　（2）「教育福祉」論とスクールソーシャルワーク　50
　　　　　（3）「教育福祉」実践における教師との協働　51
　　〔コラム3〕高校福祉科教員とスクールソーシャルワーカー　52

# 第4章　学校である意味と課題………………………………………55

　　第1節　学校による問題発見機能…………………………………………55
　　　　　（1）問題発見機能　55
　　　　　（2）教職員による発見と支援へのつなぎ　56
　　第2節　学校による家庭支援機能…………………………………………57
　　　　　（1）保護者に働きかけられる立場　57

（2）家庭全体を支援できる専門職　58

　第3節　学校・家庭・地域の連携………………………………………59
　　　（1）学校・家庭・地域の連携の推進　59
　　　（2）学校・家庭・地域の連携における課題　60
　　　　　事業の濫立／分野の縦割り／自助・互助・共助・公助の分断

　第4節　誰もが生活しやすい地域………………………………………64
　　　（1）誰もが生活しやすい地域とは　64
　　　（2）誰もが生活しやすい地域を創る要素　64
　　　　　総合相談／協働の場
　　　（3）誰もが生活しやすい地域を創る仕組み　66
　〔コラム4〕学校と地域をつなぐNPOの取り組み　68

# 第5章　子どもの生活現実から出発する教育実践………………71

　第1節　子どもの自立を支援する2つの実践記録から……………71
　　　（1）被虐待児とその母親への支援　71
　　　（2）知的障害を抱える子どもと母親への支援　72
　　　（3）教師の実践とソーシャルワーカーの実践　73

　第2節　スクールソーシャルワークを担ってきた学校と教師………74
　　　（1）子どもの問題行動をめぐって連帯する教師たち　74
　　　（2）関係機関と連携する学校　75
　　　（3）教師たちによるソーシャルワーク　75

　第3節　生活指導と生徒指導……………………………………………77
　　　（1）生活者としての自立を支援する生活指導　77
　　　（2）生活現実との闘いに共闘する　77
　　　（3）生活システムへの適応を図る生徒指導　78

　第4節　生活指導とスクールソーシャルワークの接点………………80
　　　（1）スクールソーシャルワークにおける「人間と環境の相互作用」　80
　　　（2）生活指導における「環境変革と自己変革」　82
　　　（3）福祉の教育的機能と生活指導　83

　　　　（4）「ミクロ・メゾ・マクロ」——「生活，関係・組織，制度」　84
　　　　（5）「アセスメント——プランニング——モニタリング」と「分析——方針——総括」　84
　　〔コラム5〕子ども心のなかにきっとある「しあわせになる種」をみつけたい
　　　　　　——学校でのコーディーネーターとしての実践　86

# 第6章　臨床教育学からみた学校ソーシャルワークの視点 …………89
## 第1節　臨床教育学の目的 ……………………………………………89
　　　（1）3人の体験談　89
　　　（2）臨床教育学の課題　93
　　　　　教室のなかの子どもの姿，教師の行為，学校の日常といった生々しさを問う／教師を代表とする発達援助専門職の養成と生涯学習のあり方を問う／子どもや教師，学校，教育実践がおかれている社会環境に視野を広げる／子ども理解と専門職である自分理解のための方法論の構築／不登校，いじめ，虐待といった教育病理現象へのアプローチ

## 第2節　心理教育的アプローチとソーシャルワーク ……………………95
## 第3節　プロフェッショナル養成 ……………………………………96
## 第4節　子どもの学習と生活の質（QOL）のつながり ………………98
　　〔コラム6〕保健室からの子どもの見守り　103

# 第7章　学校におけるソーシャルワークの実践 ……………………106
## 第1節　教師の同僚性や子ども・保護者の教育参加を活かす ………106
　　　（1）学校での支援の特徴　106
　　　　　学校の役割の遂行を支援する／一般の相談機関でのソーシャルワークとの相違／スクールソーシャルワーカーの支援の対象
　　　（2）アセスメントと支援のデザイン（支援の設計図）　108
　　　　　支援のデザインの必要性／当事者を活かす支援のデザイン／子どもや保護者の強みを活かす支援のデザイン
　　　（3）教師の同僚性と子どもの環境　112
　　　　　教師集団における人間関係の困難／学校システムと同僚性／教師の子ども理解とアセスメント／ケース会議の効果／美しい学校環境
　　　（4）スクールソーシャルワーカーの役割　118

第2節　勤務場所の拠点と専門職としての軸足──アプローチの多様性を考える………………………………………………………………………………*123*

　　（1）勤務形態の移り変わりのなかで　*123*

　　（2）「どこにいても変わらない」スクールソーシャルワーカーの仕事　*125*

　　　　「スクールカウンセラーの代わりに，相談室登校の子どもたちの面倒をみてほしい」／学校を"ソーシャル・センター"として機能させる／家庭や学校以外にも，子どもの社会資源を生み出すということ／指導主事とともに築いた地域の特別支援教育

　　（3）スクールソーシャルワーク実践の軸足をどこにおくか　*133*

第3節　学校アセスメントのあり方………………………………………………*134*

　　（1）学校区の地域性を理解する　*134*

　　（2）学校組織を理解する　*135*

　　（3）教職員の関係性を理解する　*140*

　　（4）学校と関係機関の関係性を理解する　*142*

第4節　学校・教育委員会の教育計画とスクールソーシャルワーク……*145*

　　（1）"あいまいな存在"としてのスクールソーシャルワーカー　*145*

　　（2）スクールソーシャルワーカーの役割と教育計画　*146*

　　（3）教育計画におけるスクールソーシャルワーカーの位置づけ　*148*

　　　　国における教育計画とスクールソーシャルワーカー／地方自治体における教育計画とスクールソーシャルワーカー／学校における教育計画および学校評価／学校計画・学校教育指導・学校評価の具体的項目および概要

　　（4）特別支援教育・障害者基本法とスクールソーシャルワーカー　*152*

　　（5）スクールソーシャルワーカーとしての職務遂行のために　*153*

第5節　スクールソーシャルワークにおいて求められる法制度の理解と活用……………………………………………………………………………………*154*

　　（1）法制度を活動基盤とするスクールソーシャルワーク　*154*

　　（2）学校と法制度──スクールソーシャルワーカーが配慮すべきこと　*157*

　　（3）児童虐待と法制度　*159*

　　（4）非行・いじめと法制度　*162*

　　（5）貧困と法制度　*164*

〔コラム7〕スクールソーシャルワーカーの配置・巡回・派遣について考える　*168*

目　次

## 第8章　自らの知識や経験をいかに活かすのか……………………171

　第1節　［座談会］スクールソーシャルワーカーの学びを考える………171

　第2節　スーパーバイズの実際から……………………………………184

　　（1）個別スーパービジョンの目的と重点　184

　　　　個別スーパービジョンの機能と内容／スーパービジョンの内容

　　（2）スーパービジョンの展開例　187

　　　　大学を卒業してすぐにスクールソーシャルワーカーへ／高齢者福祉関係者からスクールソーシャルワーカーへ／子ども家庭福祉の相談機関からスクールソーシャルワーカーへ／心理職からスクールソーシャルワーカーへ／教育職からスクールソーシャルワーカーへ

　　（3）個別スーパービジョンの意義　206

　　　　スーパーバイジーにとっての個別スーパービジョン／スーパービジョンを活かすスーパーバイジー

　第3節　研修会や学習会をどう進めるか…………………………………209

　　（1）初任者（経験者）研修などでの総括的なプログラム　209

　　　　学習の見とおしを立てる／学習プログラムの一覧例／好奇心・観察力・洞察力を高める

　　（2）「支援のデザイン力」を高めるスキルアップのグループ討論　212

　　　　討論をとおして深める／討論題目の例／ミクロ―メゾ―マクロへの視野の広がり

　　（3）アセスメントシートを活用した学習会　214

　　　　包括的アセスメントの手法を学ぶ／集めた情報を記入する／学校は「情報の宝庫」

　　（4）教師や地域関係者向け研修の概要　220

　　　　スクールソーシャルワーカーによる研修会について／校長会研修「児童虐待への対応と要保護児童対策地域協議会」より／研修後の感想

　　（5）自己点検の指針をもつ　224

　　　　自ら，そして仲間と共有するよりどころ／自己点検の例／指針はつねに見直しを

　　（6）集合研修（学習会）のパッケージを考える　226

　　　　人材育成の年間計画づくり／パッケージ例／ワーカーだけにならないように

〔コラム8〕活動目標を自らつくる　*228*

おわりに——個の尊厳を守る専門職として　*231*
〔巻末図書一覧〕スクールソーシャルワーカーに読んでほしい学校教育・教育実践
　　　　　　　関連の図書一覧　*233*

索　引　*239*

# 第1章
## スクールソーシャルワーカーと学校福祉

──ポイント──

　ソーシャルワーカーが学校や教育機関を職場とし，教職員とともに子どもたちと向きあう時代がきた。さらに，社会福祉専門職が日本の教職員と「同時代」を生き，その「同時代」を分かちあう職業になろうとしている。本章では，スクールソーシャルワーカーが今日の学校や教師の姿を理解するうえで欠かせない，1990年代以降の学校改革の状況とその背景について論じる。特に，教育基本法の改正や教師文化の変化，教職と社会福祉職の人材養成をめぐる結節点，そして学校の福祉的機能（学校福祉）の課題をふまえ，これからの学校教育改革にとって，スクールソーシャルワーカーは何を担うのか。子どものウェルビーイングを中心とした，教師とスクールソーシャルワーカーとの協働の糸口を掘り下げてみたい。

## 第1節　「危機のなかの教育」と学校，そして教師は

### （1）改正教育基本法を読む

　今日の子どもたちの生きづらさは教師の苦悩とも響きあうものである。
　まず，「危機のなかの教育」(1)という今日的課題のなかで，教育基本法の改正をみる。
　教育基本法は，1947（昭和22）年に施行され，戦後日本のさまざまな教育関係法令の運用や解釈の基準として「教育憲法」とも呼ばれた。戦前の教育や教育勅語を払拭し，戦後の教育改革を担ったこの教育基本法の「前文」には，「たゆまぬ努力によって築いてきた民主的で文化的な国家を更に発展させるとともに，世界の平和と人類の福祉の向上に貢献することを願う」ことが明記さ

れ，教育の力によって日本国憲法の理念実現を目指そうとする礎(いしずえ)であった。

その教育基本法（以下，旧法と略す）が2006（平成18）年12月に改正された。いくつかの特徴を示すと，1つ目に，旧法では学習指導要領の「告示」に止まっていた道徳教育の規定が改正教育基本法には明記された。「公共の精神」を尊ぶことが掲げられ，「教育の目標」に「豊かな情操と道徳心を培う」（改正教育基本法第2条）ことが示された。旧法にはなかった「愛国心」が教育の目標の1つとなり，「伝統と文化を尊重し，それらをはぐくんできた我が国と郷土を愛するとともに，他国を尊重し，国際社会の平和と発展に寄与する態度を養うこと」という形でふれられた。2つ目に，旧法の第4条にあった「九年の普通教育を受けさせる義務」が削除され，具体的な記述がなくなり，「別に法律に定めるところにより」（改正教育基本法第5条）となった。誰もが自明としてきた学校の6・3・3制の制度改革が目論まれ，小中連接（一貫）や学校の統廃合基準の緩和，そして単線型から複線型への転換などがみえかくれする。3つ目に，教員は国民の「全体の奉仕者」として国民に対し直接に責任を負うべきものという文言が削除された。4つ目には，教員に対する「養成と研修の充実が図られなければならない」という規定が改正教育基本法第9条に加わり，その具体化の1つに教員免許の更新制導入がある（改正後の学校教育法）。「全体の奉仕者」という規定の削除と研修規定の登場は，教師の身分保障や待遇面で今後の立法政策によって変動が起こり得る道を開いた。為政者による施策目的の実現のために，教師にとっての憲法第23条の学問の自由や職務権限の独立性が削除されることになった。

こうした改正点にはどのような意味があるのか。第1に，日本の教育改革が国民の総意というよりも，個々の事象（特にメディアの影響や多数派の意見）による改革論議によって，目先の「現実的近視眼的処置」となるスタイルを呼び起こしてしまうこと。第2に，不登校やいじめ，非行・暴力，ネグレクト，子どもが経験する貧困，体罰といった諸課題を私事化・個別化し，「学校が生み出す子どもの能力主義的な排除や選別」という根本的な課題を，子ども自身や個々の学校，教職員，保護者の自己責任に押しつけてしまうこと。第3に，そ

の一方でこうしたさまざまな教育課題に蓋をせんがために，課題を個々人の心の問題へと転化し，あと追い対処型のマンパワー活用（人材活用）を生み出してしまうこと，などが挙げられる。

　こうした教育基本法の改正に対して，もはや教育基本法＝教育の機会均等という認識に止まっておれないことに留意しなければならない。今日の教育施策の動向を認識したうえで，日常の実践の振り返りとしての反省だけではなく，「何のために誰のために私たちはスクールソーシャルワーカーとして仕事をするのか」という省察できる資質が求められる。[3]

### （2）教師の職務

　教職は，かつて「聖職」とされ，社会的に安定した職業といわれてきた。しかし，近年，中途退職する人が毎年1万2,000人を超え，休職する人も少なくない。2012（平成24）年の休職者8,341名のうち，その半数以上の4,960名が「精神疾患」とされ，この10年で現職者に占める割合が3倍になった。対人専門職の看護師や弁護士などに比べるとその比率は高い。校種では中学校と特別支援学校に多く，年代的には50代で，転勤1年目の時期に多い。全国的に40代の教員比率が少ないなかで，経験豊富な50代の教員に異変があると，突如30代20代の教師が学校経営の矢面に立つこともある。

　表1-1は小中学校の全国平均（4月分）ではあるが，教師の業務分類と1日の勤務時間の配分である。[4]

　生徒指導（個別指導）が11分，保護者対応が20分，会議・打ちあわせが30分という数字をみると，支援ケース会議の開催を提案しようとするスクールソーシャルワーカーにとって，とても躊躇してしまう。そもそも，「子どもよりパソコンと向きあう時間が増えた」という教師の多忙化の根源に「事務化」「事務量の増加」がある。「もっと時間があったらスクールソーシャルワーカーにたよらなくても」という声も少なくない。適切な教育活動の条件整備が後退し，教育問題の現場主義（水際対応）と自己責任の重みが増すことによりストレス・バーンアウトが教職の専門職性を阻んでいる。モンスターペアレントや中

表1-1 4月の業務分類と1日の勤務時間の配分（小中学校の平均）

| 業務の分類 | 時間 | 主な内容 |
| --- | --- | --- |
| 朝の業務 | 34分 | 朝打ちあわせ，朝学習，朝読書の指導，朝の会，朝礼，出欠確認など |
| 授業・授業準備 学習指導 | 5時間27分 | 教科指導，道徳，特別活動，指導案作成，教材研究，授業打あわせ，補習指導，個別指導，成績処理，採点，通知表記入など |
| 生徒指導（集団指導） | 1時間10分 | 登下校指導，安全指導，給食指導，清掃指導，健康指導，生活指導，全校集会，避難訓練など |
| 生徒指導（個別指導） | 11分 | 個別の面談，進路指導・相談，カウンセリング |
| 部活動・クラブ活動 | 39分 | クラブ・部活動，対外試合引率 |
| 生徒会活動 | 5分 | 児童会・生徒会指導，委員会活動の指導など |
| 学校行事 | 14分 | 遠足，体育行祭事，文化祭，入学式・始業式など |
| 学級経営 | 26分 | 学級活動（ホームルーム），連絡帳の記入，学年・学級通信作成，名簿作成，掲示物，動植物の世話，教室環境管理，備品整理など |
| 学校経営 | 29分 | 校務分掌にかかわる業務，初任者・教育実習生などの指導，安全点検，校内巡視，機器点検，校舎環境整理など |
| 会議・打ちあわせ | 30分 | 職員会議，学年会，教科会，成績会議，学校評議会，教員同士の打ちあわせ・情報交換，業務関連の相談，会議・打ちあわせの準備など |
| 事務・報告書作成 | 22分 | 業務日誌に作成，統計報告，校長・教員報告書類，自己目標設定など |
| 校内研修 | 5分 | 校内研修，校内の勉強会・研究会，授業見学，学年研究会など |
| 保護者対応 | 20分 | 学級懇談会，PTA総会，学校ボランティア対応，保護者面談，家庭訪問，電話連絡 |
| 地域対応 | 1分 | 学区，地域住民への対応，会議，地域安全活動（巡回見回りなど），地域への協力活動など |
| 関係機関 | 0分 | 教育委員会関係者，保護者，地域住民以外の関係者，来校者の対応 |
| 校務としての研修 | 4分 | 初任者研修，校務としての研修，出張をともなう研修など |
| 校外会議 | 5分 | 校外での会議打ちあわせ，出張をともなう会議 |
| その他の校務 | 14分 | 上記に分類できない校務など |
| 休息・休憩 | 9分 | 校務と関係のない雑談，休息・休憩など |

出所：業務分類と時間配分・小中学校の平均（文部科学省2007）を筆者一部改変。

1プロブレム,小1プロブレムといった状況も,保護者や子どもから信頼される教育の知識と技術の確立だけではなく,教育の方針や教育内容への国家統制が厳しくなり,教師の自主的な教育活動が制限されていることに起因するものである。

### (3) 教員文化の変容——指導の無限定性

「学校教育の直接の担い手である教員の活動は,人間の心身の発達にかかわるものであり,幼児・児童・生徒の人格形成に大きな影響を及ぼすものである。このような専門職としての教員の職責にかんがみ,教員については,教育者としての使命,人間の成長・発達についての深い理解,幼児・児童・生徒に対する教育的愛情,教科等に関する専門知識,広く豊かな教養,そしてそれらを基盤とした実践的指導力が必要である」[5]とされる。この上記に示される5つの素質要素によって有機的につくりあげられるとされる。ここに教師の仕事の無限定性があり職業倫理にもなっている。日本の教師には,「校内のすべての活動に何らかの教育的意味を付与しよう」[6]とする指導文化がある。しかし,1990年代以降,この指導文化は,学力向上に象徴される子どもの学習活動にかかわるすべての事柄が対象となり,前述した実践的指導力に根ざした教師の役割ではなく,子どもの学習行為に資するかどうかによって規定される性格へと変容した。その分,かつて学校外や地域教育に及んでいた「教育的意味」が縮小してきた。

総じて学校文化は「教える—教えられる」「指導—被指導」によってのみ成り立っているのではなく,学習活動への無限定な関心と熱意の必要性は保護者とも共有している。子どもの発達支援における○○プログラムやSST,ペアレンティングなども,子どもの人格形成よりも学習活動の補完や補充という流れに傾斜する。学力テストの学級平均点をいかに上げたかが保護者から評価される社会風潮も教員文化に影響を与えていることに関心をもたねばならない。

スクールソーシャルワーカーが,教師の仕事の無限性やシャドーワークという教員文化と向きあうときにいくつかの省察点がある。まず第1に,教師の仕

事の過剰な職務を改善し軽減するという視点もあろう。しかし，その無限性を積極的に活用することにより多様で科学的なアセスメントが可能になる。ソーシャルワークの専門性とは，多様であいまいな対象に寄り添うことから始めるというものではなかったか。そのことに改めて降り立つ必要がある。第2に，福祉職が使う用語についてである。いじめや不登校，非行・暴力といった用語は，教育問題を数値化する際の教育行政用語である。したがって，不登校の背景にあるネグレクトや友人関係，親子関係，教師や学校との関係に着目し，社会福祉固有の「環境との相互作用」に立脚したカテゴリーで示し直すことが私たちにとって大切になる。つねに「本当の主訴は何か」を問い，それを用語として現わすことが大切になる。第3に，問題解決に際して，教師の経験知や見立てと絡みながらも，ソーシャルワークの諸技法を通じて，学校の「対処と結果」の過程に入り込むスティグマや排除へのアドボカシーの視点が大切になる。その際，学校がもつ既存の「予防としての教育活動」の存在を理解し，そしてその部分に自らどのように参画するのか。子どもの成長はすべて学校で完成するものではない。また社会の失敗を教育にのみ求めるものではない。教育職も福祉職も，ともに誤る可能性のある仕事であり，ともに内省が求められるという点で一致する仕事である。

（4）これからの学校論への接近

では，スクールソーシャルワーカーはどのような学校論をもてばよいのか。図1-1の「学校と教師の役割の類型」[7]を参考にみてみたい。この図は4つの象限に分かれ，「日本型学校」とは，教師＝授業者の色彩が強い欧米と異なり，指導の無限定性や地域の子育て支援，しつけや地域教育にかかわるフルサービスの学校である。その対局になるのが「学校スリム化」という類型である。1995（平成7）年の経済同友会が提案した「合校」論にみられるように，学校の役割を基礎学力と道徳教育に限定し縮小しようとするものである。具体的には学校週5日制導入により，結果として経済的格差や社会的階層が顕在化し，学校は親が選び求める教育サービスを実現する一機関となり，教育の私事化が

第1章　スクールソーシャルワーカーと学校福祉

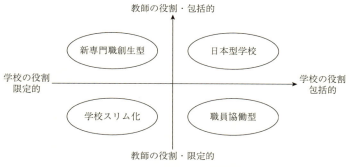

**図1-1　学校と教師の役割の類型**
出所：学校と教師の役割（油井 2007）。

強まった。「職員協働型」という類型は，学校への期待や仕事の肥大化に対して組織内の連携協力で対処しようとするものである。校務分掌ごとに個々の教師の責任の範囲や職務を明確にして，分担ごとに委ねるものである。しかし，この類型のなかで導入されたスクールカウンセラーの配置，司書や栄養士の教諭化，特別支援教育での医療的ケアや支援員の配置と教職員との協働とはいえず，お手伝いのマンパワーの域にとどまりがちであった。最後の「新専門職創生型」は，学校の機能を限定的にしつつも教師の役割の包括性に目を向けるものである。学力面では「学校スリム化」に似ているが，学校生活を下支えする家庭や地域のありように対して「学校でできることとできないこと」を明確にし，学校が外部専門職と実践を共有するソーシャルセンター的役割をもつものである。その際，新自由主義的な社会資源の自由選択という私事化とは決別し，教育の公共性を重視し，学校・家庭・地域の連携とそれぞれの当事者性を重視する。これは教師の代替ではない。この類型にあたる学校論がスクールソーシャルワーカーの配置や機能を求めている。

　今日，こうした4つの学校類型が1つの自治体のなかでも個々個別に併存するがゆえに，スクールソーシャルワーカーにとっては多面的な学校や地域のアセスメントが重要になる。また，「新専門職創生型」では，多様なバックグラウンドをもつ支援人材（臨床心理士，学校心理士，発達心理士，ガイダンス教師，児

童福祉や障害者福祉との人事交流経験のある教員）が対人援助や発達支援に携わる機会となる。ゆえに，社会福祉職固有の専門性が明示されねばならない。何よりも，スクールソーシャルワーカーの仕事が学校の機能の再定義（学校の改変）にいかにつながるのか。この点を深めることがこれからの学校におけるソーシャルワークのターニングポイントになる。

## 第2節　教育と福祉の養成論の共通点を探る

### （1）人材育成をめぐるガバナンスとマネジメント

　戦後，教職員の自治によって行われてきた内発的な学校改革が，教頭・主任の設置や勤務評定の法制化や1965（昭和40）年の地方教育行政法などによって外発的な学校改革へと変容した。管理主義や学歴主義への批判のなか，1980年代は小刻みな変容がなされ，「ゆとり教育」路線もその1つである。その後，1990年代は「第3の学校経営改革(8)」といわれ，教育委員会による諸規制が緩和され，校長のリーダーシップ（裁量権）が強化された。さらに職員会議が校長の補助機関になり，学校評議員の設置などを通じて学校の説明責任が高まった。個別の学校経営の制度や教育組織にガバナンス（外的規制）が働き，教師の教育実践のなかにも民間の手法であるPDCAサイクルが導入され，個々の学校に一定の成果達成のアウトプットを自己責任において求めるマネジメント化がはじまった。こうした学校経営改革が1990年代から2000年代にかけて拡大し，これが人材育成や養成にも求められ，結果責任―出口規制をもたらした。そこで求められる力量は，かつての「鍋（なべ）ぶた構造」（一部の管理職とあとはフラットな関係の教諭組織）から「ピラミッド構造」（教職員の序列階層構造や上意下達の促進），そして「プロジェクト構造」への変化を後押しするものである。

　近年，スクールソーシャルワーカーの実践において，ケース会議やメゾ・ソーシャルワークに関心が向きつつあるのも，その現状を反映している。2008（平成20）年以降「スクールソーシャルワーカー」の語句が教育学関係の著書のなかにも増えているが，その多くは教育社会学や教育制度論の関係である。生

徒指導や学級経営の教育関係書には少ない。このことから推測すると、今学校現場はソーシャルワークに対して何を期待しているのかがみえてくる。まずは目の前の学校的課題かもしれないが、その先には内発的な学校改革への期待、つまり「子どもの顔がみえる」「すべての子どもにとって大切なことをみんなで考える」という学校風土への期待である。

　さて、社会福祉施策のガバナンスとマネジメントの動向はどうであろうか。社会福祉基礎構造改革に象徴されるように、1990年代後半に集中した介護保険法の成立と児童福祉法改正（1997〔平成9〕年）の直接的な改革を通じて、憲法第25条の生存権を土台とする戦後社会福祉の基礎構造（措置制度や社会事業への規制緩和化）の変容がある。利用者によるサービス選択や民間の福祉サービスへの参入促進、市場原理と競争を通じたサービスの質の向上、そして、利用者と提供者との対等な関係（権利擁護・苦情処理、第三者制度）の創出のなかに外的規制やマネジメントが作用してきた。社会福祉士・介護福祉士法の成立以降、人材の養成や確保のなかでも、そして本人の選択や契約の論理のなかにおいても、人びとの内発的な社会改革の誘発を狙う点で教職員と同様の課題をもつといえる。[9]利害関係者（ステークホルダー）を行政や機関、サービス提供者から、子どもや保護者、当事者に移し替えるシステムづくりへと変化している。これは学校教育においても同様である。したがって学校におけるソーシャルワークは、教育問題と社会福祉問題を同時に解決する（串刺しする）共通課題を提言する立ち位置にある。

### （2）スクールソーシャルワーカーと教員の養成カリキュラム

　社会福祉職にとっても教師にとっても、変化の著しい時代に生きる専門職に求められる資質能力が、養成段階から「即戦力」として求められがちである。最小限、採用時から職務に支障をきたさない実践力である。

　日本学術会議や日本社会福祉士養成校協会の提言や審議では、社会福祉基礎構造改革や地方分権化の推進による軋みから利用者の権利を保障する高度な専門性が人材育成の根幹に据えられている。また文科省の中央教育審議会大学分

**表 1-2　教員養成のカリキュラム**

| |
|---|
| 教職の意義等に関する科目<br>教職の意義および教員の役割，教員の職務内容（研修，服務および身分保障等を含む），進路選択に資する各種の機会の提供等 |
| 教育の基礎理論に関する科目<br>教育の理念ならびに教育に関する歴史および思想，幼児・児童および生徒の心身の発達および学習の過程（障害のある幼児，児童および生徒の心身の発達および学習の過程をふくむ），教育に関する社会的，制度的または経営的事項 |
| 実践に必要な理論および方法を修得させるための科目<br>教育課程および指導法に関する科目：教育課程の意義および編成の方法，各教科の指導法（○○教科指導法），保育内容の指導法，道徳の指導法，特別活動の指導法，教育の方法および技術 |
| 生徒指導，教育相談および進路指導等に関する科目：生徒指導の理論および方法，教育相談の理論および方法，進路指導の理論および方法，幼児理解の理論および方法 |
| 教育実習：事前事後指導，教育実習 |
| 教職実践演習：教員として必要な知識技能を修得したことを確認する |

出所：2010年改正より，筆者一部改変。

科会の「学士課程教育の構築にむけて」<sup>(10)</sup>では，グローバル化のなかで進む学習成果，大学全入時代の中での出口管理に重点がおかれている。こうした人材育成の課題は，教員養成課程とスクール（学校）ソーシャルワーカー養成課程においてもみられることである。

　教員養成カリキュラムは，2010（平成22）年に「教職実践演習」という出口総合の科目が設置されるなど，直近のものを示すと表1-2のようになる。

　スクールソーシャルワーカー養成の専門科目（講義や演習，実習，実習指導）では，スクールソーシャルワーカーを公教育に導入する意義や役割，実践モデル，スーパービジョンの必要性を基礎的な講義科目とし，「今日の学校教育現場が抱える課題とその実態」では「不登校，非行，学齢期の児童虐待，特別支援教育，家族の抱える課題（貧困・離婚他），外国籍児童の就学問題，学習遅滞，学習障害，教育福祉」などが教育内容の例とされる。この課程で設けられる教育関連科目では，「教育に関する社会的，制度的または経営的事項を含む科目」として，組織としての学校の特質やその経営に焦点がおかれ，教育制度が教師や子どもに与える影響等について学ぶ点が留意されている。そして，幼児，児

童および生徒（障害のある幼児，児童および生徒をふくむ）の心身の発達および学習の過程と生徒指導や教育相談などの科目が配置され，「生涯をとおして変化・成長する人間を心理的，社会的，身体的な視座からとらえ，ライフサイクルにそった発達とそのための条件について，また発達を阻害する要因等について学ぶ」ことなどが求められている。

　教員養成カリキュラムの「教育の基礎理論に関する科目」や「実践に必要な理論および方法を修得させるための科目」は，スクールソーシャルワーカー養成ではOJTの経験になりがちな部分になる（スクールソーシャルワーカーの実務経験があると履修免除となることもその一例）。したがって現職教員の経験者研修や職能研修に同席するような公的な学習機会が保障されるだけではなく，生徒指導や教育相談などについて教育職に求められるスキルと福祉職のそれとの差異をたしかめる機会が欠かせず，スクールソーシャルワーカーの業務の固有性を発見する学び方にも配慮が必要になる。

　もっとも大切なことは「子どもの学習活動や学び」，つまり「スクールソーシャルワーカーの仕事は子どもの学びにいかに貢献できるのか」，さらに「子どもたちにどのような力を育てるのか」という視点である。教員養成カリキュラムの流れ（年次進行）は，教職者像，子ども理解と接し方，教科指導と道徳指導，教科専門，学習指導の専門知識，授業計画と評価，学級経営，生徒指導，特別活動，保護者・地域との関係の順序になる。ただ教育実習は教壇実践（授業）のみとなり，保護者や地域との連携や直接かかわる機会は乏しい。その点で，スクールソーシャルワーカーの養成では子どもを取り巻く環境や社会的諸関係が重視されるため，教員養成カリキュラムの流れと逆の構図になる。

　しかし，教職と同時代の人材養成・育成という点で，出口管理や品質保証，そしてマニュアル化やスタンダード化が強く押し出されている。2010（平成22）年導入の教員免許更新講習をみても，2016（平成28）年度より，いじめや不登校への対応，キャリア教育，道徳教育，英語教育，国際理解および異文化理解教育，教育の情報化といった個別の問題事象が強調され，いわばマニュアル化が強くなる。子どもをめぐる心理的視点，生理的視点，社会的視点といった多

角的な視座をもつという思考を鍛える機会が少なくなり，子どもを対象規定として問題の客体とし，子どもを主体者として考える価値や配慮のあり方を弱めてしまう。

### （3）社会福祉職と教育職の結節点を発見する

　こうした観点から社会福祉専門職と教育職との結節点[11]を考える際，双方の融合や補足，代替ではなく，福祉と教育ともどもの「改変」をめぐる相互作用に着目することが重要になろう。子どもの適切な発達の連続性は，すなわち人権保障である。学校での個別支援計画とケースマネジメントにおいて，その目的や方法自体が科学的な確認手法においてなされることにより，子どもの教育保障の提案とその理解が共有でき，関係者の合意形成から協働実践，そして改善や修正にいたる一連の作業になる。たとえばケース会議の存在や展開は，校内委員会や学校経営の改変と援助技術の向上との結節点になる。また，学校でのソーシャルワーク実践と教師の教育技術とのつながりも，地域の社会資源の開発や関係機関の職員自身の学校理解の改善によって初めて成し遂げることができる。学校による地域づくりと地域福祉の資源開発の交差点に子どもの活動がある。近年，教育活動への評価について変容がある。たとえば，いじめの認知件数の増加である。これはいじめ，自死，体罰問題などの隠蔽を防ぐことでもあるが，認知し問題解決を組織化する資質の向上を狙う教員評価への仕組みの現われともみえる。スクールソーシャルワーカーにも，こういった部分への参加が大切になるのではないだろうか。

　こうした結節点を可視化ないし具体化していくには，福祉も教育もその人材養成の課題である「即戦力化」を反省し，与えられた実践対象をどう評価するのかではなく，なぜ何のために実践対象にするのかを考える。その際，以下の4点がある。

　第1に，教育と福祉の改革を横断して理解することは，相互に自らの改革視点を発見する鏡とすることである。第2に，接点を考えるときにすでに教育と福祉をつなぐ接点にいた人材の課題や動向（歴史をふくむ）を知り，高校の進

路指導や特別支援学校での地域医療，養護教諭や保健師の仕事，学校事務職の役割に特段の理解が求められる。第3に，学校を職場とするという点で，教師が書く文章や会話表現の特徴，たとえば「楽しい授業」や「よくわかる」なども単に日常会話ではなく，教育行政からの諸通知や学習指導要領など公的な文言がコンテキストとなって使われていることへの理解である。これは，法律規定を軸とする児童福祉行政や社会福祉サービスの諸用語を翻訳して教師に伝えることと同様である。第4に，自治体における子ども中心の社会制度づくりへの志向である。子ども省や子ども家庭省までいかずとも，子ども課といった教育，子育て支援，障害児福祉などの統合部局の再編，教育委員会では「児童生徒支援課」，校内では縦割り型委員会を統合する「子ども総合支援委員会」などをイメージしていきたい。

## 第3節　学校の福祉的機能の再生

### （1）地域の福祉施設としての学校

　日本の教育と福祉のつながりは，義務教育制度の成り立ちに遡る。産業革命による労働力確保のために子どもが搾取されないように工場労働法が生まれ，子どもの保護（児童福祉）と労働者養成として学校法が生まれた。日本では労働法の成立と学校法の成立との順番が欧米とは逆になり，労働法が子どもを守るのではなく学校法がこの「肩代わり」をしてきた。そのため義務教育制度が社会福祉の一環となり，「学校が福祉施設の一種」となった。この考え方は，敗戦直後，60万人を超える長期欠席や家庭の困窮，若年の過酷な労働の時代状況を反映したものだが，今日にもつながる視点である。こうした社会状況をふまえ，学校の福祉的機能とは，学校や教師が子どもの生活の質の向上と幸福追求についていかに責任を負うのかという公的な子どもの保護機能であり，次の3つの視点で論じられてきた。

　①学校教育の基盤として子どもの就学条件や教育環境の条件を整備すること。
　②学校や教師の教育活動のすべての過程において，子どものみならず教師や

保護者・養育者の権利を保障すること。
　③子どもを福祉の対象としてみるのではなく，福祉を権利として要求し行使
　　する主体に育てていくことにあたる。
　学校が子どもの生存権保障でいう生活福祉の機能をそのまま背負い込むことではない。学校や教師には子どもに対して直接責任を負うことによって，家庭や社会に対して役割を担っているという考え方がある。これは，子どもの生活要求に根ざし，子ども自身が環境に働きかけていくことを保障し，さらに保障するだけではなく「行使主体」に育てることを考える。
　今日，教育と福祉の協働が示す観点は，義務教育制度に内在化する福祉的機能の復権と再生に向け，これまで教育学だけでは不十分であった学校の「福祉機能」の解明である。学校が子どもの生活の質（QOL）の向上に資することにより地域住民全体の学校への信頼が醸成される。子どもの生活と学習を下支えする家庭生活の全体性が把握できる学校とは，家庭や地域の生活福祉的側面の変化について明確な気づきをもち，子どもを地域の一住民としてとらえ直し，「子どもたちが地域を育てる」という，子どもたちを地域の主体者に育てる立ち位置にある。

### （2）学校福祉論の構造

　これまで教育と福祉をつなぐ領域には教育福祉，学校福祉，福祉教育などいくつかの呼称がある。そのなかで，学校福祉の再定義を行ってみたい。
　教育福祉論は，敗戦後の戦争孤児や長期欠席・不就学，そして大きな社会変化の画期ごとに生まれてきた障害児の地域生活支援や幼保一元化，学童保育，夜間中学校，児童養護施設，近年では若者のひきこもりや就労支援などを通じて論じられてきた。特に社会的制度としての教育と福祉の「谷間」にある人権擁護と発達保障・学習保障論である[13]。つまり，児童福祉サービスそのものの性格と機能のなかにある，いわば未分化のままに包摂され埋没されている教育的機能ならびに教育的条件整備の諸問題を提起した。
　学校福祉は，歴史的にみて教育福祉に内包される概念である。司法福祉でい

う「司法が福祉にいかに貢献できるのか」という着想になぞらえると,「学校が子どもの福祉をどう保障するのか」となる。学校や公的な教育機関という領域にソーシャルワーカーが根ざそうとするのは,子どもにとって適切な教育環境の創出という点で,学校改革への注視からである。日本の学校教育には児童福祉の肩代わりをする「奇妙な」体制があるといわれてきたが,この「奇妙な」体制こそが今日のスクールソーシャルワーカーの配置を呼び込んできたのではないか。社会福祉サービスと学校教育活動の協働を具体化するうえで,学校の福祉的機能と教育実践を適切につなぎあわせる人材の専門職性やその養成・採用・研修のレベルに及んで具体化し独自な専門性を考えるものである。第2節で述べたように,教育福祉でいう児童福祉や子ども福祉の機能のなかにある教育的機能や教育条件の整備と学校における福祉的機能との結節点を導こうとするものである。地域によっては,学校が就学前や学齢期の市民サービスを「委託業務」として受けているかのような実情もある。児童相談所が学校に見守りを依頼してくるなど,社会福祉制度の手続きに乗るまで学校が調整場所になる,いわば教室や「別室」がその待機場になっているという現実もあながち外れてはいない。精神疾患などがある保護者への対応や発達障害などの適性就学をめぐる調整,ネグレクト・養育困難家庭への介入など,家族の保健や福祉と学級経営との境界がなくなり,教師自身が家庭との境界面に立たねばならないときがある。

　学校福祉の再定義にあたってもう1つ不可欠な観点がある。学習環境や生活環境の客体ではなく,学校内外のさまざまな「反福祉的状況」を子どもたちが自らつくりかえていく主体者になるうえで必要な指導や援助という点で福祉教育への再評価である。高校福祉科や特別支援教育の教員養成,あるいは福祉教育やボランティア学習など,学校における福祉教育の長年にわたる実践的蓄積への再着目である。「子どもにどんな力を育てるのか」という問いへの実践をもたないと学校では外部化される。カウンセラーは心理教育,しかも社会適応の教育だとすると,ソーシャルワーカーは福祉教育の担い手として社会変革の教育にあたる。歴史的にみて,スクールソーシャルワーカーの業務には3つの

源流がある。生徒指導（教育相談）・ガイダンスの系列，児童福祉の系列，そして社会（的）教育・学校外教育系列である。今日，生徒指導（教育相談）系列の業務が教育施策上・財政上，優位になっている。しかし児童福祉サービスがもつ発達や教育機能を再評価したり，学校外教育やPTA活動，保護者の学校参加，子どもの地域福祉活動などへの関心も喚起されねばならない。これは，学校現場がもつ境界面の多義性からみて，学校福祉は地域福祉と子ども福祉に挟まれた教育福祉のなかに位置するのではないだろうか。

### （3）学校がソーシャルワークに求めるもの

　子どもたちが学校における諸体験を最大限有用なものにしていくために，ソーシャルワークは，子どもの最善の利益を基盤として，代弁や代理，仲介，調停，調整，保護，組織開発という機能に寄与する。しかしこの機能は子どもにかかわるすべての教師や関係機関の職員，保護者，地域住民にも求められるものである。声なき声，SOSの出せない子どもや親の代弁や代理の機能，インクルッシブ教育の推進のなかで「合理的配慮」を具体化する介入や調整機能において，ソーシャルワークは当事者の意志や自己決定を何よりも優先し，クライエント不在のなかで物事を決めることはない。しかし，学校現場では，たとえば個別支援計画や個別指導計画がつくられるなか（プロセス）で，そこに保護者や子ども自身の参加をあまり想定しない。担任による計画づくりや校務分掌上の関係教師だけで話しあう慣行は，当事者が自己のケア計画の作成過程に参加できるという基本的な人権を見逃すことになる。

　そのときに学校がスクールソーシャルワーカーに求めることは，関係機関などの社会的資源に連絡したり活用しようとするときの「つなぎ」だけではない。つなぐことの業務遂行権や調査権が教師自身にどこから付与されているのか，またされていないのかを知りたいことへの示唆である。これを欠いては，学校の歴史や慣例や教師の社会的位置によってなされてきた行為権に対する社会制度的「侵襲」になりかねない。「親のうつの問題だ」「複雑な家庭だ」「ネグレクトだ」とか「発達障害の疑いがある」という言葉が安易に出る教育現場にあ

っては，診断（医療モデル）や対処（リスクアプローチ）の名によって福祉や医療が教師の教育活動の変質を後押ししてしまう。教室でみえる，あるトピックスや教師の「困り感」や思い込みで支援計画がなされると教師と子ども・親との関係性が希薄化してしまう。学校が親や子ども本人からの信頼や付託を明確に譲り受ける橋渡しが学校におけるソーシャルワークの営みではないか。つまり，ソーシャルワークとは予防の活動である。学校，家庭，地域のつながりについてもそれをつなぐ根拠を改めて取りもどす活動である。近年の児童虐待や子どもの貧困対策，いじめ防止対策推進，障害者の虐待防止，生活貧困者の自立支援にかかわる法律に福祉職が精通していることは，学校が知っていても使えていない情報を家族や子どもにとって生きた情報に転じていく見とおしを知らしめることになる。それによって，学校と家庭の信頼関係を修復していきたいという願いが教師にはあるのではないだろうか。

　ただ特定の専門職に依存すると，他の専門職や非専門性（市民性）を排除してしまう危険性がつきものとなる。学校を支える既存の「地域の教育力」を導き出す機会が損なわれたり，教師自身にとって一緒に誰かとチームをつくるという力を弱めてしまいかねない。社会福祉サービスの領域や機関のなかに学校支援チームをつくるのではなく，どうして学校に根ざすのか（スクールソーシャルワーカーを配置するのか）。子ども貧困防止対策推進法（2013〔平成25〕年）において学校が「プラットフォーム」になる法的根拠をもつことは一定の効果はある。しかし，事態によっては子どもの施設送致ならぬ「学校内送致」になったり，教師と子どもの実生活とを切り離し，教師の仕事を学習指導のみに追いやる危険性もある。また「施設送りになる」といわれた時代の誤謬を教育界は根強くもっていることに配慮しなければならない。学校にソーシャルワーカーがいるということで，子どもの学習の場や遊びの場や居住の場を変更することなく児童福祉のサービスが遂行できる。友だちのいる教室，いつもの友だちがいる居場所といった子ども社会（集団）から子どもを切り離すことがあってはならない。

　教師はソーシャルワークを学びたいのか。何をどこまで学びたいのか。この

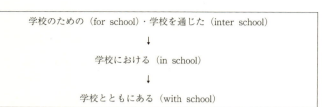

図1-2 学校とともにあるソーシャルワーク
出所：筆者作成。

問いは，まだ始まったばかりである。『生徒指導提要』には，「スクールソーシャルワーカーの活用方法等について，教育委員会がそれぞれの実情に応じて活動方針等に関する指針（ビジョン）を策定し公表する」[15]ことが大切とある。しかし，この提要が教師への浸透が鈍いなかで，ワーカーの存在が個々の学校の「教育計画」にまでどう位置づけられていくのか。学校（スクール）とソーシャルワークの位置関係を図1-2のように「学校のための」「学校を通じた」から「学校における」，そして「学校とともにある」ソーシャルワークを考えていきたい。

## 第4節　「支えられる能力」をめぐる実践的提起

### （1）抱え込み──支える能力から支えられる能力への転換

「抱え込む」という言葉がある。これは，周囲にSOSが出せず他者の協力が得られない苦悩やバーンアウトにつながる姿だけではない。何か困難の局面にあって旺盛な学習を通じて知識や技術を取得し，自らの研鑽をはかり専門職性を高める姿でもある。専門職として，何ごとも自分の実践の肥やしにしようと，問題解決の方法技術や知識を自分の手もとにかき集めようとしてしまう。「専門職だからできてあたりまえ」という外部評価に苦しまず，抱え込まない力，つまり人にたよる権利の復権（エンパワメント）を目指し，支援者本位の力量形成主義を是正し，助けてもらっていることを味わう力や環境，そして地域の力を信頼し借りる力など，これ自身が本来の専門性であろう。その力の源泉にな

るのが，学校の主体者である子どもたち（集団）の存在である。子どもは子ども社会のなかで育つものである。大人（何らかの専門家）のかかわりだけで育つものではない。子どもの力を得ることが私たちにはできているのだろうか。

「困った子は困っている子」という表現がスクールソーシャルワーカーの間でもよく聞かれるが，その発祥は生活指導教師[16]である。子どもが読みとれない苦しさのなかで，教室の子どもたちにかかわり方を教えてもらうという教師の指導観の転換から生まれたものである。

「福祉職とのつながりの必要性」が多くの学校関係者から噴出している。スクールソーシャルワーカーの導入当初，社会福祉専門職経験のあるベテランのワーカーから，学校が「ひとりぼっち」ならぬ「学校ぼっち」になっているという感想をよく聞いた。そのため多くのスクールソーシャルワーカーが，学校と関係機関との連絡・調整・連携や，つなぐ人的物的環境がない場合には社会的資源を創り出す，さらには子どもの家庭環境や生活（生育）環境への無関心，みようとしないとみえない事実を可視化し教師と具体的に共有化することに尽力した。決して学校への介入を目的化するものではなかった。2008（平成20）年当時，教員の多忙化と同僚性の希薄化が学校の機能低下につながるという問題意識からその打開策として「実践的指導力やコミュニケーション力，チームで対応する力[17]」が文部科学省から提唱された。同時期，スクールソーシャルワーカーに求められたのは「チームをつくる」だけでなく「チームで動くことで味わう安心感」を教育システムのなかに定着させる黒子であることにあった。子どもの問題行動の解決や教師の負担減に象徴されるものではなかった。

失敗しても誰かにたよることができる権利の大切さや社会（他者）に対し自由に依存できる権利に裏打ちされた学校の創造をめぐり，それを子どもの主体形成のために考えていく。このことが誰にとっても子どもたちとの新しい出会いになるのではないだろうか。

（2）学校の協力を得て発展する子ども福祉

外からみると学校の壁は高い。しかし，いったん，学校に入ってみると多様

な地域関係者とつながることができたというワーカーの事例も多い。2015（平成27）年度の文部科学省「いじめ対策等総合推進事業」には，未然防止・道徳教育の抜本的改善，健全育成のための体験活動，いじめの実態やフリースクールなどの施設における指導体制研究，貧困・虐待問題への対応に関する調査研究，教員研修や教職員定数の充実，そして早期発見・早期対応として，スクールカウンセラーの週5日常勤化や学校相談員，24時間いじめ相談ダイヤルの配置拡充などとならんでスクールソーシャルワーカーの配置拡充が提示されている。今日，スクールソーシャルワーカーの増員に関心が向きやすいが，上述した多様な事業の存在を認識しながら，学校の協力を得て発展する子ども福祉の発見や創造について議論が展開されるべきであろう。単にスクールソーシャルワーカーの活用が，生徒指導や学級経営の補完的役割や特別支援教育の総合的推進を補強ないし代替する支援の手法として理解されると，学校や教師のとらえる「子どもの問題行動」への解決が優先され，結果的に問題解決の成果主義や費用対効果論につながってしまう。

　ソーシャルワークの国際的な定義が今書き換えられようとしている。人権と社会的擁護をなし得るには環境に対して責任をもって初めて個人の人権が日常のレベルで実現できる。新しい定義の「集団的責任」「社会的結束」の文言から，子どもの幸せ（最善の利益）とは「子どもを取り巻くたしかな大人のつながりがあること」と読みとりたい。

　児童相談所に「児童生徒」に特化した子ども福祉専門職を配置するのではなくどうして学校や教育委員会などに配置するのか。それは先述したように子どもが居所や友人関係，学習環境を変えないで，児童福祉サービスが継続できるからである。公教育を介した支援格差の是正や再チャレンジの効果的取り組みなど，家族の生活基盤の修復が長期化（世代連鎖）する今日，その切り口として，家族丸ごとへの包括的な支援のシステムと学校の連結（中学校区ごとに一人，スクールソーシャルワーカーが勤務をすること）は，近年法定設置された地域包括支援センターとの共同を1つのビジョンとみることができる。また各地で発達障害支援センターなど教育，福祉，医療，保健等の実務者のネットワーク化が

急テンポに発足している。しかし、各種のサポート・ネットワークが広がる一方、具体的なSOSへの対応が後手にならないようにしなければならない。

### (3) 福祉と教育の境界面をめぐる実践研究の重要性

学校ソーシャルワークは、社会福祉と学校教育との相互作用によって生じる成果に着目する学術的用語である。これは日本学校ソーシャルワーク学会の用語法によるものである。教師や保護者、子どもから「ソーシャルワークとは何ですか」と聞かれたときに誰もがたしかな言語で伝えることできる。そのためには学校関係者と学校外の専門機関の職員との用語のちがいや語感などを理解し、かつ他者へ「翻訳」する力量と専門性が欠かせない。そのためにまず、社会福祉と学校教育をつなぐ原理研究や歴史研究が求められる。ここには社会事業から社会福祉、ソーシャルワークへ、あるいはウェルフェアからウェルビーイングへの議論の延長線上に、学校ソーシャルワーク論がどのように位置づくのかという議論と結びつく。

また、日本の公教育システムのなかにソーシャルワークが定着するには、今日の学校論や教育学関係の諸論のみならず、子どもの成長・発達に影響を与える諸科学にもさらに関心を向けていかねばならない。学士課程や大学院などで、こういった学際的な視点がのびのびと展開できる研究環境も大切になる。近年、教育福祉学部など社会福祉学と教育学との学術的拠点が大学改革のなかで増加し、発達支援専門職、対人援助専門職の養成への関心も高くなっている。ドイツに象徴される社会的教育者―発達支援専門職の追求も着目に値する。スクールソーシャルワーカーの仕事は子どものおかれた生活のきびしさに直面する。同時に、スクールソーシャルワーカーと出会った子ども（保護者）にとっても、自らの「生活のきびしさ」と直面することになる。このことに気づいておく必要がある。学校ソーシャルワーク研究は、生活者の現実を外からある枠組みや理論にあてはめて「判定」「評価」「解釈」するものではない。教育における福祉機能と子ども福祉における教育機能との接合点にたって、新たな価値や目的、方法を創造する使命をもっている。

〈注〉
(1) 佐貫浩『危機のなかの教育』新日本出版，2012年。
(2) 日本教師教育学会編『日本の教師教育改革』学事出版，2008年。
(3) ドナルド・ショーン／佐藤学・秋田喜代美訳『専門家の知恵』ゆるみ出版，2001年。
(4) 文部科学省文部科学省初等中等教育局初等中等教育企画課「学校や教職員の現状について」，2015年。
(5) 文部科学省教員養成審議会（答申）「教員の資質能力の向上方策等について」1978年。
(6) 久冨善之編著『教員文化の社会学的研究』多賀出版，1988年，85頁。
(7) 油井佐和子『転換期の教師』放送大学出版，2007年，226~232頁。
(8) 篠原清昭編『学校改善マネジメント』ミネルヴァ書房，2012年，7頁。
(9) 秋山智久『社会福祉専門職の研究』ミネルヴァ書房，2007年，参照。
(10) 文部科学省中央教育審議会大学分科会制度・教育部会「学士課程教育の構築にむけて（審議のまとめ）」2008年。
(11) 鈴木庸裕「「学校ソーシャルワーク」専門職の養成をめぐる実習カリキュラムの一考察——社会福祉と学校教育の結節点をめぐって」『学校ソーシャルワーク研究』第3号，2008年，37頁。
(12) 城丸章夫「現代日本教育論」『城丸章夫著作集第1巻』青木書店，45頁，1992年（初出1959年），城丸章夫「学校とは何か」『教育』国土社，1973年，7頁。
(13) 小川利夫『教育福祉の基本問題』勁草書房，1985年など。
(14) 山口幸男『司法福祉論』ミネルヴァ書房，1991年。
(15) 文部科学省『生徒指導提要』2010年，120頁。
(16) 大和久勝編『困った子は困っている子』クリエイツかもがわ，2006年。
(17) 文部科学省中央教育審議会答申，2012年。

（鈴木庸裕）

---

**コラム1**

**"ソーシャル・センター"としての学校——ジョン・デューイから学ぶ**

19世紀後半のアメリカは，南北戦争の影響による北部の工業地帯から始まった産業革命，移民流入の増大，それにともなう就学児童の増加，貧困，児童労働など，社会全体のしわ寄せが子どもたちに表出していた。そのような時代にあって，哲学・心理学・教育学・芸術論など幅広い分野で活躍したジョン・デューイ（1859~1952）は，アメリカにおけるプラグマティズム（実用主義），児童中心主義などを提唱する人物として知られている。また，シカゴ大学に1896年から約10年にわたる付属小学校（いわゆる"実験学校"または"デューイ学校"）を開設したことでも有名であり，その授業のなかで初めて"問題解決学習"を試みたことでも知られ，日本の学校教育に大きな影響を与えた一人である。

デューイは，教育は「生きるための手段」ではなく，「人生を生きる活動」そのものであり，「生活自体の過程」であると述べ，教育そのものをツールとして，いかに

より良く生きるかを体現するものとしてとらえていた。これらの考え方を築いていった背景には，彼を取り巻く環境や多様な人びととの出会いがあった。そのなかには社会福祉を学ぶ人にとってなじみ深いジェーン・アダムズ（1860～1935）もおり，デューイの考えに大きな影響を与えた人物の一人である。アダムズは，1884年にロンドンに設立されたトインビー・ホールに多大な影響を受け，アメリカでは2つ目のセツルメントであるハル・ハウスを1889年にシカゴに設立した人物として知られている。

アダムズはその目的を「より高い市民のためのセンターを整えること。教育・博愛の企画を自ら創り，また，支援すること。シカゴの産業地域の諸条件を調査し，改良すること」として，アダムズの思想・活動に共感する多くの仲間とともに，多彩な活動（多様なクラブ活動／講義／大学・学校拡張講座／幼稚園設置／保母訓練／体育・コンサート・コーラス・演劇など）を行った。一方で，当時のアメリカ社会が抱える問題は労働，失業問題，スラム街の生成，非行問題，住宅問題，衛生問題など多方面にわたっていたが，実は個々バラバラに生じているのではなくて，「社会構造のひずみによって生じる同一根の社会問題であるという認識」をもち，「社会正義の実現がハル・ハウスの使命」であると述べている（木原活信『シリーズ福祉に生きる16　ジェーン・アダムズ』大空社，1998年，95～96頁）。

デューイとアダムズが初めて出会ったのは1892年であった。その後，デューイは，ハル・ハウスに"定期的訪問者"として設立初期からかかわり続けた。デューイはアダムズのセツルメント事業に参加することによって，都市における移民の家庭生活の崩壊の実態を目のあたりにし，これをアメリカ社会における「家庭や近隣からの『オキュペーション』（occupation＝日常的な作業，恒常的な職業）消失として一般化した」と解釈している。これらの体験は，上述した"実験学校"における教育内容にも影響を与えている（米澤正雄『デューイの思想形成に果たしたジェーン・アダムズの意義（2）』日本デューイ学会紀要第20号，1979年，46頁）。

デューイによれば，「健全な影響の下で，そして，互いの最良の面を知りあうことが促進されるような条件の下で，人々の結びあいが行なわれる」場こそ，ソーシャル・センターとしての学校の存在意義であるという。そしてハル・ハウスを"ソーシャル・センターとしての学校"の理想的な活動の場として紹介している。さらにデューイの主著の1つである『学校と社会』（宮原誠一訳，岩波書店，1957年）でも，「生活することが第一である。学習は生活することを通して，また生活することとの関連において行われる」と，より良い生活を営んでいくためのツールとして学習があり，そのために学校がある，ということが強調されている。

子どもたちは学校を媒介にすることによって家庭や地域との関係性を強め，より自分自身の興味・関心，潜在的な能力を導き出し，それらを活用することを可能にしている。ここでは大人が直接に教育しているのではなく，子どもたち自身が自発的に活動し，その活動にみあった目にみえる成果や周囲の評価，また，子どもたちに対する

周囲の大人の意識の変化等によって，エンパワメントされ，好循環の行われている様子がうかがえる。

　このように，学校という公共施設を活用することによって，保護者・地域住民の側にも影響を与え，子どもたちの生活はより充実し，実りあるものとなっていくことが期待できる。さらにこれらの実践には，現代社会において家庭・学校・地域が協働して子どもたちを育てていくヒントが隠されているだろう。

（宮地さつき）

# 第2章
# 学校から子どもの貧困を問い直す

―― ポイント ――

　本章では，スクールソーシャルワーカーという立ち位置からみた日本における子どもの貧困問題を，学校という場をとおして問い直すことを目的としている。
　子どもの貧困問題は，近年特に注目されており，その対策としての子ども貧困対策法も制定されている。以下では，子どもの貧困の現状とその対策について，批判的検討をふくめて概観した後に，現代の子育て・子育ちの格差が，学校のなかでどのような影響を与えているのか，すなわち，なぜ貧困はみえづらく対応がむずかしい問題なのかを考察していく。最後に，子どもの貧困対策において「プラットフォーム」として期待されている，「学校」「スクールソーシャルワーカー」「教員」のそれぞれについての現状と課題を明らかにし，子どもの貧困対策全体について検討していく。

## 第1節　子どもの貧困と貧困対策

### （1）「子どもの貧困」とは

　子どもの貧困を示すデータとしては，厚生労働省による「国民生活基礎調査」における子どもの貧困率が代表的であるが，直近の2013（平成25）年度は16.3％であり，この数値は前回の2012（平成24）年度の数値よりも0.6ポイント悪化し，過去最悪を更新している。ここでいう子どもの貧困率とは，平均的な所得の半分（等価可処分所得の中央値の半分）である貧困ライン（今回の調査では約122万円）以下で暮らす18歳未満の子どもの割合である。全体の相対的貧困率も前回調査から0.1ポイント悪化して16.1％であったが，今回の調査の特徴として，1985（昭和60）年の統計開始以来初めて，子どもの貧困率が相対的貧困

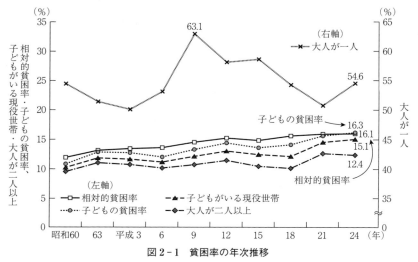

図2-1 貧困率の年次推移

注：1）平成6年の数値は、兵庫県をのぞいたものである。
2）貧困率は、OECDの作成基準にもとづいて算出している。
3）大人とは18歳以上の者、子どもとは17歳以下の者をいい、現役世帯とは世帯主が18歳以上65歳未満の世帯をいう。
4）等価可処分所得金額不詳の世帯員はのぞく。
出所：厚生労働省、平成25年度「国民生活基礎調査」。

率を上回っていることが挙げられる（図2-1，表2-1）。

さらに上記のデータから、「大人が一人（世帯主が18歳以上65歳未満で子どもがいる世帯のうち、大人が一人の世帯）」の貧困率は54.6％であり、ひとり親世帯の貧困は半数以上と、その問題は深刻である。日本の場合、父子世帯にくらべ母子世帯の割合が高く、この「ひとり親世帯」の多くは母子世帯を示している。

こうした貧困問題に対しては、「貧しいながらも楽しいわが家」といった言葉があるように、たとえ生活が貧しくとも心が豊かであれば楽しく暮らせる、貧困を克服できる、という意見も残念ながら存在する。しかし同調査でたずねている生活意識をみても、「大変苦しい」と「やや苦しい」をあわせた「苦しい」と感じている回答も年次推移で増加しており、2013（平成25）年で59.9％と6割近い。生活意識別にみた世帯数の構成割合についても、「児童のいる世

第❷章　学校から子どもの貧困を問い直す

表2-1　貧困率の年次推移

|  | 昭和60年 | 63 | 平成3年 | 6 | 9 | 12 | 15 | 18 | 21 | 24 |
|---|---|---|---|---|---|---|---|---|---|---|
|  | % | % | % | % | % | % | % | % | % | % |
| 相対的貧困率 | 12.0 | 13.2 | 13.5 | 13.7 | 14.6 | 15.3 | 14.9 | 15.7 | 16.0 | 16.1 |
| 子どもの貧困率 | 10.9 | 12.9 | 12.8 | 12.1 | 13.4 | 14.5 | 13.7 | 14.2 | 15.7 | 16.3 |
| 子どもがいる現役世帯 | 10.3 | 11.9 | 11.7 | 11.2 | 12.2 | 13.1 | 12.5 | 12.2 | 14.6 | 15.1 |
| 　大人が一人 | 54.5 | 51.4 | 50.1 | 53.2 | 63.1 | 58.2 | 58.7 | 54.3 | 50.8 | 54.6 |
| 　大人が二人以上 | 9.6 | 11.1 | 10.8 | 10.2 | 10.8 | 11.5 | 10.5 | 10.2 | 12.7 | 12.4 |
| 名目値 | 万円 | 万円 | 万円 | 万円 | 万円 | 万円 | 万円 | 万円 | 万円 | 万円 |
| 　中央値（a） | 216 | 227 | 270 | 289 | 297 | 274 | 260 | 254 | 250 | 244 |
| 　貧困線（a/2） | 108 | 114 | 135 | 144 | 149 | 137 | 130 | 127 | 125 | 122 |
| 実質値（昭和60年基準） |  |  |  |  |  |  |  |  |  |  |
| 　中央値（b） | 216 | 226 | 246 | 255 | 259 | 240 | 233 | 228 | 224 | 221 |
| 　貧困線（b/2） | 108 | 113 | 123 | 127 | 130 | 120 | 116 | 114 | 112 | 111 |

注：1）平成6年の数値は、兵庫県をのぞいたものである。
　　2）貧困率は、OECDの作成基準にもとづいて算出している。
　　3）大人とは18歳以上の者、子どもとは17歳以下の者をいい、現役世帯とは世帯主が18歳以上65歳未満の世帯をいう。
　　4）等価可処分所得金額不詳の世帯員はのぞく。
　　5）名目値とはその年の等価可処分所得をいい、実質値とはそれを昭和60年（1985年）を基準とした消費者物価指数（持家の帰属家賃をのぞく総合指数（平成22年基準））で調整したものである。
出所：厚生労働省、平成25年度「国民生活基礎調査」。

帯」は65.9％が「苦しい」と回答しており、とりわけ「母子世帯」については84.8％という高さである（図2-2，図2-3）。

　子どもの貧困の深刻化と当事者たちの生活の困窮について、私たちは、これらの数値からの読みとりだけではなく、書物（たとえば、浅井ほか[1]、子どもの貧困白書編集委員会[2]、山野[3]など）や新聞・テレビなどのメディアをとおして、目や耳にする機会も増えてきている。さらに近年の貧困研究（阿部[4]、松本[5]など）では、貧困とは単に「お金がない」という生活ではなく、健康や障害、学力と進路、社会的ネットワークといった子ども期の各指標と関連し、それらが複合して生活にのしかかってくるものであることも明らかになってきている。

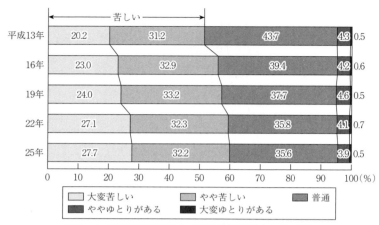

**図2-2 生活意識別にみた世帯数の構成割合の年次推移**

出所：厚生労働省，平成25年度「国民生活基礎調査」。

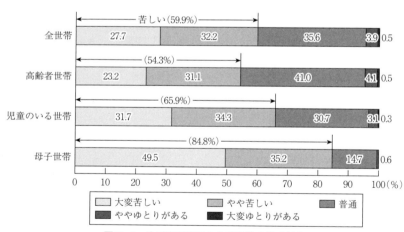

**図2-3 生活意識別にみた世帯数の構成割合**

出所：厚生労働省，平成25年度「国民生活基礎調査」。

## （2）子どもの貧困対策法

　子どもの貧困に対する国の対策としては、2013（平成25）年に「子どもの貧困対策の推進に関する法律（2014〔平成26〕年1月施行）」が制定され、その対策大綱（2014〔平成26〕年8月29日閣議決定）では、重点施策として「教育の支援」「生活の支援」「保護者に対する就労の支援」「経済的支援」「子どもの貧困に関する調査研究等」「施策の推進体制等」が掲げられ、それぞれに具体的な支援策を列挙している。これまでの貧困家庭への支援内容の充実に加え、とりわけ教育や学校に重きをおいた支援が特徴である。すなわち、「学校を子どもの貧困対策のプラットフォーム」と位置づけてスクールソーシャルワーカーを配置拡充していくことや、奨学金制度の検討、貧困の連鎖を防止するための学習支援の推進、保護者の就労のための学び直しの支援などであるが、その「実現」と「内容」については今後も注目していく必要がある。

　子どもの貧困対策法が成立した一方で、貧困にある子どもと家族のセーフティネットである生活保護制度は、2013（平成25）年度から保護基準の引き下げが始まっている。このことは、生活保護受給家庭の子どもの生活が引き締められるだけではなく、それに連動して自治体の就学援助の認定基準も引き下げられ、実際、就学援助制度を縮小した自治体も増えている。こうした動きをみていくと、「対策大綱」の基本方針の1つでもある、「官公民の連携等によって子供の貧困対策を国民的運動として展開する（下線筆者）」という方針も、本来は「国の責任」として行うべき子どもの貧困対策が、ゆるやかに交わされているようにも受け止められる。新たにできた「対策法」だけではなく、貧困にある子どもと家族の生活全体をみていくと、単純に施策が前進しているとはいいがたい。

## 第2節　子育て格差とみえない貧困

### （1）豊かな子育てで育まれる「能力」

　子育てや子どもの教育にかかわる事項は、主に家族のなかで執り行われるも

のとされ，そのために「家族主義(8)」的にとらえられがちである。たしかに「児童の権利に関する条約」においても，その第18条で「父母又は場合により法定保護者は，児童の養育及び発達の第一義的な責任を有する」と定めているように，親や保護者には養育の第一義的責任が期待されている。しかし個々の家族がもつ資源などの違いを考慮しなければ，家族間の不平等がみえない形で家族責任を強いてしまうこととなる。家族へのこうした圧力は社会階層を超えて影響を及ぼしており，豊かな家族の子育てにおいても，より良い子育ちへ向けて親たちはさまざまな資源を提供している。

貧困のなかで育つ子どもたちがライフコース上のさまざまな面で不利を負ってしまうのに対し，生活の安定した，とりわけ高所得家庭での子育ちや子育てをみてみると(9)，子どもたちの生活が日頃からの蓄積の差として表われてくるのがわかる。小学4年生と中学2年生の親と本人に行ったアンケート調査から親の回答を拾っていくと，「わが子は毎日朝食を食べ」「学校へは元気に登校し」「仲の良い友だちがおり」「学校の授業は理解しており」「塾等の習いごとも行い」「その金額も十分にかけている」，さらに「将来の学歴は4年生の大学を卒業することを希望し」「親自身も子どもの勉強をみてあげて」「休日のレジャーも家族で行き」「親子の会話も多くもてており」「現状で十分である」と評価している。子ども自身の回答からも，親の回答と同様の生活を送っており，さらに「学校での好きな教科が複数あり」「授業は楽しくて理解でき」「部活動にも楽しく参加し」「今の生活に満足」と回答している。

もちろん彼らには選択肢が多いだけに，より競争原理が働きやすい環境にあり，学習面やしつけにおける親の心理的な悩みや，他の子どもとの比較から生じる不安は感じている。しかし一方で，それらを相談しあう子育てネットワークも形成している。モノの与え方をみても，たとえばゲームやパソコンは，子どもの発達段階に応じて「家族で共有」から「子ども占有」として与え，また子どもの状況に応じて時間の制限を行っている。子どもに十分なモノを与えつつも，上手にコントロールしている「子育て戦略」ともいうべき状況がスマートに展開されている。子どもたち自身の友人関係も，思春期特有の友人間の悩

みは抱きながらも、全体としては、同じクラスや同じ部活をとおしてできた学校の友だちに満足し、たよりになると回答している。

こうしたポジティブな積み重ねのなかで育ってきた子どもたちと、貧困に育ってきた子どもたちとの生活環境や経験の差は明らかである。さらに今後、2013（平成25）年に教育再生実行会議が提案した「人物本位で評価する」という入試制度改革が新たな格差を生じさせるリスクもある。入試だけを目的として子育てがなされているわけではないが、大岡が指摘するように[10]、推薦入試やAO入試にみられるような、面接で初対面の人に好印象を与える能力は、先に概観したような豊かな人間関係と経験のなかで育まれた「能力」であり、それらが学力とはまた別の格差となって表われてくる可能性がある。

## （2）学校での貧困のみえ方

一方、「子どもの貧困」は学校現場で、どのようにみえているのであろうか。今日でもクラスにおいて、毎日入浴していないために体臭がする、十分な栄養が取れていないために虚弱あるいは体格が小さい、また学校教材などが準備できないといった生徒がいないわけではない（青砥[11]、藤本ほか[12]、保坂・池谷[13]など）。しかしクラスのなかではみえにくく、また本人や保護者から「貧困」の相談を受けることもほとんどない。教師たちは、貧困家庭に育った子どもだけではなく標準家庭や豊かな家庭に育った子どもにも対応しており、そこではつねに「平等」に対応していくことが求められている。

学校では表に見えてくる問題行動や相談内容だけに注目した対応に追われることとなるが、そこでは「不登校」「いじめ」「非行」などといった個別の問題が存在するかのようにとらえられ、それぞれの問題について、本人だけではなく養育の一次的責任者である親への協力が要請される。そして、それを果たせない、非協力的な親に対する批難が強まることとなる。しかし実際には、子どもの状況だけではなく親の諸条件の影響も受け、ここに貧困の問題がみえ隠れしてくる。たとえば生活基盤が安定している家庭であれば、保護者の協力も得ながら、公的な社会制度やサービス、利用料金はかかるけれども私的なサービ

スも使いながら，子どもの状況や意向も汲みつつ一歩ずつ解決に近づけていくこともできる。しかし生活困窮家庭では，金銭や時間・情報の制約，そして健康状態や動機づけの低さなどによって，解決のための選択肢も狭まる。そもそも，さまざまな生活課題を抱えた保護者たちにとって，平日の昼間，学校にきて子どもの問題を一緒に考えるという，保護者として「あたりまえ」と思われることが高いハードルとなってしまう。さらに，学校に対しても「放っておいてほしい」という態度で，子どもの問題解決に消極的な，ときには拒否的な家族もいる。

教師のなかには「親なのに，どうして子どものために時間をつくれないのか」という疑問や「ダメ親」「困った親」「愛情のない親」としてとらえる者も少なくない。教師にしてみれば，自分のクラスの生徒のことを思うだけに，その生徒のために努力しない（していないようにみえる）親に対して怒りがこみ上げてくるのだと思われる。教師だけではなく私たちにしても，生活が困窮し食事が十分に取れていない，あるいは勉強したくても文房具や辞書などが買えないといった「子ども貧困」としてみえてくると，「かわいそうで対応が必要な問題」として反応していくが，「クラスで騒ぎを起こし」「暴力行為もあり」「学校の外でも悪さをする」などといった生徒の「問題行動」として表われると，あるいは，親のだらしなさや放任といった親の「養育態度」としてみえてくると，子どもや親の生活，さらに家族のおかれている社会状況のことは忘れて，子どもと家族非難に陥ってしまう。

加えて，日々，保護者に対応する学校現場では，学校への親の姿勢や態度も影響を与えてしまう。親が謙虚で子どもにも精一杯のことをしているにもかかわらず子どもの生活が整わない場合と，親が子どもに何もしていないようにみえたり，学校に任せきりにしながらクレームをつけてくる場合とを比較すると，明らかに後者に対する非難の声は大きくなる。しかし，その内実は単純ではなく，親が障害を抱えていたり，親自身も十分な子育てを受けていないために親として育っていないという貧困の再生産の問題も横たわっている。子どもも親も自分たちの生活の内実を明らかにすることは抵抗があり，ときに非行的な態

度やクレームをつけるという形で，自分たちの生活を守っている場合も少なくない。子どもの健康状態から医療機関の受診を促したが一向に動かなかった親の場合も，保険証をもっていないということを隠していたのであるが，表向きには子どもをほったらかしにしているようにみえてしまう。子どもの貧困問題の複雑さは，単純に子どもの貧困として目にみえてくる場合よりも，家族や家族関係を媒介として子どもや家族の「問題」として現われてくることにある。

## 第3節　貧困対策をめぐる教師と学校

### (1) 貧困に対する教師の取り組みと現状

　子どもの貧困に対して教師たちは何もしてこなかったのであろうか。担任をはじめ教員のなかには，子どもと家族の生活に気をかけている教師もおり，とりわけ養護教諭は，保健室で子どもたちの生活にかかわる声を聞く場合が多いことから，他の関連する教員と連携を取り，ときに外部の資源ともつながりながら，子どもたちの学びの保障に向けて努力している場合も見受けられる。

　これまでにも学校は，学齢期の子どもの虐待が発見された場合や，いじめ問題・非行問題で子どもたちが犠牲になった場合に，「学校は気づいていなかったのか」といった形で，外からの注目や非難が向けられてきた。内向きになりやすい学校に対して，事実認識の隠蔽や責任転嫁がないようにと促すのは大切なことではあるが，学校の教員に対し，よりいっそうの努力を強いることには限界がある。教員の疲弊の状況は新聞等でも報道されているが[14]，OECD中学教員調査でも，勤務時間がもっとも長く，指導への自信が最下位という結果が出ている[15]。さらに，子どもの貧困対策との関連でいえば，教育格差を是正する手立てとしての高校無償化（高等学校等就学支援金制度）に所得制限が設定され，子どもの家族からすれば，その受給資格のための申請が必要となり，学校としては教師たちの授業料徴収の負担が増えることもあり得る[16]。教員の休職者数も増加し，とりわけ精神疾患による休職が増加している状況も考慮すると，スクールソーシャルワーカーといった外部の専門家の活用だけではなく，本来の

教育に力を注ぐことができるような教員の働き方の見直しも急務となる。

　筆者も以前に，社会福祉の援助が学校という場を軸に展開することについて述べたことがある。学校は，貧困対策のための「特別の」施設やセンターではなく，お父さんやお母さんも通った「普通の」「あたりまえの」場所として認識されているところに意義がある。そこに行くことで，人知れず目立つことなく子どもと家族の生活困窮を支えていく援助につながっていくと考えたからである。そうであれば学校給食の無償化など，学ぶ意欲と能力がない（ようにみえる）子どもにとっても，「学校に行きたい」と思えるような支援が要請される。

### （2）プラットフォームとしての学校？

　「子供の貧困対策に関する大綱」において，学校が子どもの貧困対策のプラットフォームとして位置づけられ総合的な対策を推進していくことは先にも述べたが，学校には何が期待されているのであろうか。学校を基盤とし，そこにスクールソーシャルワーカーを投入して，他の社会資源を「つなぐ」ことで問題解決を図っていくという対策であろう。

　また最近ではスクールソーシャルワーカーへの注目とともに，この「つなぐ」という言葉が肥大化してひとり歩きしているようにも思われる。スクールソーシャルワーカーのスーパービジョンを行っていても，安易なアセスメントで，この問題はこの資源，あの問題はあのサービスというように，他の機関や資源に回したり，あるいは，多くの社会サービスや資源をコーディネートすることでソーシャルワークを行っていると誤って認識している感がある。

　本来，学校で生じる諸問題は，分断されて考えていくべきものではなく，それぞれの現象を貫く背景もふくめた見立てが重要である。事実をどのように認定するのか，また，その背景にある子どもと家族，地域をどのようにアセスメントし，どの外部機関につなげていくのかが検討されるべきである。それによって「困った親」も，対応を必要としている「困っている親」という認識になる。とりわけ，いじめや非行の場合には，被害にあった生徒への対応を考え，

加害者である生徒を学校から排除する解決が展開されがちであるが，福祉的援助を考えていくならば，いじめを行う，あるいは非行に走る子どもたちや，彼らを不器用ながら育ててきた親のつらさや悲しみにも寄り添いながら理解していくなかでみえてくる真実もある。

　この土台の部分が揺らいでいる状態では，カウンセリングによって子どもたちの穏やかな心が取り戻されても，家庭内での暴力や家族からの不適切な言動によってかき乱される。それは学校教育においても同様であり，自尊心が高められ自分の将来が広がるような教育に接しても，家に帰って「いつもの」日常に紛れて意欲も夢もくじけてしまう。ここに子どもの生活を支えていくことの大切さがあり，学校教育がソーシャルワークを必要とするのであろう。全国に配置されているスクールソーシャルワーカーは，その地域における地域特性や行政の方針，予算のちがいもあり，活動の仕方も多様である。家庭訪問等を行って子どもや家族に直接面談して援助をしていく場合もあれば，学校の教員等の後方支援を行っていく場合もあり，そのどちらか，あるいは両方を組みあわせて行われている。いずれにしても，「つなぎ」の能力ではなく，たしかなアセスメントの力が問われているのである。

　また学校にスクールソーシャルワーカーが配置され，教師とともに援助を展開していくなかで，教師自身の生徒と家族に向けられる視点も変化してきている。教師たちは，問題となる子どもや親だけを取り出してきて問題解決を図るという視点から，自分が受けもっているクラスや地域という「場」を使いながら多角的に理解し，他の専門家や諸機関を使って解決していく術を身につけていく。これは教師自身がとらわれていた偏見や家族責任的な価値観から解放されていくのと同時に，「学校を開いていく」ことでもある。すなわち教師の視点が変わることによって，教師と生徒の関係や，教師と親との関係にも変化が生じて，授業や部活動での対応や，本来の「教育を授ける」ことにも広がりと深まりが出て，生徒や親たちに対して教師の言葉や思いが届くようになる。こうした変化は教師だけではなく，複数の視点の見立てのなかで，専門職それぞれが自分の視点を吟味できるようになる。先に概観したように，子どもの貧困

問題は，そのみえ方によって，私たちの気持ちは「共感」から一気に「自己責任」や「親責任」としての批判に転化してしまう性質をはらんでいるのである。だからこそチームとしての複眼的・多面的な援助が求められるのである。

　国の「学習支援」を重視していく施策は誤りではないが，学ぶ意欲や能力がない子，また教育の機会均等を保障したにもかかわらず，がんばらない生徒に対しては自己責任に帰される危険性も存在する。「どのような教育であれば貧困対策として機能するかという問いは，教育が貧困による不利を増幅させていないか，という問を含んでいる必要がある」[19]という指摘にあるように，みえづらい子どもと家族の生活と社会資源に目配せをしつつ，「能力」という言葉に還元されない教育の機会と内容が求められているのである。

　加えて，子どもはいつまでも子どもではいられないし，また突然に学齢児童になったわけでもない。子どもの貧困への視点には，子どもと家族の「今」だけではなく，これまでと将来を見とおしての援助展開が求められる。学齢期の学校だけをプラットフォームとして位置づけるのではなく，保育所や幼稚園，認定子ども園などについても，親の就労の有無にかかわらず誰でも無料で利用でき，そこで自ずと援助につながっていけるようにしていくことが，貧困家庭の孤立を防ぎ，また，虐待に対しても日々の生活の中で対応していけるのではないだろうか。「プラットフォーム」というのであれば，保護者の事情がさまざまな家族にとっても，敷居が低く抵抗感も小さい日常のつながれる場所を，子どもの発達に沿って，いかに整えていくのかが重要であろう。

　　[付記]　その後2017年6月に厚生労働省は「国民生活基礎調査」を公表した。最新データとなる2015（平成27）年の「子どもの貧困率」は13.9％，であり，2013（平成25）年の16.3％よりも2.4％改善され，これは12年ぶりの改善となる。
　　　また本章で取り上げたデータについてみると，「大人が一人」の子どもの貧困率（ひとり親世帯）も54.6％から50.8％に改善しており，生活意識についても「苦しい（大変苦しい＋やや苦しい）」と感じている世帯は，「児童のいる世帯」では65.9％から61.9％へ，「母子世帯」についても84.8％から82.7％へと減少している。
　　　こうした数値の改善は評価しつつも，依然として7人に一人の子どもが貧困状態

にあり，6割以上の子育て世帯，母子世帯にいたっては8割以上が，生活が「苦しい」と回答している現実は楽観できない。今後の動向についても注目していきたい。

参照：厚生労働省「平成28年　国民生活基礎調査の概況」
http://www.mhlw.go.jp/toukei/saikin/hw/k-tyosa/k-tyosa16/index.html

〈注〉
(1) 浅井春夫・松本伊智朗・湯澤直美『子どもの貧困――子ども時代のしあわせ平等のために』明石書店，2008年。
(2) 子どもの貧困白書編集委員会編『子どもの貧困白書』明石書店，2009年。
(3) 山野良一『子どもに貧困を押しつける国・日本』光文社新書，2004年。
(4) 阿部彩『子どもの貧困――日本の不公平を考える』岩波新書，2008年。
(5) 松本伊智朗編『子ども虐待と家族――「重なり合う不利」と社会的支援』明石書店，2013年。
(6) 「就学援助縮小続出」『朝日新聞』2014年4月4日付。
(7) 実際，政府は2015年4月2日に民間資金を活用した「子どもの貧困対策基金」を新設すると発表した。国民的理解や資金援助が拡充されるという評価があると同時に，根本的な解決策として国も予算を投入すべきという意見も出ている。『朝日新聞』2015年4月3日付。
(8) 家族主義とは，青木によれば，家庭こそが家族の福祉の責任を第一に追わなければならないと公共政策が想定するようなシステムのことであり，とりわけ社会規範やイデオロギーとして主張され，それが家族員相互の支えあいや感情的依存によって，家族間の不平等や家族資源と市場の関係を曇らせる，思考を停止させる役割を果たしている，と示しているものである。青木紀「『貧困と家族』研究の動向と課題」『家族研究年報』32，2007年，78〜87頁。
(9) 港区政策創造研究所『港区における子どもと子育て家庭の生活と意識に関する調査報告書』および『同報告書　概要版』，2014年。
(10) 大岡頼光『教育を家族だけに任せない――大学進学保障を保育の無償化から』勁草書房，2014年。
(11) 青砥恭『ドキュメント高校中退――いま，貧困がうまれる場所』ちくま新書，2009年。
(12) 藤本典裕・制度研『学校から見える子どもの貧困』大月書店，2009年。
(13) 保坂渉・池谷孝司『ルポ　子どもの貧困連鎖　教育現場のSOSを追って』光文社，2012年。
(14) 「日本の先生『自信』最低」『朝日新聞』2014年6月26日付。
(15) 国立教育政策所編『教員環境の国際比較　OECD国際教員指導環境調査（TALIS）2013年調査結果報告書』明石書店，2014年。
(16) 花野雄太「記者有論　高校無償化見直し　先生たちの負担考えて」『朝日新聞』2013年9月4日付。
(17) 岩田美香「子どもの輝き，子育ての喜び　いま必要なこと（座談会）」『季刊自治と分権』No.54，大月書店，2014年。
(18) 教育と福祉，教員とスクールソーシャルワーカーの連携については，下記を参照されたい。岩田美香「学校教育と社会福祉の連携・協働を考える」『社会福祉研究』第116号，2013年，

12〜17頁．
(19) 松本伊智朗「教育は子どもの貧困対策の切り札か？」『貧困研究』Vol.11，2013年，4〜9頁．

（岩田美香）

---

**コラム 2**

## 学校事務職員からみた子どもの貧困

　野球スポーツ少年団で活躍していたこともあり，卒業のときに「中学校の部活は，野球に入ってがんばりたい」と，はりきって話しをしてくれていた子どもがいた。ところが，この子は野球部を途中でやめ，ブラスバンド部に所属を変えて活動をしていた。体格もよく，がんばり屋だったので，私は部活を変えた理由が気になっていたので中学校の先生にたずねた。すると，中学校進学後しばらくは野球部に入りがんばってきたが，彼の家は父一人子一人の家庭で用具代や練習試合のための遠征費などもかかるという理由で続けることを断念し，小学校で演奏した経験と学校備えつけの楽器が使えることから，費用負担が少ないブラスバンド部を選んだとのことであった。このことが彼の本意だったのどうかについては，彼が中学校を卒業するときの3月，父親と一緒に学校に顔をみせてくれたときに明らかになった。近くの公立高校に進学することが決まり，「近くの学校なので，野球でがんばる」という。この生徒によれば，「通学費がかからないので，用具や遠征費を今度は父親に負担をお願いできると思ったので」という話であった。

　中学生ながらも懸命に努力している父親の背中を理解し，けなげにがんばってきた子どもとその父親の姿を見送りながら，私は，学校に働く者として，この父子の子育てと成長の願いにどれだけ応え，支援できたのか考えさせられた。子どもたちの成長と発達を保障する学校で，お金の心配をさせないことができたら，この生徒も中学校で違った部活動を選択したかもしれない。

　経済的に困難を抱える保護者の実態が，私たち学校事務職員は，給食費や諸経費の納入状況をとおして垣間みることができる。「少し待っていただけますか」「年度末までに納めていただければいいですよ。遅れても少しずつ納めていただき，あまり溜めないようにしていきましょう」。こんな保護者とのやりとりがある。集める側と，納める側という関係でなく，就学援助制度などについても知らせながら，一緒に子どもたちの学校生活に支障をきたさないよう働きかけてきた。

　しかし，学校や学校事務職員の努力だけで解決できない，あるいは対応できない場面にも多々遭遇する。とりわけ，現在の派遣労働等の不安定雇用，低賃金，さらには福島では原発事故による長引く避難生活，生業の先行き不安。子どもの貧困は，まさに日本社会の仕組みが抱える貧困に思えてしかたない。

　2015年から私の勤務する自治体では，教育委員会が全世帯に就学援助制度を周知す

る文書を印刷し，家庭に配布するよう学校に通知した。これまでも学校事務職員は，学校で制度を知らせるため，独自に案内文書を作成したり，教育委員会に周知する文書を示すよう求めてきたが，この変化の背景には，子どもの貧困対策法があることは明らかである。教育委員会としても対応が求められており，全世帯配付文書を準備し配付を通知してきたと思われる。

　2014（平成26）年8月に閣議決定された「子どもの貧困対策に関する大綱について」によると，教育の支援においては，学校を子どもの貧困対策のプラットフォームと位置づけ，①学校教育による学力保障，②学校を窓口とした福祉関連機関との連携，③経済的支援を通じて，学校から子どもを福祉的支援につなげ，総合的に対策を推進するとともに，教育の機会均等を保障するため，教育費負担の軽減を図るということが盛りこまれた。これを受け，スクールソーシャルワーカーの配置改善が具体化しようとしている。このことは大いに歓迎できることであるが，これだけで「学校を子どもの貧困対策のプラットフォーム」とするのは困難であろう。日々，子どもたちと向きあっている教員の数そのものを増やすことも必要である。また，今日，「学校事務の共同実施」という動きがあり，就学援助制度の仕事を進める事務職員が学校配置から剝がされようとしている。こうした学校事務職員の今日的状況をスクールソーシャルワーカーなど，他の専門職の人にも理解してもらい，協働して子どもやその家族と学校・地域・行政をつなぐ環境と条件の拡充にいっそう努力していきたい。

（鈴木久之）

# 第3章
## スクールソーシャルワークと子どもの権利

――――ポイント――――

　学校は，子どもの学習権保障を中心とする子どもの権利を保障するための公的機関である。したがって，スクールソーシャルワーカーにとって子どもの権利を理解していることはもっとも基本的な素養であるといえる。一方，日本の学校教育については，国連子どもの権利委員会から過度な競争主義がもたらす否定的影響，すなわち子どもの権利侵害の問題状況が指摘されている。指摘された問題状況を改善し子どもの権利を保障する責務は政府にあるが，同時に，教育現場における自律的な問題解決の取り組みも不可欠である。スクールソーシャルワーカーが果たすべき役割は，教師や保護者さらに関連機関との協働をコーディネートして，子どもが抱えている困難に向きあい，学校の学習環境をはじめ家庭や地域における子どものウェルビーイングを確保することである。その取り組みにおいては，スクールソーシャルワーカーの固有の専門性とともに，ソーシャルワーカーとしての倫理が尊重されなければならない。

## 第1節　子どもの権利

### （1）ソーシャルワークと子どもの権利

　ソーシャルワークは，直訳すれば社会事業である。戦後，日本国憲法にもとづく社会福祉（ソーシャルウェルフェア）の概念が定着するまでは，社会事業という言葉が一般的に用いられていた。その際，社会事業とは，生活困窮をはじめとする社会問題への実践的対応であるといえる。社会問題は，文字どおり社会の構造的な要因によってもたらされる社会的規模の問題である。その態様は，失業や低賃金による生活困窮から戦争による生存・生活の危機までさまざまであり，個人の努力では解決不可能なものである。したがって，問題解決の取り

組みも社会的なものとなった。また，人間の生存や生活にかかわる社会問題の深刻化においてまず犠牲となるのは子どもであったことから，社会事業のなかの重要課題の1つに児童保護事業が位置づけられていた。

第1次世界大戦後の1924（大正13）年，戦争で生じた多くの戦災孤児等を保護する必要に迫られるなかで，当時の国際連盟の総会において歴史上初めて子どもの権利について国際的に承認したジュネーヴ宣言が採択された。その後，第2次世界大戦が勃発するとともに，その要因の1つでもあったファシズムによる被害をふくめて，ふたたび多くの子どもが犠牲となった。第2次世界大戦後に改めて結成された国際連合では，2度の戦争の惨禍をふまえ，1948（昭和23）年に世界人権宣言を採択したうえで，特に子どもについて1959（昭和34）年11月に児童権利宣言を採択した。さらに，各国における人権保障をより確実にするため，1966（昭和41）年の国際人権規約をはじめ，子どもの権利保障をふくむ国際的な規則や条約を締結していった。

第2次世界大戦後の世界は，民族紛争やアメリカとソ連という二大超大国の冷戦状態を背景とする代理戦争が続発し，また，それまで植民地にされていた途上国の貧困が深刻化したことなどにより，子どもが犠牲となる事態が絶えることはなかった。さらに，先進国においては，急速な技術革新にともなう自然環境の破壊や生産・生活構造の急変とあいまって子どもの成育基盤の崩壊が進行した。そのため，1979（昭和54）年の国際児童年を契機に10年の討議を経て，1989（平成元）年11月の国連総会で，締約国に対して法的拘束力をもつ子どもの権利条約が採択された。

（2）子どもの権利条約の意義

子どもの権利条約は，「子どもの最善の利益」（the best interests of the child）の考慮を基本原則としている。ここでいう「利益」（interests）は，子ども自身が感じとるものであって，大人や社会が「よかれと思う」基準で判断するものではない。子どもに関するあらゆる営みは，子ども自身の思いや願いをもっとも重視して行われなければならない，ということである。

また，子どもの権利条約は，従来保護の対象として扱われてきた子どもを，権利の主体として再確認した。世界人権宣言でも日本国憲法でも，たてまえは子どもも個人として尊重されなければならない権利主体ではあった。しかし実態としては，子どもは未熟でありおとなの保護・指導下に置かれるのが当然という見方が支配的であった。その状況に対して，改めて子どもは大人と対等に権利を主張し行使できる主体であることを確認したのである。そのために，特に第12条において「意見表明権」（the right to express those views freely）が定められた。子どもは，その「意見」（views），すなわち言葉や文字で表わされるものだけでなく心のなかの思いや願いを自由に表明し，それを大人や社会に正当に考慮してもらえるということが子どもの権利として規定されたのである。

　同時に，子どもの権利条約は，子どもの特徴について，急速な成長・発達の過程にあること，生物学的にも社会的にも非常に弱い立場にあり権利が侵害されやすいことなどをふまえ，その権利を擁護するための特別の社会的・制度的なシステムやサービスが必要であることを提起している[5]。特に第18条では，「児童の養育及び発達について父母が共同の責任を有するという原則」を示し，国は，父母らがこの「責任を遂行するに当たりこれらの者に対して適当な援助を与えるものとし，また，児童の養護のための施設，設備及び役務の提供の発展を確保する」と規定している。スクールソーシャルワークは，広い意味では学校教育の営みの一環として子どもの権利条約第29条に規定される教育の目的を達成する営みであるとともに，第18条に規定される「役務の提供」（services for the care of children）であるといえる。また，国にはその「発展を確保する」責務があると規定されている。

（3）マクロな視点からみたスクールソーシャルワークの課題
　子どもの権利条約のいま1つの重要な意義は，第44条で，条約を結んだ国に対して，「この条約において認められる権利の実現のためにとった措置及びこれらの権利の享受についてもたらされた進歩に関する報告」を定期的に国連子どもの権利委員会に提出することを義務づけ，さらに第45条で，この報告を受

けた国連子どもの権利委員会は、NGOによる報告書も参照して審査を行ったうえで、その国に対し「提案及び一般的な性格を有する勧告を行うことができる」と規定していることである。

日本はこれまで3回の審査を受け、第1回は1998（平成10）年6月24日、第2回は2004（平成16）年1月30日、そして第3回は2010（平成22）年6月11日に、国連子どもの権利委員会から、勧告をふくむ「最終所見」を受けとっている。日本の子どもの権利をめぐる基本課題は、この国連子どもの権利委員会の「最終所見」に示されているといえる。

教育については、第1回「最終所見」において、次のような勧告がなされた。

> 43. 本委員会は、貴国における過度に競争的な教育制度、および、それが子どもの身体的および精神的健康に与える否定的な影響に鑑み、（中略）、過度なストレスおよび学校嫌い（school phobia）を防止し、かつ、それらを生みだす教育制度と闘うための適切な措置をとるよう貴国に勧告する。

続く第2回「最終所見」では、前回の学校制度の過度に競争的な性格等に関する勧告が「十分にフォローアップされていない」として、次のような勧告がなされた。

> 50-a）高校を卒業したすべての者が高等教育に平等にアクセスすることを確保するために、教育の高い質を維持しながら学校制度の競争主義的性格を抑制することを目的として、生徒、親および関連する非政府組織の意見を考慮に入れながら、カリキュラムを見直すこと。

さらに第3回「最終所見」では、「高度に競争主義的な学校環境が、就学年齢にある子どもの間のいじめ、精神的障害、不登校・登校拒否、中退および自殺に寄与しうること」などの懸念とともに、次のような勧告がなされた。

> 71. 本委員会は、学力的な優秀性と子ども中心の能力形成を結合し、かつ、過度に競争主義的な環境が生み出す否定的な結果を避けることを目的として、大学を含む学校システム全体を見直すことを締約国政府に勧告する。

国連子どもの権利委員会は、日本の教育の重要課題として、いじめ、不登校

あるいは自殺などの子どもの権利侵害の実情に着目し，その根本要因が過度に競争主義的な教育環境にあることを繰り返し指摘し，その改善を勧告している。

　スクールソーシャルワークは，現実に学校で発生している権利侵害から子どもを救済する営みであるともいえる。その意味で，このような国連勧告に応えることは実践の基本課題となる。また，本来の教育の目的から逸脱した過度な競争主義な体制や歴史的に構築されてきた学校の閉鎖的体質に対し，それに拘束されない独立した専門職として，「子どもの最善の利益の原則」に立脚した固有の発想と方法論を駆使するソーシャルワークの視点から働きかけて，問題解決の展望を提起する営みである。

## 第2節　スクールソーシャルワークによる子どもの権利保障

### （1）競争主義の否定的影響からの保護

　日本の子どもを取り巻き，その人格形成に否定的影響を与えている過度な競争主義的環境は，学校環境だけではない。いわゆる競争原理が学校教育に本格的に取り入れられたのは1971（昭和46）年の中央教育審議会答申「教育改革のための基本的施策」が契機であるが，すでに1960年代の高度経済成長期以降，経済活動の展開にともない社会全体が競争的な環境として変容しつつあった。さらに，1990年代のグローバリゼイション以降，国際規模で競争的環境が激化し，子どもの親たちをふくむ多くの国民が競争の嵐に巻き込まれるようになった。

　また，過度に競争主義的な学校環境は，当然のことながら学校の教師をも巻き込んでいる。教師は，一方では競争主義的環境の仕掛け人であり加害者であるが，他方ではやむなく巻き込まれている被害者でもある。そのなかで，子どもも，その親も，さらに教師も精神的苦痛からさまざまな「症状」をみせている。このことについて，国連子どもの権利委員会の第3回「最終所見」は，次のように指摘している。

> 60. 本委員会は，驚くべき数の子どもが情緒的幸福度（well-being）の低さを訴えていることを示すデータ，ならびに，その決定要因が子どもと親および子どもと教師との間の関係の貧困さにあることを示すデータに留意する。

　競争は，人生にも人格にも否定的影響を及ぼさない限り，励ましの要因ともなり，それ自体たのしい場合もある。しかし，日本の子どもを巻き込んでいる過度な競争は，子ども同士，子どもと教師，子どもと親の関係を貧しくさせ，自己肯定感を抑圧し，敵対的関係を増長するなど否定的影響を与えるものとなっている。スクールソーシャルワーカーの出番は，幸か不幸か，子どもの学校生活においてその否定的影響が現われた場合に回ってくるといえよう。

### （2）「子どもの最善の利益」を保障する学校の協働性支援
　競争主義の否定的影響から子どもを保護し，その「最善の利益」を保障するためには，大人による受容的・応答的関係性の構築が不可欠である。それは，他者を受け入れることが前提であると同時に，他者を理解し，それをありのままに受け入れることを認めようとする自分，さらにそれができない自分をも受け入れる必要がある。しかし，教師あるいは学校は，基本的に一定の規範，あるべき子どもの姿を目標に掲げて子どもに向きあうため，そのような関係性を築くことは決して容易ではない。むしろ，授業妨害，暴力行為など子どもの反社会的行為に対して，その行為を子どものSOSとして受け止める前にまずそれを規制することが先になり，また，そうすべきであると確信している状況が一般的である。不登校・ひきこもりや自傷行為などの非社会的行為に対しても，その裏にある子どもの心の叫びにじっくりと耳をかたむける専門性や余裕をもちあわせていないのが一般的状況である。
　その際教師は，教育者としての「誇りや責任感」にもとづいて一人ひとりの子どもに向きあうことが多い。問題によっては，学年として，学校として一丸となって，つまり，同じ価値基準，目標，方法により歩調をあわせて取り組むことが多く，そこでは個々の教師としては自らの弱みを出しにくい。また，学

校外の他機関に働きかけて協力を仰ぎ，協働で取り組むという発想や経験は乏しい。さらに，1974（昭和49）年の教頭職法制化などを契機に構築されてきた学校経営のトップダウン化の流れのなかで，学校内での，および学校外との協働による問題解決の能力は衰退してきたといえる。むしろ，校長のリーダーシップによって内部で問題を「解決」することが評価されることで，いわゆる閉鎖的な体質がつくられてきた。[8]

スクールソーシャルワークは，まさにそこに切り込む仕事である。子どもが抱えている困難，その結果として表出されるさまざまな問題状況，行動を理解し解決につなげていくためには，学校内における教職員との協働関係をコーディネートし，適切な専門機関につなげていくことが不可欠である。

### （3）地域に根ざす教育の再建とスクールソーシャルワークの課題

児童福祉法は，その第2条で国および地方公共団体による子どもの健全育成責任を規定し，第3条で，これは「児童の福祉を保障するための原理であり，この原理は，すべて児童に関する法令の施行にあたって，常に尊重されなければならない」としている。学校は，「児童に関する法令」である学校教育法にもとづく公的機関として，子どもの学習権を保障し，そのためにも，子どもが抱えている困難に向きあい，その問題解決に向けた取り組みを行う責務を有しているといえる。

その意味では，日本の教育実践には戦前からの貴重な蓄積がある。なかでも，「生活綴り方」教育，「地域に根ざす教育」，「生活教育」などの教育実践・運動は，生活共同体としての地域を背景に，子どもが親や住民とともに営んでいる地域での生活をとおして，地域の未来を切り開く主体形成の教育として織りなされてきた。それらの実践は，競争主義的教育制度の構築とともにしだいに学校教育の後景に退きつつあるが，学校内外における協働性の創出という観点から今日改めて注目すべきであろう。スクールソーシャルワーカーは，子どもの「学び」の場である学校を現場とするスペシフィックな専門職であり，そうあるべきであるとすれば，過度な競争主義のもとでゆがみつつある学校教育を，

第3章　スクールソーシャルワークと子どもの権利

「学び」の本来的，人権論的意義に照らして軌道修正させる役割ももっている。<sup>(9)</sup>

　子どもが抱えている困難，問題の解決のためには，子どもの親，保護者などその家庭に対する支援が不可欠な場合が多い。近年，子ども・家庭支援の制度・サービスが整備されつつあり，NPOなどによる子育て支援の活動も広く展開されている。スクールソーシャルワーカーとしては，そうした地域における有効な資源を把握しておく必要がある。その際，現実的には，特に市区町村の相談機関・支援担当職員の適正配置やその専門性が課題となる。また，地域のネットワークの要となる要保護児童対策地域協議会におけるスクールソーシャルワーカーの位置づけも課題である。

## 第3節　スクールソーシャルワーカーの職業倫理

### （1）遵守すべき価値

　日本ソーシャルワーカー協会は，2005（平成17）年5月，日本における社会福祉専門職団体協議会（日本ソーシャルワーカー協会，日本医療社会事業協会，日本社会福祉士会，日本精神保健福祉士協会）での協議を経て「倫理綱領」を承認した。その前文には次のように記されている。

> 　われわれソーシャルワーカーは，すべての人が人間としての尊厳を有し，価値ある存在であり，平等であることを深く認識する。われわれは平和を擁護し，人権と社会正義の原理に則り，サービス利用者本位の質の高い福祉サービスの開発提供に努めることによって，社会福祉の推進とサービス利用者の自己実現をめざす専門職であることを言明する。
> 　われわれは，社会の進展に伴う社会変動が，ともすれば環境破壊及び人間疎外をもたらすことに着目する時，この専門職がこれからの福祉社会にとって不可欠の制度であることを自覚するとともに，専門職ソーシャルワーカーの職責についての一般社会及び市民の理解を深め，その啓発に努める。

　この「倫理綱領」では，ソーシャルワーカーが遵守すべき「価値と原則」として，人間の尊厳，社会正義，貢献，誠実，専門的力量の5つを挙げている。また，「倫理の基準」として，利用者に対する倫理責任，利用者の利益の最優

先，受容，説明責任，利用者の自己決定の尊重，利用者の意思決定能力への対応，プライバシーの尊重，秘密の保持，記録の開示，情報の共有，性的差別・虐待の禁止，権利侵害の防止の12項目を挙げている。さらに，他の専門職との連携・協働など「実践現場における倫理責任」，ソーシャルインクルージョンを目指すなど「社会に対する倫理責任」，専門性の向上など「専門職としての倫理責任」を掲げている。

スクールソーシャルワーカーは，ソーシャルワーカーの一員としてこの「倫理綱領」を遵守することが求められる。このなかで利用者とされているのは，スクールソーシャルワークにおいては，誰よりもまず子どもである。遵守すべき価値である「人間の尊厳」は子どもを権利の主体として尊重することであり，「倫理の基準」としての「利用者の利益の最優先」は「子どもの最善の利益」と同等の価値であることから，この「倫理綱領」は子どもの権利条約の理念と共通するところがある。また，スクールソーシャルワークにおける「利用者」には，子どもの誕生や生育過程でのかかわりと直接的養育責任からみて，親や保護者をふくめて考える必要がある。それは，子どもの権利およびウェルビーイングを保障するための基本原理である。

### （2）子どもの最善の利益と社会正義の追求

「実践現場における倫理責任」には，「実践現場との間で倫理上のジレンマが生じるような場合，実践現場が本綱領の原則を尊重し，その基本精神を遵守するよう働きかける」という指針が示されている。学校という実践現場において，主に教師との連携・協働のもとに活動するスクールソーシャルワーカーは，しばしば，そのジレンマに突きあたることがある。

学校現場における過度な競争主義は，子どもを尊厳ある個人あるいは全人格としてではなく，他者との比較，あるいは数値化可能な部分のみによって評価する過ちを犯しがちである。さらに，その問題性に対する子どもからの抵抗は，学校独自の規範によって統制されがちであり，それが新たな問題状況を生み出す。また，これまで日本の学校には，違法行為である体罰や暴行，子どもの自

殺を誘引するほどの「行き過ぎた指導」などが後を絶たない実態がある[10]。このような子どもの人格権を侵害する行為が，残念ながら教育活動の一環として容認され，親や地域社会から承認・支持されることもある。

　スクールソーシャルワーカーが，「倫理綱領」を遵守し，人権と社会正義の原理に則りその業務を遂行しようとすれば，このような学校教育のあり方について，あるいは，個々の教師の「指導」観や行為との間にジレンマを抱く場面に直面することは十分にあり得る。その場合スクールソーシャルワーカーは，あくまでも「子どもの最善の利益」を追求し，世界人権宣言や日本国憲法さらに子どもの権利条約などによって裏打ちされる普遍的な社会正義を貫く必要がある。実践的には，本来は子どもの人格形成の専門職である教師の業務に介入し，対決的関係になることを避けつつその軌道修正を図り，場合によっては，子どもだけでなく教師が抱え込んでいるストレスの軽減や問題解決に向けたプランの提起と実践に取り組むことが求められる。ケース会議は，そのための合意形成の場としても重要な意味をもつものとなる。また，日常の業務を通じて，お互いの価値の尊重，交流を図ることも意図的に追求する必要がある。

## 第4節　教育福祉としてのスクールソーシャルワーク

### （1）教育と福祉の統一

　スクールソーシャルワークは，学校を実践現場とするソーシャルワークである。より広くとらえれば，それは教育と福祉との接合ないし統一による実践過程である。

　冒頭でふれた戦前における社会事業は，一方で産業革命後の資本主義経済の発展にともなう貧困の拡大を背景に，他方で大正デモクラシーに象徴される人権思想や労働運動の広がりを背景に，貧困等の社会問題への国家的対応として，それまでの慈善事業さらに感化救済事業から発展した対策として登場したものである。そこでは，生活困窮等の社会問題に対して，精神的救済と物質的救済などの2側面が提起され，前者が文部省管轄の社会教育，後者が内務省管轄の

社会事業として組織化された。社会問題のなかでも特に児童問題に対応する児童保護事業においては，不就学児童問題，障害児の教育保障問題，非行問題，幼保の二元的制度問題などについて一体的に取り組む必要性がさかんに問題提起された。[11]

戦後，学校教育法制と児童福祉法制がそれぞれ独自に体系化されたが，そのことにより新たに法制度の「谷間」ともいうべき問題状況が生まれ，あるいは，取り残された。その象徴的な問題は，児童養護施設入所児童や低所得世帯児童の教育保障問題，幼保一元化問題などであり，教育と福祉の統一を要する子どもの権利保障の仕組みと実践の問題として改めて提起された。[12]この問題を「教育福祉」問題として先駆的に提起したのが，小川利夫（1926～2007）であった。

（2）「教育福祉」論とスクールソーシャルワーク

小川は，「教育福祉」問題を「社会福祉とりわけ児童福祉サービスそのものの性格と機能のなかに，いわば未分化のままに包摂され埋没されている教育的機能ならびに教育的条件整備の諸問題」[13]と定義した。今日「教育福祉」問題は，学校教育の性格と機能のなかに包摂され埋没されている子どもの生存権や人格権にかかわる社会福祉の問題としても提起されているのである。

スクールソーシャルワークが取り組む問題の多くは，「教育福祉」問題として凝縮された子どもの権利に関する問題が，1990年代以降の貧困の拡大とともに，より多くの子どもの問題として一般化し始めた状況に対応する実践的取り組みであるともいえる。いいかえれば，スクールソーシャルワークは「教育福祉」問題に対応する「教育福祉」実践の1つに他ならない。[14]1990年代以降のグローバリゼイションは，資本主義経済が多国籍企業時代へと展開したことを契機とする国際的動向であり，各国で貧困・格差が拡大した。[15]その影響は学校教育にも波及し，貧困・格差を背景要因とする，いじめ，校内暴力，飲酒，薬物などが深刻化し，[16]学校でも家庭支援を含めたソーシャルワークによる対応が不可避となった。1999（平成11）年に，シカゴで51か国のスクールソーシャルワーカーが参加して，第1回スクールソーシャルワーク世界会議が開催された

こともそのような国際的動向が背景にあった。

　日本におけるスクールソーシャルワーカーの活動は2000（平成12）年以降に広がりはじめ，2005（平成17）年に日本スクールソーシャルワーク協会，2006（平成18）年に日本学校ソーシャルワーク学会が設立され，2008（平成20）年に文部科学省が「スクールソーシャルワーカー活用事業」を導入するなどの動きが起こっている。スクールソーシャルワークは，困難を抱える一人ひとりの子どもに寄り添い，「子どもの最善の利益の原則」に立脚して問題解決に取り組む実践であるが，同時に，国際的な動向も視野に入れて，子どもの権利にかかわる問題解決の展望を子どもや教師，親たちとともに切り開いていく活動であるといえよう。

### (3)「教育福祉」実践における教師との協働

　子どもが抱えている困難は，保護者が抱えている生活・子育ての困難でもあり，教師が抱えている学校・学級経営や教育実践の困難でもある。その背景には，人間らしく生き，育つ生存権と発達権，いいかえれば福祉と教育の複合的課題が横たわっている。「子どもの最善の利益」に即した問題解決のためには，教育と福祉の統一的アプローチが不可欠であり，そこに「教育福祉」実践としてのスクールソーシャルワークの意義がある。

　しかしながら，スクールソーシャルワークの展開にとって当面する現実的な障壁として，社会福祉やソーシャルワークに関する教師や学校あるいは教育行政の理解がかならずしも十分ではないという問題がある。さらに学校には，学校の問題は学校で解決しようとする自律性がある。それ自体は最大限に尊重されなければならないが，スクールソーシャルワーカーの活用を阻む要因ともなっている。そこで，教師がスクールソーシャルワークについての理解を深める取り組みが当面の課題となる[17]。そうした取り組みは，教師にとって子どもに向きあう教育実践の質的向上につながり，スクールソーシャルワーカーにとっても学校での受け入れ体制が格段に改善され，協働的実践の基盤づくりともなることから，今後の展開が期待される。

〈注〉
(1) 吉田久一『日本社会事業の歴史　全訂版』勁草書房，1994年など参照。
(2) たとえば，生江孝之『児童と社会』児童保護研究会発行（非売品），1923年など。
(3) ファシズムのなかで子どもの権利の尊重を訴えたポーランドのコルチャック先生の思想は，現在の子どもの権利論の基礎となっている。近藤二郎『コルチャック先生』朝日文庫，1995年，新保庄三『コルチャック先生と子どもたち』あいゆうぴい発行，萌文社発売，1996年など参照。
(4) 永井憲一・寺脇隆夫編『解説・子どもの権利条約』日本評論社，1990年など参照。
(5) この点については，国連子どもの権利委員会が「一般的見解」第7号「乳幼児期における子どもの権利の履行」2005年においてくわしく解説している。
(6) 子どもの権利条約　市民・NGO報告書をつくる会編『"豊かな国"日本社会における子ども期の喪失』花伝社，1997年などが，出版物として発行されている。
(7) 子どもの権利を守る国連NGO・DCI日本支部編『子ども期の回復——子どもの"ことば"をうばわない関係を求めて』花伝社，1999年参照。
(8) 望月彰・土屋基規共編著『いのちの重みを受けとめて』神戸新聞総合出版センター，1997年，前田功・前田千恵子『学校の壁』教育史料出版会，1998年など参照。
(9) ユネスコ「学習権宣言」1985年参照。
(10) 大貫隆志編著『指導死』高文研，2013年など参照。
(11) たとえば，倉橋惣三「託児所における教育の意味」『社会事業』第13巻第2号，仲村孝太朗「小学校と社会事業の関係に就て」同第9号，いずれも1929年など。
(12) 小川利夫・永井憲一・平原春好編『教育と福祉の権利』勁草書房，1972年。
(13) 小川利夫「児童観と教育の再構成—『教育福祉』問題と教育法学」小川利夫・永井憲一・平原春好編，前掲書，5頁。
(14) 望月彰「教育福祉とスクールソーシャルワーク」山野則子・野田正人・半羽利美佳編著『よくわかるスクールソーシャルワーク』ミネルヴァ書房，2002年。
(15) トマ・ピケティ／山形浩生・守岡桜・森本正史訳『21世紀の資本』みすず書房，2014年。
(16) 山崎勝之・戸田有一・渡辺弥生『世界の学校予防教育——心身の健康と適応を守る各国の取り組み』金子書房，2013年。
(17) 筆者が勤務する愛知県立大学教育福祉学部では，2014年度独立行政法人教員研修センター受託事業として「スクールソーシャルワーク教員研修プログラム」を愛知県内の教職員ら26名の参加により実施した。この取り組みを今後も継続する予定である。

（望月　彰）

---

コラム3

### 高校福祉科教員とスクールソーシャルワーカー

　急激な高齢化の進展に対応して，高齢者を思いやる気持ちやいたわる気持ちなど豊かな人間性を育む教育が一層重要となってくると同時に，介護を必要とする高齢者の自立を支援する能力や技術をもった人材を養成する必要性が高まったことなどを背景に，高等学校の専門教科として「福祉」が誕生した（1999年高等学校学習指導要領告

第3章　スクールソーシャルワークと子どもの権利

示、2003年実施）。教科「福祉」は、実践的・体験的な学習活動をとおして豊かな福祉観を養うこと、福祉社会の一員として生活上の問題に関心をもち、日々の生活のなかでどのように社会福祉と関連しているかを学ぶとともに、基本的人権や人間としての尊厳など自立生活を支援する実践的な態度を育てることを目標としている。

　教科「福祉」は、9科目から構成されており、そのなかの「社会福祉基礎」は福祉科における学習のもっとも基礎となる科目として位置づけられている。生徒たちが社会福祉を自分自身の問題としてとらえられるようにするとともに、そうした諸課題が生きている人間と社会の間で起こっていることをふまえ、主体的に解決していこうとする意欲を高めていくことをねらいとしている。福祉がすべての人を対象とし、個人が抱えている生活問題を解決するために、必要な社会資源を活用したり新しい福祉サービスを開発したりする必要があることを学んでいく。こうした学習をとおして生徒は、自分の課題に気づき課題解決に向かって取り組んでいこうと考えるようになる。

　一方、福祉科教員は、社会保障制度や公的扶助、児童家庭福祉、高齢者福祉、障害者福祉などの制度やサービス内容を使える知識として豊富にもっていなければならない。また、総授業時間数の十分の五以上を実験・実習に配当しなければならないため、地域の福祉施設や関係機関と連携を図り体験的な学習を取り入れていくように計画を立てなければならない。そのため、福祉科教員は地域の社会資源を知っており福祉関係者等ともつながりをもつ。

　したがって、福祉科教員は生徒の現実の生活課題に対して生徒自身が解決できるように手助けをしたり、福祉関係機関と連携して支援を行ったりすることができる。こうした機能を全生徒に発揮できるようにするためには、福祉科教員の校務分掌を教育相談部に配属されることが望まれる。そうすれば、たとえば、精神的症状を発症した際に病院につないだり、通学が困難であればデイケアにつないだりするなどして、校務分掌の教務部に単位認定の際の内規変更を検討してもらうことで進級や卒業ができるように調整することが可能である。また、卒業後の進路について精神障害者保健福祉手帳を取得して体調にあわせて就労できる方法（障害者雇用）や福祉的就労（就労移行支援や就労継続A型やB型）などについて説明をしたり、見学に同行したりすることもできる。

　現在、高等学校への進学率が、定時制や通信制もふくめると98％を超える状況となっており、卒業後の生活の道標をどのようにつけていくか、あるいは中途退学や進路変更の際の手立てをどのように講じるかが重要になっている。課題を抱える高校生にとって、ソーシャルワーク実践による課題解決の方法には有効性があり、学校におけるソーシャルワークの担い手として、福祉科教員が果たす役割は大きいと思われる。今日、スクールソーシャルワーカーと高校の福祉科教員との連携や協働実践は、双方の人員の少なさもあるがあまり顕在化していない。

　しかし、福祉科教員が授業や福祉科の学科経営をしながら、校務分掌としての位置

づけでソーシャルワークを実践するには，時間的な制約もあり限界がある。
　一方で高校にも配置が進んでいるスクールソーシャルワーカーであるが，社会福祉士や精神保健福祉士の有資格者も少ない現状であるうえ，有資格者といえども病院や高齢者畑での勤務経験しかないスクールソーシャルワーカーも少なくない。
　そうした場合に，福祉全般にわたって知識があり，地域の社会資源とのつながりがある福祉科教員はスクールソーシャルワーカーの良きパートナーになってくれるに違いない。今日，高校の福祉科教員とスクールソーシャルワーカーとの連携や協働実践は，双方の人員の少なさもあるが，あまり顕在化していない。しかし，福祉教育と福祉活動の実践的なつながりは相互に有益なものとなると思われる。今後の福祉科教員とスクールソーシャルワーカーの連携・協働実践に期待したい。

（髙橋恵里香）

# 第4章
# 学校である意味と課題

──ポイント──

　すべての子どもが安心してあらゆる経験を積み，各自有する可能性を最大限に発揮し得るその子らしい尊厳ある社会生活の継続を目指した支援を展開するためには，スクールソーシャルワーカーは，学校において，また学校とともにソーシャルワークを実践する必要がある。ではなぜ学校でなければならないのだろうか。その理由として，本来学校が有する問題発見機能と学校におけるソーシャルワークだからこそ発揮できる家庭支援機能が主なものとして挙げられる。

## 第1節　学校による問題発見機能

### (1) 問題発見機能

　ソーシャルワークが学校で実践されるべきもっとも大きな理由は，学校が本来有する問題発見機能にあると考えられる。義務教育である小中学校においては，地域のすべての児童生徒に接することができるのが学校であり，児童生徒の様子や言動などから体験していると考えられる問題に気づくことができることの意味は大きい。また，義務教育外の高校であっても，高校進学率が100％近くであることをふまえると，学校で生徒の問題に気づける確率は非常に高い。もちろん，無戸籍等によって学校にさえも通えていない子どもが潜在化していることは忘れてはならないが，ほとんどの子どもに継続的にリーチできる学校の存在は，子どもの問題を早期に発見し支援するうえで無類のものだといえる。
　近年のように，プライバシー保護や自己責任が浸透し，他者との交流や関係

性が希薄になることによって，個々の生活を他者が知ることが困難な現状では，家庭における問題が潜在化する可能性が非常に高い。他の家庭の生活を知らない子どもたちにとって，自分の体験する生活の課題に気づくことはむずかしい。また，交流する大人が減少するなか，家族以外の大人に助けを求めることも困難だと考えられる。

同様に，友人等の関係のような家庭以外の問題においても，SNS（ソーシャル・ネットワーキング・サービス）などの利用による潜在化が進んでいるといえる。一部の子どもたちによる閉ざされた擬似および現実空間におけるやりとりを，大人が把握することは不可能に近い。この構造は，SNSを介した大人による子どもの搾取についてもいえることである。そう考えると，不登校といったサインもふくめて，学校の問題発見機能を最大限に発揮することが求められる。

しかしながら，同時に学校だけが子どもの問題を発見できる場というわけではない。地域の人びとも子どもの問題の可能性に気づいていることがある。たとえば，毎日のようにコンビニに買い物にくる子どもや，深夜に公園などでたむろしている子どもたちなどに地域の人びとは気づいているのだ。しかしながら，このような気づきは，子どもが誰なのかを特定することがむずかしく，実際の支援につなげることが困難だと考えられる。この気づきを早期対応につなげる相談体制や地域の基盤を構築していく必要があるとともに，このような比較からも学校の問題発見機能がいかに有効性の高いものであるかを再認識することができる。

（2）教職員による発見と支援へのつなぎ

このように，問題の潜在化が進行しているからこそ，児童生徒が集まる学校で問題発見機能を発揮することが不可欠なことは明白だが，学校の要請で活動を開始する依頼派遣型が多くを占める現状においては，この機能をスクールソーシャルワーカーのみが果たすことはできない。日々児童生徒に接している教員が児童生徒の変化に気づき，問題を早期に発見することが不可欠となる。

第4章 学校である意味と課題

それを実現するには、教育を専門とする教員が児童生徒の問題に気づくことができるように、気づきのポイントを伝えていくことが必要だといえる。このような活動は、教職員等の研修や教職員のサポート等を職務とするスクールソーシャルワーカーだからこそできることであり、依頼派遣型が多いからこそ、かならず行わなければならないことだといえる。

そして、学校の有する高い問題発見機能を問題解決への支援につなげていかなければならない。これまでの学校は、児童生徒が体験している問題に対し、すべての対応を学校で行おうとする傾向があった。だが、近年は多様な専門職の参入等によって、専門職や機関等と連携した問題への対応がみられている。このような傾向は、現在のように問題の背景をふくめ問題が多様化、複雑化、深刻化、潜在化している状況下では不可欠なことであり、教職員等による問題発見をスクールソーシャルワーカーにつなげるさらなる努力が必要だと考えられる。そのためには、教職員とスクールソーシャルワーカーが専門性や役割を相互に理解するとともに、できる限り相互作用を増やし関係性を構築しながら、子どもたちのウェルビーイングの増進を目指して協働する経験を蓄積していくことが重要だといえよう。

## 第2節　学校による家庭支援機能

### （1）保護者に働きかけられる立場

子どものしあわせを考えると、血縁や婚姻関係等にかかわらず、養育、保護、情緒、経済機能等を果たす家庭の存在が不可欠である。そのため、家庭がこのような機能を果たしていないと考えられ、子どもがつらい想いをしている場合、子どもの福祉を考える者にとってみれば、その状況をより良い方向に変えるべく保護者等に働きかけることは当然だと考えるであろう。しかしながら、果たして「私はソーシャルワーカーです。お子様のためにお話したいのですが……」と働きかけて、いったいどれだけの保護者等がそれに対応するだろうか。保護者等がその状況を問題だと認識していない場合には、保護者等の協力的な

対応を得ることは不可能に近いにちがいない。しかしながら，このような状況であっても保護者等に繰り返し働きかけられるのが，スクールソーシャルワーカーなのである。

これは，教育委員会に属するスクールソーシャルワーカーには，保護者等にアウトリーチできる公的立場が与えられ，それを活かして支援を展開できるためである。子どもは教育を受ける権利を有している。そして，その保護者は9年の普通教育を受けさせる義務を負っている（学校教育法第16条）。このような法律を改めて確認するまでもなく，日本国民の誰もが学校に行き，そこで教育を受けることに何らかの支障が生じている場合には，保護者等に連絡をとることがあたりまえのことだととらえる現状が日本にはある。

児童相談所の児童福祉司等も保護者等に働きかける強い公的権限を有しているが，その強さゆえに保護者等の抵抗も強い。一方，学校は保護者等にとっても身近な地域の社会資源であり，特別なものとの認識は低い。まして，自分の子どもが通う学校からの働きかけには，まったく知らない機関等からのものに比較すると，友好的反応になると考えられる。それが，学校への不満や批判といった否定的なものであったとしても，相互作用の拒否を意味するわけではなく，このような場合こそ特定の学校の教職員ではないスクールソーシャルワーカーが活動する意義は大きい。

### （2）家庭全体を支援できる専門職

保護者等に働きかけることができる立場を最大限活用して支援を展開することが求められるわけだが，家庭がその機能を十分果たすためには，保護者のみならず家庭全体をとらえた支援が必要になる。年齢が低ければ低いほど，保護者等の状況や状態が子どもに及ぼす影響は高くなる。そのため，子育て支援等が推進されてきたわけだが，それらは養育や保育の充実が目的であり，母子に焦点化したものになっている。また，子どもが未成年の時期には，母子や父子家庭への支援はあるものの，家庭全体を包括的にみる視点はない。日本においては，安定した経済状況と日本型雇用，また義務教育の徹底等によって，程度

の差はあれ，家庭が養育機能を果たすことを長い間可能にしてきた。その結果，両親がそろっている家庭では養育機能等を果たすのがあたりまえだとの認識にもとづき，福祉政策は策定されてきたのである。そのため，生活保護のように世帯単位で援助および指導する機関はあっても，関係性の深い別世帯の親族等もふくめて家庭全体を支援できる機関は制度的に皆無だといえよう。

このような状況下，たとえば，ある子どもの母親（うつ病）には精神科病院の精神保健福祉士が，次男（発達障害）には子ども発達センターの担当者が，父方の祖母（要介護）にはケアマネジャーがそれぞれ支援をしていたとしても，家族全体を包括的にとらえる視点や連携が機能しない限り，家族システムとして機能することはむずかしい。ましてや，たとえば父親が劣悪な労働環境で働いているために，子どもにあらゆる役割等を強要しているような，自分たちでは軽減あるいは解決できない問題を家庭が体験しており，専門的支援につながっていないような場合には，個々の家庭の構成員が体験している問題とともに，その交互作用による家庭全体の問題をとらえる専門性が不可欠だと考えられる。これができる1つの専門職がスクールソーシャルワーカーだといえよう。保護者に対する支援・相談・情報提供のみならず，問題を抱える児童生徒がおかれた環境に働きかけることが職務となっているスクールソーシャルワーカーは，非常に幅広い支援が許された専門職だといえるのである。

## 第3節　学校・家庭・地域の連携

### （1）学校・家庭・地域の連携の推進

このような学校による問題発見機能や家庭支援機能を十分に発揮するためには，スクールソーシャルワーカーの効果的な実践が不可欠だが，個々のがんばりだけでは到底できることではなく，仮にそれができたとしても，それは属人性の高い活動となり，その人がその職を去った際に機能しなくなる可能性が高い。学校・家庭・地域の連携といった基盤があって初めて，学校の強みを活かした支援を展開することができると考えられる。その際，この連携を構築する

のもスクールソーシャルワーカーの1つの役割であることは忘れてはならない。
　教育基本法第13条に「学校，家庭及び地域住民その他の関係者は，教育におけるそれぞれの役割と責任を自覚するとともに，相互の連携及び協力に努めるものとする」とあるように，学校・家庭・地域の連携は従来からその必要性が認識され，推進されてきた。近年その必要性がますます重視されるようになり，社会全体の教育力を向上させ，地域の活性化を図るとともに，子どもが安心して暮らせる環境づくりを促進するために，「学校支援地域本部」「放課後子ども教室」「家庭教育支援」などの学校・家庭・地域の連携による教育支援活動促進事業が進められている。同時に，教育委員会から任命された保護者や地域の人びとで構成する学校運営協議会を設置し，学校の課題解決に参画していくコミュニティ・スクールの指定校も年々増加し，保護者や地域住民等による学校教育への協力が促進されるとともに，児童生徒や教員による地域行事への参加が増加するなどの効果がみられている。また，子どもの貧困が深刻化するなか，貧困の連鎖を断ち切り，子どもたちの将来が生まれ育った家庭の事情等に左右されないように，子どもの貧困対策の推進に関する法律が施行され，この法にもとづいた子どもの貧困対策に関する大綱によって，学校が総合的な子どもの貧困対策のプラットフォームとして位置づけられた。
　このように，学校への支援，家庭への支援，子どもへの地域の支援が整備されるように活動が進められるとともに，学校からあらゆるサービスにつながる支援の展開がますます期待されている。それぞれの事業の結果をみると，教職員と保護者の間の信頼関係が強化されたとか，あるいは子どもの生活習慣が改善されたなどの多様な成果がみられている。しかしながら，複数の事業の連動による成果はみられているのだろうか。そして，何よりこのような支援活動等になじまない子どもや家庭が排除されていないだろうか。

（2）学校・家庭・地域の連携における課題
　このように，子どもの暮らしやすい環境づくりを目指した学校・家庭・地域の連携が推進されているが，主に4つの課題が考えられる。

## 1) 事業の濫立

　現代の生活問題への対応は，問題の多様化にともなって，拡大および複雑になっている。子どもの体験している問題への対応を目的として事業を複数創設し，多様な活動を行うことは，子どもや家庭がそれらの活動を利用する機会を増やすことになる。一方で，その複雑さや多様さが利用への理解不足や躊躇を引き起こす。そのうえ，子ども・子育て支援法や子どもの貧困対策の推進に関する法律などにもとづく新たな事業が次々に誕生している。法律を超えた複数の事業の有機的な連動による子どもや家族のしあわせを実現するためには，全体を見わたし調整できる機能を備えた仕組みが必要になる。たとえば，学校・家庭・地域の連携による教育支援活動促進事業においては，都道府県に推進委員会を設置するとともに，市区町村に運営委員会を設置し，地域の実情に応じた複数の活動の有機的な実施を実現できるように考えられている。これらがどこまで機能しているかどうかはいまだ明らかではないが，少なくともこのような仕組み等を，事業を横断して整備するとともに，相談や利用窓口を一本化および利便化することによって，地域の人びとの事業への参画や利用する人びとのアクセス度を高めることが不可欠だと考えられる。その際，子どものウェルビーイングの増進に深くかかわる教育と福祉のそれぞれの事業の連動が図れる仕組みを忘れてはならない。

## 2) 分野の縦割り

　事業の濫立による弊害と同じように，児童，高齢者，障害者，貧困等の分野の縦割りによる弊害が，学校・家庭・地域の連携を阻害していると考えられる。たとえば，公共バスや電車などの廃止等によって，移動手段が確保できないといった高齢者の課題は，運転免許証をもつことのできない小中高校生の課題でもある。また，高齢者が賃貸アパートを借りる際に保証人がいないことによって優良な物件を借りることができないといった課題は，たとえば保証人がみつかりづらい母子家庭にとっての課題でもあるだろう。同様に，家具の移動のような頻繁にはないが一人では対応できないような手助けが必要になるのは高齢の独居や夫婦世帯の課題であるが，独居の女性や障害者等の課題でもあるだろ

う。このように，児童，高齢者，障害者，貧困等の分野に共通する課題は多々ある。公助が縮小するなか，分野を超えた地域の生活を基本とした事業展開が必要になっていると考えられる。

　同様に，あらゆる分野でネットワークの必要性が強調されているが，果たしてそれぞれの分野でネットワークを構築する利点があるのだろうか。専門職は分野によって異なるが，民生・児童委員のような地域福祉協力者はどの分野であっても同一人物である。また，自治会等の地縁ネットワークの中心的人物も同様である。そのため，複数の会議や活動に参加しなければならない状況が生じる。分野や制度を超えた専門職ネットワークが必要であり，それが地域福祉協力者ネットワークとつながり，そこから地縁ネットワークにつながることが地域のすべての人びとの利益につながると考えられる。そして，このようなネットワークを基盤として，問題に応じて問題の解決に有効だと考えられる人びとのネットワークが動き出し，協働して支援を展開する必要があるだろう。

　また，地域のさまざまな人びとの連携を促進するためには，コーディネーターの存在が必須である。しかしながら，これらも児童，高齢者，生活困窮者等のそれぞれの分野で創設され，その連携までは考えられていない。たとえば，2015（平成27）年度施行の介護保険法改正において，生活支援の体制整備が打ち出され，生活支援等の開発や関係者のネットワーク構築等を担う生活支援コーディネーター（地域支えあい推進員）が活動することになった。それ以前からも，行政機関，利用者や家族，サービス事業者，民生委員，一般住民等がつながり，目的にあわせて自由自在に形を変えられる地域包括支援ネットワークの構築を地域包括支援センターが行っている。一方，学校・家庭・地域の連携による教育支援活動促進事業においても，学校や地域，地域の団体等との総合的な調整等を行うコーディネーターが存在している。もちろん，市区町村社会福祉協議会にも地域福祉コーディネーターが活動するなど，地域のなかでの濫立がみられる。一人のコーディネーターが広い地域で多様な人びととの連携を促進することはできない。それなら，分野ごとや事業ごとの配置ではなく，小学校区のようなある一定の狭い地域ごとに事業や分野等を横断して活動できる

コーディネーターを配置して，状況に応じて広域の協働ができる体制を整えることが必要ではないかと考えられる。

### 3) 自助・互助・共助・公助の分断

　学校・家庭・地域の連携を推進するうえで，自助・互助・共助・公助の分断も課題だと考えられる。一般には，自助・共助・公助ともいわれるが，地域包括ケアシステムの構築における費用負担者による分類である自助・互助・共助・公助で考えてみると，「自分のことを自分でする」といった自助，地域の人びとがお互いに助けあう互助，被保険者の負担である介護保険や医療保険などの社会保険の共助，税による負担の公助がある。子どもを育てる家庭においては，これまで税を納付し，社会保険料を支払う，いわゆる支える側としてみなされてきた保護者等は，自助があたりまえととらえられる傾向がある。たとえば，父親と母親ともに非正規就労で低賃金のため，長時間拘束されることで，子どもとの時間が十分にとれず，子どもが毎日のようにアパートの前でうろうろしていたり，コンビニ等の食事を一人で食べていることがあるとしよう。それに気づいた近隣住民や教員等は，「子どもを養育できない，なんて親だ！」と考えるかもしれない。つまり，親が子どもを育てるのはあたりまえのことであり，それができないのはおかしいと判断するわけである。このように，自助と互助が分断されていることによって，すべてが親の責任として片づけられてしまい，家庭を支援する学校や地域になり得ないのである。保護者や子どもが主体的に自分たちの生活について考えることも必要だが，自助をサポートするために互助・共助・公助が機能するならば，たとえば，NPO法人が主催する居場所で遊び，ボランティアが宿題をみて，地域住民が何かと声をかけるといったような互助とともに，児童手当等を受けるといった公助等によって，包括的に自助を支えることができるだろう。

## 第4節　誰もが生活しやすい地域

### (1) 誰もが生活しやすい地域とは

このような課題に対応し，子どもが安心して自分の可能性を存分に高められる環境をつくっていくには，地域が子どもと保護者等のみで構成されているわけではないことを再認識する必要がある。誰もが生活しやすい地域こそ，子どもも安心して成長できる地域といえるのではないだろうか。「どのような地域で生活したいですか」とたずねたら，ほとんどの人が「治安のいいところ」「必要なときにたよりになる人がいるところ」「駅や病院などが近くで便利なところ」等のように答えるだろう。具体的な内容は人それぞれかもしれないが，日本で生活するうえで求めることは基本的には同じだと考えられる。それは，誰もが必要なときに，気軽に適切な制度的や非制度的サービスを活用できる体制が整っている地域だともいえる。そこには，単なるサービスの提供体制の整備のみならず，サービスの利用を阻害する偏見や固定観念等の除去等もふくまれる。非制度的サービスは地域住民の声かけやコンビニ等の見守りなど，システム化されていないものまでふくまれる。そして，このようなサービスを必要なときにうまく活用できるように支援する専門職が，身近にいるという地域が誰もが住みやすい地域といえるのではないだろうか。

### (2) 誰もが生活しやすい地域を創る要素

事業の濫立，分野の縦割り，自助・互助・共助・公助の分断等の課題に対処し，誰もが生活しやすい地域を創るには，総合相談と協働の場が不可欠だと考えられる。

#### 1) 総合相談

制度の縦割りや，たらい回しによる弊害等への対処を目的に，どのようなサービスを利用してよいかわからない住民に対して，1か所で相談からサービスの調整等を行うワンストップサービスの拠点として機能するため，地域包括

第4章 学校である意味と課題

支援センターに総合相談が位置づけられた。あらゆる相談者や相談機関からの，地域に居住する高齢者等に関する多種多様な相談をすべて受け止め，適切な機関やサービス等につなぎ継続的にフォローするとともに，必要に応じて地域包括支援センターの支援につないでいく。この総合相談は，専門的支援等が必要だと考えられるが自分から助けを求めてこない，または，訪れることができない人びとを発見し，リーチすることを可能にした。これは，申請主義の限界を緩和する役割を果たしているといえる。また，あらゆる相談の蓄積から，サービスの不足や制度の課題等を把握することもできている。この総合相談は，生活困窮者の相談支援事業や障害者自立支援の指定相談などに拡がっている。そして，2015（平成27）年度に施行された「子ども・子育て支援法」においても，「子ども及びその保護者が，確実に子ども・子育て支援給付を受け，及び地域子ども・子育て支援事業その他の子ども・子育て支援を円滑に利用できるよう，子ども及びその保護者の身近な場所において，地域の子ども・子育て支援に関する各般の問題につき，子ども又は子どもの保護者からの相談に応じ，必要な情報の提供及び助言を行うとともに，関係機関との連絡調整その他の内閣府令で定める便宜の提供を総合的に行う事業」が開始される。

　しかしながら，これではいまだ対象ごとの総合相談にとどまっている。障害があって経済的に困窮している高齢者は，どこに相談に行けばよいのか迷うことだろう。家族で考えてみるとなおさらである。この迷いが，適切なサービス等の利用を躊躇させ，問題が重篤化した段階で表面化し，他者によって発見されることにつながる。すべてのあらゆる相談を受けることによって，これらの課題に対応し，当事者または地域の人びとからの相談のアクセスを高めることが，早期の問題発見を可能にする。それは，予防的機能を担うことにもなる。

2）協働の場

　地域におけるネットワークの重要性は明白に認識されているが，地域の多様な人びとが単に知りあいになることが目的ではない。日頃からの支えあいや必要なときに迅速に包括的な支援が展開できるために，基盤となるネットワークを構築することが目的である。そのためには，地域の人びとが自然と何らかの

65

かかわりをもつことができる場と機会の設定が必要になる。なかでも，専門職が必要に応じて協働するためには，日頃からの相互理解や協働経験の蓄積が必要になる。地域包括支援センターにおいて保健師等，社会福祉士，主任介護支援専門員がチームとして活動できるようになったのは，センターという同じ機関に所属していることとともに，同じ空間で多くの相互作用をとおして培ってきた相互理解や信頼があるからだといえる。

### （3）誰もが生活しやすい地域を創る仕組み

このような要素を満たし，誰もが生活しやすい地域を創っていく1つの形として，小学校を拠点とした仕組みが考えられる。誰もが住みやすい地域は短期間で実現できるはずはなく，継続的な活動が不可欠となる。そのため，長期間にわたり存在する学校はその継続的活動を可能にすると考えられる。また，学校は地域の防災拠点であるとともに，さまざまな行事が行われることによって地域住民にとって身近な社会資源になっている。地域によっては，家族の誰かしらの母校であることも多く，そういった意味においても非常に身近な存在だといえる。そして，何より小学校区は児童生徒が徒歩で通学できる区域であり，誰もが交通手段の有無にかかわらず移動できる場所だといえる。この出かけるための準備等に多くの労力を必要としない近さが，問題を体験して意欲を減退あるいは喪失している人でも動ける距離だと考えられる。

学校を拠点とした仕組みとしては，地域の多様な世代の人びとが自由に集える場や仕掛けとともに，分野や制度を超えた総合相談を担う窓口の設置が必要だと考えられる。これまでのコミュニティ・スクールや学社融合の実践等から，学校の一部を公的空間として解放し，場をつくる，あるいはクラブ活動等への住民の参加の仕組みをつくることが有効だと考えられる。誰もが気軽に参加し楽しいと感じられることが重要であり，支援する側と支援される側が固定化されない関係が不可欠なのである。こうした自然な交互作用が地域のさまざまな人びととのネットワークを構築し，必要な際に支えあう関係性の構築を促進する。また，地域の人びとによる自然な交互作用が学校で行われることによって，学

校が従来有する問題発見機能に加え，地域の人びとによる問題発見も可能となる。教職員の異動や子どもの進学等を考えると，継続的に子どもの変化に気づくことができる，そして必要に応じて支援できる意味は大きい。また，誰もが自由に訪れる空間において何でも相談できる体制があることによって，相談のアクセスは格段に高まると考えられる。これは，何らかの問題に気づいた地域の人びとの気づきを相談につなげやすくするという意義もある。

　また，多様な大人との交流は，子どもの限定的な大人像を拡げるとともに，支援を求められる数多くの人を確保することにつながる。同様に，同じ世代の子ども以外の人びととの交流経験は，子どもの社会化を進め，問題解決能力の向上を促すと考えられる。社会の急激な変動がみられる少子高齢化社会においては，自分で考え行動していく力がますます必要になっている。このような力を高めるためにも，多様な人びととの交流をとおしたさまざまな経験が不可欠だと考えられる。一方，大人も子どもとの相互作用が生じることによって愛着が生じ，子どもを地域で育てていこうとする意識が醸成されるとも考えられる。これは，近年みられる幼稚園や学校の騒音問題を解決し，子どもが本来の力を存分に発揮して学習できる環境を整えることにもつながるといえよう。

　このような環境を整備する際の事業としての連動を考えると，教育支援活動促進事業，介護保険法の生活支援体制整備事業，生活困窮者自立支援法の就労準備事業，障害者福祉の就労移行支援事業などが相互乗り入れし，あるときは支援する側に，またあるときは支援される側になる場づくりができるだろう。たとえば，あるときは高齢者や生活困窮者がこれまでの経験等を活かして児童生徒のアクティブラーニング（能動的学習）の補佐をし，あるときは生活困窮者や障害者が高齢者や母子家庭の家具の移動を手伝い，またあるときは児童生徒が施設のバザーの手伝いをするといったような，それぞれのストレングスを活かして地域に参画できるつながりの循環を生み出す工夫が必要だと考えられる。そのためにも，自然と誰もがつどえる場が必要だといえよう。

　そして，このような場に連続する空間に総合相談窓口をおく。総合相談は窓口を一本化し，相談に応じて関係担当者が一緒に相談できるように，子ども・

子育て支援事業，生活困窮の相談支援事業，地域包括支援センター等が活動できるようにする。これによって，日頃の活動から協働体制が構築できるとともに，地域のネットワークの事業や分野による重複も解消できる。ほとんどの事業において民間委託が進んでいるからこそ，協働しやすいと考えられるが，同時に受託法人の意向が大きく影響するため，委託をする行政と受託法人，また行政の担当課同士の連携が不可欠だといえる。また，地域のサービス提供の体制整備と個人への支援の充実を同時に行う1つの方法である地域ケア会議が，介護保険法に位置づけられ，すべての地域において構築および運営が進められている。このような方法を活用して，地域の多様な人びととの連携や分野等を超えた地域課題の発見および対応等を行うことが，誰もが住みやすい地域をミクロからマクロまで循環的につくっていくことを可能にすると考えられる。

　福祉と教育の両方に知見や経験のあるスクールソーシャルワーカーは，学校の有する強みである問題発見機能や家庭支援機能を最大限活かした支援を展開するとともに，それらを可能にする子どもや家庭をふくむ誰もが生活しやすい地域創りを目指して，福祉と教育をつなぐ要として活動していくことが期待される。

〈参考文献〉
NHK「日本の宿題」プロジェクト編『学校の役割は終わったのか』NHK出版，2001年。
髙良麻子編著『独立型社会福祉士――排除された人びとへの支援を目指して』ミネルヴァ書房，2014年。
鈴木庸裕編著『「ふくしま」の子どもたちとともに歩むスクールソーシャルワーカー――学校・家庭・地域をつなぐ』ミネルヴァ書房，2012年。
宮本太郎『地域包括ケアと生活保障の再編――新しい「支え合い」システムを創る』明石書店，2014年。

（髙良麻子）

── コラム4 ──
### 学校と地域をつなぐNPOの取り組み

　かならずしも専門家ではなくとも課題の解決が進むこともある。何より専門家に囲まれることが子どもにとってかならずしもしあわせとは限らない。家庭ではしつけ，

第4章　学校である意味と課題

学校では指導，専門家から観察，支援といった対象としてまなざしを向けられる日常において，緊張の糸を緩める空間を誰が届けるのか。そこで大切なのが地域の存在である。

筆者が代表を務める「山科醍醐こどものひろば」では地域のボランティアを中心に，地域の子どもが豊かに育つことができる環境づくりに取り組んでいる。そこでは何らかの課題のあるなしに関係なく，0歳から地域のすべての子どもたちが活動に参加できる。なかには，いじめ，不登校，虐待，そして貧困といった福祉課題を抱えたり経験してきた子どもたちもやってくる。公共機関や福祉施設ではないが，地域の組織のなかにもソーシャルワーカーが所属し，その地域のなかで，健全育成，子育て支援といった取り組みとあわせて，子どもが抱える個別の課題に応じた生活支援，学習支援，余暇支援を行っている。

この多様な取り組みは地域のなかで35年間，住民や学生ボランティアを中心にそれぞれの得意を活かして活動づくりをし，そこで出会った子どもや家庭の目の前のニーズに応えながら生み出されてきた。すべての子どもを意識すれば，0歳からの一つながりの育ちとかかわり，生活困窮などの困難課題から，より良い豊かな育ちの追及までを地続きで考え実践をするものである。そのなかで現在「子どもの貧困対策事業」も実施している。生活支援としては，夜の食事や居場所提供がある。状況に応じて，宿泊をともなうプログラムにも取り組み，食事・歯みがき・トイレ・入浴・就寝など誰にとってもあたりまえの自然な生活を意識したものである。さらに従来からある文化活動や体験活動に参加するために必要な参加費を補助することで，文化を届けている。福祉的事業と文化的事業の両方を実施している団体であるため，それぞれの特性を活かした支援ができる。また学習支援では，個別サポートの形で宿題や補習に取り組み，マンツーマンの個別指導塾のような支援から，公共施設と連携した生活保護世帯の中学生への無料学習支援，学校のなかで放課後や補習時期での学校と地域住民・団体と連携したサポートもある。また不登校気味の子どもたちも多いため，状況に応じて家庭教師型の訪問支援にも取り組んでいる。

対象となる子どもとつながることが困難な福祉的事業ではあるが，福祉事務所，ケースワーカー，学校，民生児童委員等がそのつなぎ役となり，情報を子どもと家庭に届け，参加できる環境をつくる。それぞれ専門職や教員の方々には，取り組みの意義や内容について研修やガイダンスを行ったうえでかかわってもらうように努めている。活動に参加する際には子どもに個別のサポーターがつき，コミュニケーションの機会を増やしていくようにすることで，それぞれの子どもがしたい活動を通じて成功体験を増やし，自己評価を高めていくことを支えていく。そして子どもがサポーターや団体と関係を深めていくことで，その子の家庭が地域から孤立しないようにも働きかけている。

さらにこれらの取り組みをしているときに，地域の小学校のスクールソーシャル

ワーカーから子どもたちを応援してほしいと連絡があり，学校と協議を重ねるなかで支援の形をつくっていった。内容としては，放課後の支援である。学校内での放課後学習支援，土曜教室のサポート，学校外では下校後の子どもの生活支援として，前述の生活支援の活動につなぐ。生活の場面では，学校では気づきにくい，本来できるであろう生活の営みが十分経験できていないのであろうという事実に出あう。「あたりまえの経験」が不足している子どもたちに生活スキルから1つずつ丁寧に取り組んでいき，「あたりまえの生活」を獲得していくように働きかける。

　このような日常を届け直すことはかならずしも専門家である必要はない。それが冒頭の指摘につながるのである。結果この学校との連携の取り組みは，他学区の中学校にも広がり，放課後の学習支援を地域の各種機関と地域住民や民生児童委員，そして学生ボランティアによる定期的な活動に発展している。その活動の運営は基本的に地域の側で行っている。

　学校という場は，小・中学校でみれば義務教育ということもあり，地域の子どもの状況を効率的に把握できる点で有効である。しかし就学前，卒業後はもちろん在籍中も学校だけですべての支援ができるわけではない。「学校をプラットフォーム」という言葉は，小地域福祉活動の圏域，特に子どもが移動する現実的な範囲と状況把握には適しているかもしれない。しかし，むしろ地域や社会がその状況をふまえ，教育を中心とした学校の機能以外の責任を引き受け直す場であることを示しているととらえた方がよい。昨今，いじめや自殺，不登校問題なども含め学校と家庭に責任を押しつけることが目立つが，子どもも家庭も学校も「地域の住民」であり，地域ができる子どもとのかかわりが何であるのかを考えることが大切である。スクールソーシャルワーカーには，学校内だけの調整や，あるいは学校や教育委員会のもつ「権威性」が及ぶ範囲や，専門機関だけの連携にとどまらない広い視野をもち「地域」とかかわっていただきたいと考える。

（村井琢哉）

# 第5章
## 子どもの生活現実から出発する教育実践

――ポイント――

　教育とスクールソーシャルワークが共同するためには，それぞれの専門性をふまえつつも，理論的・実践的に何を共有できるのかを明らかにしなければならない。それをひと口にいうと，子どもや家族が抱える生活現実から出発している点である。子どもや家族は生活現実と格闘しながら生きている。教師やスクールソーシャルワーカーの仕事は，この生活現実との闘いに共感・共闘することである。日本の学校の教師たちはこうした取り組みを何十年も続けていた。スクールソーシャルワークの理論と実践がこの教師たちの経験とどう接続していくのか，その検討が求められている。

## 第1節　子どもの自立を支援する2つの実践記録から

### (1) 被虐待児とその母親への支援

　思わず抱きしめたユキコ（仮名：小2）は，何の反応もなく，柔らかい丸太のようだったと，芳野かおり（仮名）はユキコの最初の印象を綴っている。ユキコは7月に1週間児童相談所に検査入所することになった。1週間たったが，「家に帰りたくない！」と泣き叫び児童相談所に引き続きいることになった。

　芳野は「ユキコを返せ！」と迫る父親と児童相談所との間に立つこととなった。ユキコは両親と会うことを拒み，「しせつにいかせてください。お願いします」と手紙を書き，養護施設で暮らすこととなった。ユキコのいなくなった家族は，父親の母親へのDV，子どもたちへの虐待が続いた。母親は女性シェルターに避難，ユキコ以外の子どもたちも乳児院や児童相談所に預けられた。離婚が成立し，しばらくして，ユキコの妹と弟と母親は一緒に生活できるよう

になった。芳野は1，2か月に1度ユキコを訪ねた。母親とは時折学校で話すことが続いた。

ユキコが小学4年生になった頃には，生活が軌道に乗り，母親の仕事も順調になったようだった。芳野は母親を訪ねてユキコの将来について話をした。また，ユキコがたまに日曜日に帰ってくるなど，ユキコと母親との関係もつながり始めていた。

ところが，ユキコが中学生のときのことである。夏休みに家に帰っていたとき，急に施設に戻ったことがあった。施設の職員とも連絡をとってみると，別れたもと夫（ユキコの父）が出入りしており，妹が虐待されているのをみたのが原因だという。この事件を境に，ユキコの大人不信が増幅し，芳野にも母親にも会いたくなくなっていく。芳野は「今まで積み上げてきたものがぐずぐずと音を立てて崩れていくのをただただ見ているようで，辛かった」といいつつも，「それでも，できることはしよう」と母娘にアプローチをする。

ユキコは中学3年生になっても依然として母親と会うことを拒否していたが，芳野は「ただの知りあい」としてユキコとつながり続け，将来の夢を聞いたり，中3まで不登校だったが勉強はしたいといって大学にいって卒業した人の話をしたりした。こうしたかかわりを続けて，芳野は実践記録の最後を「この先，ユキコが自立していくために，自立支援のネットワークを探していこうと思っている」と結んでいる。(1)

**（2）知的障害を抱える子どもと母親への支援**

和哉（仮名）は中学卒業まで通常学級に在籍していたが，なかなか居場所がつくれずにいた。教師たちは知的な遅れや発達障害を疑っていたが，母親は認めずにいた。教師たちは和哉を受け止めようとしていたが，和哉はそれを受けつけようとはしない。そのうち，教師たちも母親が抱えている苦しさを想像したり，慮ったりする余裕を失っていった。母親と教師たちとの間には不信感が募り，膠着状態であった。

そうしたなか，高校進学の問題がたち現われる。藤野香（仮名）はその相談

にあたったとき、しばらく雑談をしたあと、「和哉くんは学校でいろいろつらかったようですね。お母さんも心配だったでしょうね」と言葉にした。これをきっかけに母親はこれまでの和哉の苦しさ、通常のクラスで「普通に」いてもらいたいという気持ち等を語るとともに、そういう自分を変えて、和也を理解したいという思いを語り始める。藤野は「『障害』であるかどうか、ということが問題なのではなくて、和哉くんにとって必要な手助けの方法がわかるといいなあ、と思います。そして、もっと彼が安心して楽しく過ごすにはどんな高校を選ぶべきかを考えましょう」と話す。母親は夫との関係や借金のことと同時に、和哉の進学先については彼の居場所になるような場がいいと語る。こうして母親と藤野との間にはつながりができてくる。

さらに、メールのやりとりを通じて、藤野は母親の不安を受け止め、適切なアドバイスをしたり、精神的に励ましたりし、母親は特別支援学校への進学や「愛の手帳」（療育手帳）の取得などを決意していく[(2)]。

## （3）教師の実践とソーシャルワーカーの実践

芳野の実践は、養護施設に入所することになったユキコおよび母親とかかわり続け、施設職員とも協力しながらユキコの自立と成長を支えていった実践である。藤野実践は知的な障害を抱えている和哉の母親の苦悩に寄り添い、和哉が安心して楽しく暮らすことのできる進学先をみつけていく実践である。

どちらが教師の実践で、どちらがソーシャルワーカーの実践であろうか。どちらも教師の実践ともソーシャルワーカーの実践ともいえる。答えをいうと、芳野は小学校の教師で、藤野はソーシャルワーカーである。しかし、ソーシャルワーカーが施設職員や母親とかかわりながら子どもの自立を支援することも、教師が障害を抱えた子どもとその親に共感的にかかわって進路決定や手帳の取得に伴走することもまったく不思議ではない。芳野のユキコとの対話も、藤野の和哉の母親との対話も、教師にはできてソーシャルワーカーにはできない対話でもないし、その反対にソーシャルワーカーにはできて教師にはできない対話ではない。それでは、教師の実践とソーシャルワーカーの実践とは何がちが

うのだろうか。

## 第2節　スクールソーシャルワークを担ってきた学校と教師

### （1）子どもの問題行動をめぐって連帯する教師たち

　2002（平成14）年が明けた頃，温泉地にある中学校から呼ばれたことがある。学校のほとんどの窓ガラスが割られ，消火器が撒き散らされるなど，建物損壊事件をこの中学校の生徒が起こした，この生徒たちの問題を一緒に考えてほしい，と。中学校では管理職をはじめすべての教員・職員で事件や子どもたちのことをどう考えたらよいか，できることは何かを長時間話しあった。

　この中学校には母親が旅館の仲居として働いている生徒がかなりいる。そのうちの相当数が母子家庭である。事件の生徒たちもそうで，朝夕の食事をともにすることもまれだという。この学区にある小学校の教師によると，借金とりに追われて他の温泉地からやってきてはいつの間にかいなくなっている母子もいるらしい。

　教師たちは教育の専門家として教科の授業をきちんとしたいのだが，生徒たちを追いかけるので精一杯とか，追いかけても振り向いてくれないというような苦悩や自身の無力さ語った。母子家庭が抱える貧困，家族が機能していないという問題は，学校教育の問題を超えている。福祉的課題そのものである。だからといって，学校や教師が投げ出してよいわけではない。子どもの現実が教師に福祉的課題への関与を求めているなら，腹をくくってかかわっていこうというのがこの話しあいの結論であった。「この子たちを見捨てるときには，教員免許を返上します」といい切る教師が多い地域である。この中学校の教師たちも生徒たちを見捨てることなく働きかけ続けた。数年後，この生徒たちが成人式を迎えたとき，教師たちが招かれ，「自分たちが今あるのは先生たちが自分たちを見捨てなかったからだ」と語ったという。

第5章 子どもの生活現実から出発する教育実践

## （2）関係機関と連携する学校

　もう1つ，筆者がかかわった例を紹介する。これもスクールソーシャルワークが注目される以前の2005（平成17）年のことである(3)。

　夏になると悪臭を漂わせて学校へ来る小学3年生の男子がいる。学級の子どもたちは臭いがするといって近づかず，学級から排除されていく。教師たちはまず「臭い対策」から始めた。登校してきたら学校で用意した靴下をはかせ，下校時に洗濯させる。消臭剤として小さな石鹸をズボンのポケットに入れさせる。その一方で，担任が家庭訪問をする。そこでわかってきたのは，母子家庭であること，母親の仕事は保険の外交，収入はいいときで10万円，成績の悪い月は5～6万円で，子どもの面倒をみる時間的・精神的な余裕はない，保育所に行っていない就学前の弟がいて，この男子が弟の世話をしているため学校に来られないことがあること，電気・ガス・水道が時々止められることがある等々である。

　これらの情報をもとに会議が開かれる。会議での結論にしたがい，校長が母親を訪ねて行って，親が働いていて子どもの世話をできないときには保育所に預けることができることや，保育料は収入に応じて決まるのでほぼ無料であることを知らせ，保育所の入所申請をさせている。また，今住んでいるアパートでは裕福であるような誤解を与えるので生活保護申請が受理されない可能性があるからと，転居させて生活保護申請をさせている。

## （3）教師たちによるソーシャルワーク

　スクールソーシャルワークの多義性に関する野田正人の分類にしたがえば，この2つの例は「ソーシャルワークを専門としない者が，ソーシャルワークと認識しないで行う活動」(4)である。野田はこのタイプは「正真正銘の非スクールソーシャルワーク」としつつも，最初はソーシャルワークと認識していないが，後づけ的にソーシャルワークを行っていたといわれることもあるという。

　いずれの場合も，スクールソーシャルワークの専門技術にもとづいて，子どもや母親にアプローチしたり，教員の会議をもったわけではないが，スクール

ソーシャルワーク理論でいうところのケース会議が行われ，関係機関とのつなぎが行われている。学校という現場とそこにいる教師にとっては，この2つがソーシャルワークであったかどうかは問題ではない。重要なのは，子どもや親の生活現実との格闘に共感・共闘し，子どもや親の必要と要求を明らかにし，その実現のための有効な手立てを構築していくことである。学校や教師が必要としているのは，子どもの生活現実との闘いに教師と一緒に共闘してくれる人であって，それがソーシャルワークやスクールソーシャルワークの専門家でなくてはならないという特別な理由はない。民生・児童委員でも，保護者でも，スクールカウンセラーでもかまわない。

　これらの学校の教師のように，日本の教師は子どもの福祉的な課題にも取り組んできた。日本においては，教師には単に知識・技能を教授するのみならず，子どもの生活にも深くかかわり価値観の形成や行動の訓練をも期待されてきた。子どもは学校の門をくぐったとたんに学校用の子ども，授業用の子どもに変身するのではなくて，地域や家庭での生活を学校や教室に遠慮なくもちこんでくる。スクールソーシャルワークが注目される以前から，教師は生活保護，就学援助，保育所入所の制度や申請方法を教えたり，中学卒業後の進路を探したり，暴力団事務所から子どもを奪還するなど，子どもが抱える福祉的な課題に深く関与してきたのである。(5)

　だから，教師が蓄積してきた理論やスキルを無視して，教育は生徒に教師に柔順な「生徒の役割」を求めるのに対し，ソーシャルワークはありのままを受け止めるのだとか，ソーシャルワークは子どもの人権を最優先するが，教育はそうではないなどという誤解や，スクールソーシャルワークの知識やスキルをもたない教師に，スクールソーシャルワーカーが教えるのだという態度をとるのでは，スクールソーシャルワーカーは歓迎されない。(6) スクールソーシャルワーカーの側が，スクールソーシャルワークの専門性を日本の教師が蓄積してきた理論やスキルとどのように接合させるのかを考えなければならない。

## 第3節　生活指導と生徒指導

### (1) 生活者としての自立を支援する生活指導

　第1節と第2節で紹介した実践を教育学では生活指導と呼ぶ。生活指導は大正デモクラシーを社会的・思想的な背景としながら，教育の国家統制に抗して，子どもたちに地域・学校・家庭にまたがる生活や自己の生き方をみつめさせ，生活をつくりかえるための生活意欲，生活知性，生活技術，連帯する力や組織的な行動力を育てる教育実践として登場し発展してきた。生活指導実践は昭和期に大きく発展するが，天皇制ファシズムによって弾圧され壊滅する。

　戦後，日本社会の民主化のなかで生活指導は復興してくる。その後今日までさまざまな生活の理論と実践が登場し[7]，さまざまな説明が行われているが，「子どもたち自身が生活と自己との関係を意識化し，生活現実をつくりかえようとする意欲や感情，生活現実をつくりかえるために必要な知識・技能，ものの見方・考え方，行動の仕方，他者とのかかわり方，集団の組織方法などを身につけることができるように援助していく」[8]仕事といっておいてよいだろう。

　1983（昭和58）年に日本生活指導学会が設立され，教師以外にも保育士，法務教官，弁護士，看護師，保健師，社会福祉士，ソーシャルワーカー，カウンセラーなどがこういう仕事に携わっていることが明らかになってきた。日本生活指導学会のなかでも生活指導のとらえ方についてそれぞれの領域や立場からさまざまな見解はあるが，生活をつくりかえたいという他者の要求や願いに耳を傾け，その実現に伴走していく機能を，その本来的な仕事のなかにふくんでいるという点で，上記の専門職は生活指導を担っているということが共通理解されている。

### (2) 生活現実との闘いに共闘する

　先に紹介した芳野実践と藤野実践が，いずれが教師の実践でいずれがスクールソーシャルワーカーの実践なのかわかりにくいのは，いずれの実践も子ども

や保護者の生活現実から出発して自立支援の手立てを構築しようしているからである。換言すると，教師かソーシャルワーカーかにかかわらず生活指導と呼びうる仕事をしているからである。ここで重要なポイントは，芳野も藤野も，相手を学校用の「児童・生徒」でも，福祉用の「クライエント」でもなく，生活者とみている点である。

「『生活の全体』は，……個人の前に現れてくる世界の全体であり，色濃く個人の人格を想定している。『生活の全体』の代りに『人格の全体』と置きかえても差支えない……」といわれているように，生活は時間や場所で切り離すことができない「生活の全体」であり，人間も「生活の全体」と向かいあう「人格の全体」である。

また，スクールソーシャルワークにおいても，「当事者家族は生活している主体としての一人の人間です。生活という視点で統合的に見る必要があります。つまり，ベースに存在するのは生活の視点です」と述べられているように，生活指導とスクールソーシャルワークは，「生活の視点」において通底している。教師であるかソーシャルワーカーであるかによらず，「生活の全体」「人格の全体」に応答しようとすれば，必要な手立てが大きくちがってくることはない。

だから，藤野が教育相談所でのソーシャルワーカーとしての仕事について，「最近は『何でも屋です』とか，『とりあえず窓口』と言いながら，なんでもまずは一緒に頭をひねってみる人，というふうに思ってもらえたらと思っています」と語っているように，福祉職も「人格の全体」である子どもや家族の「生活の全体」に働きかけ，応答する仕事である。このように，対象者の生活現実との闘いに共闘することが，教師とスクールソーシャルワーカーの共通の出発点である。

### （3）生活システムへの適応を図る生徒指導

生活指導についてさまざまな考え方や実践があるなか，文部省は1965（昭和40）年『生徒指導の手引き』を刊行し，生徒指導という用語を用いるように指示した。

「『生徒指導』に類似した用語に『生活指導』という言葉があり、この２つは、その内容として考えられているものがかなり近い場合があるが、『生活指導』という用語は現在かなり多義に使われているので、本書では『生徒指導』とした」(12)。

それ以来、生徒指導という用語が「公用語」として用いられ、事実上生活指導という言葉の使用が禁じられ、生活綴方や集団づくりの実践は「野党化」されていく。いま引用した『生徒指導の手引き』から、生徒指導という用語を用いる理由は生活指導という用語のもつ「多義性」を排するためだということがわかる。多義的であることの問題点について、生徒指導研究者の飯田芳郎が次のように解説している。

「『生活指導』という言葉には、『生活』という表現が含まれているが、おそらくはそのために、いかなる『生活』を理想的と見るかという点で意見が分かれやすく、つまり、その『生活』のとらえ方にいわゆる価値観が導入されやすく、それは、単に教育目標の達成を直接に目指す教育活動を包含することになるばかりでなく、その価値観のいかんによって多種多様な『生活指導』観の成立を可能にすることとなるからである」(13)。

生活という言葉にはどういう生活を理想とするかという価値観がふくまれていて、かつその価値は多様であるため、生活指導という言葉を使うと、生活の数だけ、人の数だけ、理想の数だけ「多種多様な」意味の生活指導が存在する。だが「多種多様な」意味の生活指導では困るので、「単一の」意味の生徒指導だというわけである。

飯田の説明をもう１つ聞いてみよう。

「生徒指導は、通常の場合、このような（道徳教育、科学教育、情操教育というような——引用者注）教育的価値の達成を直接に目指す教育活動に対して、その基盤を作ったり、その促進を援助したり、その正常な路線から脱漏する児童・生徒を救済したりするような仕事……」(14)。

「正常な路線から脱漏する児童・生徒を救済」とあるように、生徒指導という言葉には「正常な路線」なるものが前提されている。「正常な路線」とは学

校が決めた生活の理想にほかならず，ここから「脱漏」する子どもを学校が想定する「正常な路線」に戻す仕事が生徒指導である。こうみると，生徒指導と生活指導との本質的な違いは，生活のとらえ方に起因することがわかる。すなわち，学校が定めた「正常な路線」を歩むような生活を子どもたちに求めるのか，それとも，子どもたちが対話・討論を通して理想とする生活のイメージを共有し，これを創造することを指導・支援するのかである。学校という現場では，生徒指導か生活指導かは単に言葉の問題でしかないが，いずれを理論的な基礎に据えるかによって実践の構想や方針は変わってくる。

## 第4節　生活指導とスクールソーシャルワークの接点

### （1）スクールソーシャルワークにおける「人間と環境の相互作用」

　スクールソーシャルワークと生活指導の類似点を比較検討してみよう。まず人間と環境との関係把握についてである。スクールソーシャルワークでは「問題を個人（子ども，親，教師など）の責任としてとらえるのではなく，人と環境（その人を取り巻く人や物）の相互作用のなかで問題が生じているととらえ」る[15]という説明が一般的なようである。このとらえ方は生活指導も同じである。検討を要するのはここでいう環境とか相互作用とは何かである。

　環境について山野則子は「環境とは，学校も当然含まれ，家族，親戚，友人関係，近隣関係，経済状況，幼稚園時代など過去の経緯，など子どもに関わるすべてを指します」[16]と述べる。山野に限らず多くのスクールソーシャルワーク関係者が環境という用語を「子どもにかかわるすべて」という意味で用いている。スクールソーシャルワーク関係の論文・事例・実践記録をみてみると，環境という用語は友人関係，施設，設備，ルール，スクールソーシャルワーカーが活動するステージ，目的達成のために活用する資源等々の意味で用いられている[17][18]。

　スクールソーシャルワーカーが活動するステージという点から，環境はミクロレベル，メゾレベル，マクロレベルに区別される。私見も加えて整理すると，

第5章　子どもの生活現実から出発する教育実践

　ミクロレベルでは，子どもや家族への個別的・直接的な援助を目的とし，教師・友人・地域資源，子どもと家族にかかわる生活，成育史，家族の来歴，社会関係等が環境である。メゾレベルでは，校内ケース会議の開催等，教員集団として問題把握の仕方や共有方法の改善とシステム化を目的とし，教職員，外部支援者，学校の風土・雰囲気，校則，建造物等々が環境である。マクロレベルでは，連携ケース会議などをふくむ市区町村における相談体制化を目的に，学校，幼稚園，児童相談所，病院等々が環境である。

　ミクロレベルで対象となる子どもや家族に直接的な援助を行い，メゾレベルではそれを直接推進する組織をつくり，マクロレベルではこれらのための政策立案や体制づくりを行うと理解しておいてよいだろう。もっと端的にいうと，直接的な援助とそのための条件整備である。このようにみてみると，個人と環境との「相互作用」というのは，そこにおいて問題を把握するのみならず，個人（子ども）への直接的な援助と，学校，家族，親戚，友人関係，近隣関係，経済状況，行政機関等々の組織や機関等の環境への働きかけとの両方を指していることがわかる。つまり問題が個人と環境との「相互作用」において生じるのだから，問題解決にあたっても，個人と環境との両方に働きかけていくというわけである。

　ところで，「人間と環境の相互作用」を想定しない対人援助職はない。ならば，スクールソーシャルワークの専門性を端的に表現した用語が必要ではないか。再び山野の指摘を取り上げてみよう。「生活を基盤にした福祉の本来的なニーズに十分触れる議論やマクロアプローチとして政策への反映を意図する議論が十分でなかったと考えます」[19]と発言している点に注目したい。「福祉の本来的なニーズ」が「生活を基盤にし」ているということが明確にされている。先に引用した「生活の視点」とも重ねると，人間の皮膚の外側のすべてを意味する「環境」よりも，「生活」という用語のほうがスクールソーシャルワークの専門性を表現できるのではないか。すなわち，スクールソーシャルワークは「生活を基盤にした福祉の本来的ニーズ」の実現を目的として，対象者や関係する組織，機関に働きかけていく仕事というようにである。このような意味で

*81*

あれば，生活指導に携わる教師たちとの協働はよりスムーズになるものと思われる。

### （2）生活指導における「環境変革と自己変革」

　人間と環境との関係について，生活指導は「人間は環境を変更することによって自己自身を変更する」とか「働きかける者が働きかけられる」と説明してきた。[20]ここでいう環境とは生活やそれを構成している「社会関係」を指す。人間の行動が他者との関係や生活に規定されていることはいうまでもない。いじめのある生活といじめのない生活では，いずれの生活のほうが自由な行動が可能か自明であろう。「環境を変更する」というのは，いじめという社会関係とそれによって構成されている生活に働きかけて，いじめのない生活や社会関係に変えていくことである。「自己自身を変更する」というのは，いじめられる側のつらさに共感したり，いじめる側の事情を聴きとったり，解決に向けて対話や討論をしながらその能力を身につけるとともに自己自身の集団観や人間観をはじめとするものの見方・考え方・感じ方を変えていくことである。

　たとえば，先に紹介した温泉地にある中学校の例で説明しよう。学校を破壊した子どもたちは事件の当事者として直接何らかの指導や援助をされる当該個人である。同じ学級・学校の子どもたちは，環境の一要素であったり，問題解決に有用な資源ではなく，彼／彼女ら自身もまたこの地域・学校・学級で事件の当事者とともに生活し，何らかの関係を結んでいる。たとえば同じように母子家庭であったり，母親が旅館の仲居であったり，たまたま今回は事件の当事者ではなかっただけで自分も事件の当事者になる可能性をもっていたり，逆に生きる世界が異なるから関心をもたなかったり，怖いのでつきあわないようにするという関係性のなかにある。

　生活指導は，こうした関係分析をもとに，事件を起こしていない子どもたちも同じような生きづらさを抱えているのではないか，だから事件を起こした子どもたちにかかわっていくことが，実は自分が抱えている問題の解決のための学びになるのではないか，同じような生きづらさを抱えている者同士の関係を

つくることができるのではないかと考える。そして，事件を起こした子ども（仮にA君としよう）のことを知り，理解し，どういう援助が必要なのかを考えるためのA君プロジェクトとかA君研究会をたちあげてA君への援助の方法を組み立てていく。こうして子どもたち自身が，教師とともに事件の解決に取り組み，子どもたちの関係性それ自体を変えていくのである。

### （3）福祉の教育的機能と生活指導

　生活指導が子どもたち自身をして環境変革の主体とみるのは，子どもたちを保護・援助の対象とみるのみならず，どういう保護や援助が必要かを自分たちで考え，組織し，行動を起こして実現していく権利主体ととらえ，権利行使能力を育てようと考えているからである。

　たとえば，高橋正教が「福祉の仕事の役割・機能は，第一義的にその働きかけの対象＝権利の主体の生存権を保障することにある。そのもっとも中心的な内容は，経済的物質的な生活条件の保障にある(22)」といっているように，福祉の仕事は人間が well-being な生活を送ることができるようになるための条件整備が中心となる。だが，高橋は続けて，「物質的経済的な保障だけでは人間的な生存権を保障したことにはなら」ず，「目的意識的にその生活を変えていく自らの努力が必要であ」り，その「力量を蓄え大きくしていく」ために「意図的に働きかける機能」が福祉にはあり，それが「福祉の仕事が本来的にもっている教育的機能そのものだという。

　生活指導においては，同じことを「学校の福祉的機能」といってきた。子どもは「福祉の対象」であるとともに，「それを要求する権利主体」である(23)。どういう生活（学級・学校・地域）が well-being な生活なのかを対話・討論・討議によって共有し，協働して実現していく権利とそれを行使する能力を育ててきたのである。還元すると，福祉の教育的機能を意図的に顕在化させた実践が生活指導なのだということができよう。これが生徒指導とは異なる生活指導90年の伝統である。

（4）「ミクロ・メゾ・マクロ」―「生活，関係・組織，制度」

　今述べた生活指導の考え方は，ソーシャルワークでいうところのミクロレベルに相応するものである。ミクロ・メゾ・マクロというのはソーシャルワークに固有の用語法であって，対人援助の他の職種では別の用語で表現されている。ひとつの用語で統一されているわけではないが，ミクロ・メゾ・マクロはそれぞれ生活，関係・組織，制度という意味で用いられている。学校における生活指導では，子どもの学校生活の指導がミクロ，教職員集団づくや学校づくりがメゾ，教育委員会や地域または学校外の専門機関との連携や交渉がマクロに対応する。

　子どもたちもまたミクロ・メゾ・マクロの各レベルで，「その年齢および成熟に従い」活動する。学級生活や学校生活と仲間関係を変えていこうというミクロレベル，児童会・生徒会を通じて学校づくりに参加していくメゾレベル，学校生活に直結する問題，たとえば通学手段となっている鉄道の廃止や地域の自然保護について鉄道会社や自治体に請願を行うマクロレベルというように整理することも可能である。「自己の見解をまとめる力のある子どもに対して，その子どもに影響を与えるすべての事柄について自由に自己の見解を表明する権利を保障」するがゆえに，学校づくりや社会参加もまた生活指導の重要な実践領域となる。

（5）「アセスメント―プランニング―モニタリング」と「分析―方針―総括」

　アセスメント―プランニング―モニタリングもソーシャルワーク固有の手法といわれているが，これも他の職種では別の用語で表現されている。一般には分析―方針―総括である。情報を収集して整理してある観点から分析し，分析にもとづいて，何を目的にどのように行動するかの方針を決め，その結果を総括するというプロセスは教育実践のみならず，社会運動，労働運動，企業経営等々，組織のあるところではかならず行われている。生活指導に関するこの実践的・研究的蓄積は膨大である。

　そうだとすると，学校にとっては，アセスメント―プランニング―モニタリ

第5章　子どもの生活現実から出発する教育実践

ングでスクールソーシャルワークをすることが大事なのではなくて，この考え方や手法が，学校における分析—方針—総括にどう寄与するかという視点が必要なのである。その意味では，同一の実践をめぐって，生活指導教師とスクールソーシャルワーカーとの共同の研究会を重ねていくことが求められている。

〈注〉
(1)　芳野かおり「共に歩き続ける——ユキコの自立を願って」全国生活指導研究協議会『生活指導』693号，明治図書，2011年8月。
(2)　藤野香「つながりあい，つなぎ直しあう」全国生活指導研究協議会『生活指導』693号，明治図書，2011年8月。
(3)　山本敏郎「〈格差〉〈貧困〉問題と生活指導」全国生活指導研究協議会『生活指導』655号，明治図書，2008年7月。
(4)　野田正人「スクールソーシャルワークの役割」山野則子・峯本耕治編著『スクールソーシャルワークの可能性』，ミネルヴァ書房，2007年，18頁。
(5)　たとえば，1979（昭和54）年に養護学校義務制以前には，在宅不就学の重度障害児の死亡率は6.8%だったが，実施後は0.3%に激減している。これは生存権保障という福祉的課題の中核に教育権保障が位置づいていることを物語っている。
(6)　こうした誤解への批判に対しては，山本敏郎「教育と福祉の間にある教師の専門性」日本生活指導学会『生活指導研究』28号，エイデル研究所，2011年を参照。
(7)　山本敏郎「生活指導の源流」，藤井啓之「生活指導の展開」，いずれも山本敏郎・藤井啓之・高橋英児・福田敦志著『新しい時代の生活指導』有斐閣，2014年参照。
(8)　山本敏郎「生活指導の原理」『同上書』20頁。
(9)　城丸章夫「共通の出発点を求めて」日本生活指導学会編『生活指導研究』2号，明治図書，1985年，196頁。
(10)　山野則子「子ども家庭相談体制におけるスクールソーシャルワーク」山野則子，峯本耕治編著『前掲書』4頁。
(11)　藤野香「前掲論文」33頁。
(12)　文部省『生徒指導の手引き』大蔵省出版局，1965年，7頁。2010年に改訂された『生徒指導提要』でも同じ理由から，「生徒指導」に統一するとされている。
(13)　飯田芳郎ほか編『新生徒指導事典』，第一法規，1980年，2頁。
(14)　『同上書』1頁。
(15)　浜田知美「スクールソーシャルワーカーに求められるコミュニケーション能力」日本学校ソーシャルワーク学会編『前掲書』106頁。なお，この論文には門田光司著『学校ソーシャルワーク入門』（中央法規出版，2002年，18頁）による区別，すなわち，ソーシャルワークは「人と環境の相互作用」に焦点をあてるが，学校教育は「個人の能力」に焦点をあてるという対照比較が引用されている。この区別には誤解がある。授業は子どもの学力や学習能力の向上を目的としているが，われわれは学力や学習能力を子ども個人の問題に還元しない。ソーシャルワーク流の環境概念を用いれば，学級の人数という環境，教師の能力という環境，

教材・教具という環境，友だち関係という環境等々，子どもと環境の「相互作用」に焦点をあてる。
(16) 山野則子「前掲論文」4～5頁。
(17) 「資源」は resource の翻訳として用いられ，ソーシャルワーカーや教師のような専門職者については人的資源と呼ばれることもある。問題の解決に寄与できる能力のあるあらゆる人，施設，組織，文化の総称として用いられているようであるが，人間を「人材」（何かの目的を達成するさいに有用な材料）ととらえる人間観に抵抗してきた立場からすると，「資源」という日本語をあてることには相当な違和感がある。
(18) 同一の論文・事例・実践記録で用いられている環境という用語の意味がすべて異なっていることはしばしばである。それがスクールソーシャルワークの専門性をわかりにくくしている。
(19) 山野則子「前掲論文」10～11頁。
(20) 全生研常任委員会著『学級集団づくり入門 第2版』明治図書，1971年 34頁。
(21) いうまでもなく，子どもたちが抱える問題には，学校や学級のなかで起きていて学校や学級で解決できる問題もあれば，学校や学級だけでは解決できない問題，学級の他の子どもたちが直接関与することがむずかしい問題もあるので，何でも子どもたちに取り組ませるというわけではない。
(22) 高橋正教「教育福祉の問題状況と課題」小川利夫・高橋正教編著『教育福祉論入門』光生館，2001年，18頁。
(23) 城丸章夫「子どもの発達と現代の学校」『生活指導』164号，明治図書，1974年2月，12頁。

（山本敏郎）

---

### コラム5

### 子ども心のなかにきっとある「しあわせになる種」をみつけたい
──学校でのコーディネーターとしての実践──

#### ▼秘密の部屋をみつけよう──支援の広がりを

6月末，岳は自分の選んだ「ガリガリ君」の絵のエプロンを，鈴先生（コーディネーター）と夢中でつくっていた。岳は幼稚園から小学6年まで不登校である。私は鈴先生と相談したとおりに「ねぇ秘密の部屋をみつけてみない」と岳に声をかけた。「うんいいよ」と岳は弟と一緒に放課後の学校探検を始めた。「ここが秘密の部屋？」と「きこえとことばの教室」（校内にある通級教室）をみつけ，トランポリンで遊び，「また来てもいい」と笑顔。

#### ▼みんなの目が僕を囲む

しばらく誰もいない放課後に来ていた岳だが，あるとき，昼休みにやってきた。「あのね，僕ね，給食を食べたい。でもね，1年の給食当番のとき，廊下で食器のかごを落とした。皿とかお椀とか音がして割れた。そんとき，みんなの目が僕を囲んだ。先生も怒鳴った。夢に出てくる目，声」と呼吸が荒くなり，顔色がみるみる悪くなった。岳の心のなかの暗くつらい思いに私には何ができるのだろう。「ところで献立何

が好き」と聞くしかできなかった。すると「スパゲティ」と意外と明るい声。献立表をみると，なんとその日はスパゲティ。急いで職員室に行くが，栄養士の先生が「岳さんの給食費は未納です。しかも朝いってくれないと困ります」といい，私の分しか給食はもらえなかった。岳は私用の給食をペロッと食べ，ひとしきりことばの教室のプレイルームで遊び，帰っていくという日々が2か月ほど続いた。給食を食べながら，砂場で頭から砂をかけられた，まちがえるとみんなに笑われていやだったなどと，今までのつらかったことをポツリポツリと語り始めた（大切な時間）。

▼ケース会議で──岳の願いは何か，誰が何をどこでどうやるのか

岳についてのケース会議が開かれた。担任の美波先生の「自分一人でやらなければと思い，気持ちが重い。特に保護者の対応は苦しかった。他の子どもたちの指導も大変で」との発言に対して，支援級担当は支援級の隣の部屋で様子をみることができそうだと答えた。取り出しの学習支援員（教師経験はない）への教材づくりの支援，相談員からは親子支援としての相談室の活用を，通級担当の私はまずは岳のやりたいことをやるなかで，自分発見（受容，傷つきへの癒やしも）そして，友だちとのふれあいが，明日への意欲を生むのではないか，その最初の支援の場として，ことばの教室での指導をさせてもらい，中学進学へもつなげたいといった。

▼チームをつくる──登校しぶりのスバルとの出会い

岳がやりたいという漢字カルタで，30枚中28枚とれた。「まだ覚えていたんだ」としみじみという岳。給食の献立をもとに，「来たい日・来たくない日」を自分で決めるようになった。「岳さんが自分で決めたスケジュールだから，無理しないで自分で変えていいんだからね」というと，うなずいていた。そのころ，同じく登校しぶりの小学3年生のスバルと，会わせてみることにした。2人は結構気があって，ペットの犬のことで盛り上がっていた。給食の食器を一番近い1年生の廊下のワゴンに返しに行くのを，スバルがいやがると，岳が2人分もって返しにいった。2人はトランポリンにゆらゆら寝そべって陽だまりのなかで，何やら話し，笑っていた。穏やかなときが流れていた。「どうやるの」とスバルはよく岳にたずねるようになった。今まで「できない自分」を認めることが苦しかったスバルに何が起こったのだろう。誰にも会わない学校一周，芋畑にガマの親分がいるかいないか調査隊，学校中での階段グリコ，マットや跳び箱のほかある物をすべて使ってのバースデーケーキづくり（スバルが岳の誕生日につくった）など自分たちで考えて楽しんだ。岳は自分のつくったスケジュールで学校に来る日が多くなったが，スバルはなかなか登校することはできなかった。岳は「僕，学校が本当にいやだった。だからちょっと楽しいことをやってあげたい」とスライムや巨大シャボン玉のつくり方を一生懸命理科専科の先生に教えてもらいに行った。知らず知らずのうちに「学校に来ることがよい」というメッセージを私は2人に送っていないか，スバルにとって岳の思いは重荷にならないか迷いながらの日々だった。

▼岳に会いたい

　冬休み明け，岳のクラスの翔が「岳，学校に来てるでしょ，俺会いたい。大地も会いたいって」といいにきた。2人と岳は会うことになったが，当日11人の子どもたちが来てしまった。岳も一度でなければいいというので，美波先生も一緒に3人ずつ3分間会うことになった。岳は落ち着いた表情で帰っていったが，下校後「いやだった。もう明日からは学校へ行かない」と大泣きの電話が，美波先生に入った。岳に無理をさせてしまった。落ち込んだ気持ちのまま岳のお母さんに電話をした。謝る私に，母親は「今までいやなことがあってもいえないでいたのに，いやだったといえてよかったです。成長したと思います」といってくれた。そうとらえるお母さんのすごさ。そして，次の日，岳はジャンボ的当てをスバルにつくると約束したからと登校してきた。部屋中段ボールを使って，巨大的当てをつくり遊びぬいていた。

▼僕たちの学校をつくりたい

　1月末突然岳が「僕謝りたい」といい出した。意外な言葉に「何も悪いことしてないんだから。それにだれに謝るの？」と聞いた。「全員じゃないけど今からいう人に謝るっていうか会いたい」と岳は答え，13人の友だちと会うことになった。岳の心臓の音が聞こえてくるようだ。「休んで心配かけてごめん」というと13人の動きがとまった。みんなどう答えてよいかわからないのだ。岳の一番の友だちの春斗が「いいよいいよ。僕たちもごめん」というと緊張していた空気がするすると解け，13人に13とおりの握手をした。そしてはじけるようにドッチボールをした。

　岳は，スバルと話しあって，「僕たちの学校」を支援級の隣につくった。時間割も先生も自分たちで考えた。そして「もっと僕にあった勉強をする」と，中学は体験学習後，支援級を選んだ。卒業式の日，岳は校長先生に「僕が卒業したら海は一人になる。僕たちチームだから，なんだかほっておけない」と卒業後も「僕たちの学校」に登校したいとお願いをした。修了式の日まで「僕たちの学校」は自主運営され，無事閉校した。「しあわせになる種」を心にそれぞれの旅立ち。桜のつぼみがゆれていた。

　注：文中に登場する人物名はすべて仮名である。

(篠崎純子)

# 第6章
# 臨床教育学からみた学校ソーシャルワークの視点

──────── ポイント ────────

　臨床教育学とは「子どもや大人の生活についての理解を深め，その生存と発達を支えるための，総合的な人間発達援助の学問」「福祉・医療・心理臨床・文化・教育，行政・労働・法律などの諸領域で働く発達援助専門職の協働と専門性の問い直しのための学問」「教師の専門性の問い直しとその養成・教育のための学問」という3側面をふくむ総合的な人間発達援助学である。臨床教育学の学術団体の誕生は，東日本大震災が起きた2011（平成23）年3月であり，まだ若い学問である。だが臨床教育学の臨床という試みは，学問そのものの reform（仕立て直し）の意味であり，課題は古くから存在している。臨床教育学は，教育学が扱えなかった領域にふみ込もうとしている。これはすなわち，スクールソーシャルワークと同じ領域である。本章では，臨床教育学とスクールソーシャルワークが実は同じフィールドにあることについて言及した。

## 第1節　臨床教育学の目的

### （1）3人の体験談

　最初は30歳代半ばの男性外科医Aさん。医学部を卒業して10年以上が経過し，良き指導者にも恵まれ，外科医が一人ですべてを取り仕切る手術は，ひととおりできるようになった。そんなある日，勤務先の上司から，医師になってからの義務とすべき初期研修を終えた若手が，外科を専門として志しているようなので，その若手医師の個別指導の責任者になってもらえないか，という相談を受けた。
　Aさんは元来真面目で，この依頼を断る気はなかったが，少なくとも教育学

について，少しは知識を入れておかなくてはならないなと考えた．そこであえて即答はせず，まずは書店に向かい，生まれて初めて教育学のコーナーに足をふみ入れた．教職課程の教育学入門といった類のタイトルの書籍を手にとってみた．頁(ページ)をパラパラとめくり，それから目次に目をとおしてみた．最初の衝撃が走った．この教育学の入門書とやらには，教育という営みへの哲学的考察と教育学に関する歴史，そして理論が詳細に記述されていた．その理論を構築した教育学者や教育実践家とおぼしき人びとに関する説明も，実に丁寧に記されている．しかし，これは彼が今，求めている教育学とは，まったくちがう内容と思えたのであった．

引き続いて，似たようなタイトルのちがう教育学入門を開いてみると，「タイトル」も「はしがき」も「あとがき」も，似たようなものなのに，扱っている内容があまりにもちがうという次なる衝撃におそわれたのであった．自分が学んできた医学というものは，内科学の教科書であれば，視点のちがいはあれ，少なくとも対象とすべき疾患の病理と診断に関する項目立てと記述内容は，極端にちがうということはなかった．どうも教育学とやらは，同じ看板を掲げてはいるものの，かならずしも標準的な内容はいまだ確立されておらず，発展の途上の学問なのかもしれない，という感想をもち，結局，何も購入せず，とにかく若手医師と向きあいながら，丁寧な個別指導を行うことにした．

こうして備えておこうと思った教育学の知識は何も用意しないまま，指導者としての日々が始まると，あることに気づいた．若手にレクチャーやテクニックを伝授するためには，かつて自分が学んだ知識の再整理をしているということ，であった．実は一番学んでいるのは若手ではなく，教えている自分だ，ということに気づかされたのである．あれ？と思った．もしかすると教育学とは，教師が学生に教えることで完結するという単純なものではなく，本質的に多様性をもつ行為なのではないか，ということに思い至ったのであった．

そこでAさんは，近いうちに育てている若手医師と自分を育ててくれた上司，看護師たちにも参加してもらい，自らが気づいた教育論について語ってみて，コメントをもらおうと考えるようになった．

## 第6章　臨床教育学からみた学校ソーシャルワークの視点

　次は20歳代後半の女性保育士Bさん。4年制の女子大学保育士養成課程を卒業し，保育所の現場でただひたすら仕事をしてきた。保育所で向きあうひととおりの年代の子どもたちと過ごし，30歳代に入る直前，大学の教員の指導を突然思い出し，本棚の奥にしまっておいた学生時代の教科書を取り出して読み直してみた。「うわー，教育心理学の教科書に書いてある研究方法の心理統計なんて，私，勉強したのかな？」と完全に忘れていることもあったが，当時はさっぱりわからなかった，教育心理学の学習の項目で扱われていた授業のなかの子どもの学習過程と，発達心理学の学習の項目に記述されている生命体の初期学習や行動の変容といった事項について，かかわった何人かの子どもたちや保育場面を思い浮かべるとインクが紙にすーっと染みわたるように，その意味するところとニュアンスのちがいが自分の身体のなかに入ってきたのであった。
　指導教員は，教科書はいつまでも手もとにおいて，折にふれて読み返し，新たにわかったことをどんどん書き込めば，あなたの学びの履歴書になる，と語っていたのであった。Bさんはこの意味が，ようやく実感として理解することができたのであった。
　最後は，もう定年退職までの日々を数えるほうが早い50歳代半ばの男性中学教師Cさん。もはや職員室ではベテランで，リーダー格である。あえて管理職にもならず，教室のなかで真摯に生徒と向きあい，丁寧な教科指導を行うことで，高校受験合格という結果に導くことを生きがいにしていた。しかし，近年，生徒への指導に対して自信を失いつつあった。まじめな生徒なのに，自費負担しなければならない副教材については，一切購入しようとしない者がいたり，ささいな人間関係のトラブルで，あっという間に不登校になる生徒が次から次へと現われることが理解できなかったのである。
　そんなある日，家の掃除をしていたら，自分が学生の頃にはろくに読まなかった学生時代の教育原理の教科書が出てきた。外科医Aさんではないが，若き日の自分は教育学の内容が，まどろっこしかったのである。それがどうだろう。こんなおもしろい本があったのかというおどろきを感じつつ，スラスラと読み込めてしまった。

そしてＣさんは，この古い昔の教科書にあった「子ども観」をめぐる話題に触発された。本当に今さらながらと思いつつ，今の時代の子どもがおかれている状況，教えている生徒たちの暮らす地域社会の実情に思いをはせるようになった。するとその地域は，個々の生徒一人ひとりの努力ではどうすることもできない大きな社会問題が横たわっていたことに，ようやく気づくことになったのである。この地域は，実は地場産業の崩壊から，かなり深刻な経済的な危機に見舞われており，住民の貧困が非常に深刻化していたのであった。また，貧困との関連は定かではないが，不登校の発生数が急増している地域であるということにも，今さらながらに気づかされた。

　Ｃさんは，こうした社会の動き，地域の実情にあまりに無頓着であったことに恥じ入った。さいわい，まだ教職を続ける年数は残されている。やり直そうと思った。そこで今さらスクールリーダーを目指す気はないけれど，勤務先から通える大学の大学院生になり再勉強をすることにした。少し不安を感じていたのは，大学院とは研究の場であろうということであった。果たして自分はやっていけるのであろうかと心配であったが，実際に大学院生になってみると，自らの子どもよりも若い学生たちと，熱いディスカッションをすることが心地よい刺激となり，Ｃさんも自らが教職に携わりながら経験してきたことを「語る」という行為が，ひとつの方法論として認められていることに気づかされた。

　実はこの３人の体験には，臨床教育学が追究している課題が散りばめられている。おそらく臨床教育学とは，決して新しいものではない。教育学という学問の発展の傍らで，ひそかにいつもに一緒に歩みを進めていたものである。しかし，臨床教育学という名称で，きちんとした看板を掲げたのは比較的最近のことである。大学で臨床教育学という入り口を整えたのは，元号でいえば昭和の終わりから平成にかけての頃である。そして西暦でいえば2000年代に入ってから，有志による研究会によってより熟成された。やがて学会というアカデミック・コミュニティを形成し，学問としてより一層の成熟期に入ったことを高らかに宣言したのは，2011（平成23）年３月である。すなわち臨床教育学は，東日本大震災の復興とともに，新たな一歩をふみ出したのである。人智を超越

した危機にも，教育の力で向きあっていかなくてはならないという運命を背負っているといえよう。

### （2）臨床教育学の課題

　臨床教育学でいう臨床の意味は？というと，ごく簡単に要約すれば，それは教育学の学問上の「仕立て直し」ということに尽きると思われる。しゃれた表現ならば，reform といえよう。これは，教育学という学問分野に対する内部から提起された critical な問い直しであるととらえるべきものである。実は，まったく同じような学問的な仕立て直しから生まれたものが，臨床心理学である。臨床心理学の臨床の意味として，ベッドサイドにいること，宗教的に死と向きあうことという意味もあるが，確実に押さえておくべきことは，心理学の学問体系のなかから生じた，心理学という学問そのものに対する異議申し立て[3]であるということである。

　現在，臨床教育学を定義づけるとすれば，「子どもや大人の生活についての理解を深め，その生存と発達を支えるための，総合的な人間発達援助の学問」「福祉・医療・心理臨床・文化・教育，行政・労働・法律などの諸領域で働く発達援助専門職の協働と専門性の問い直しのための学問」「教師の専門性の問い直しとその養成・教育のための学問」という3側面をふくんだ総合的な人間発達援助学[4]である。つまり人間の生涯発達に向きあう実践の学の生成を試みているのである。ここでAさん，Bさん，Cさんのエピソードから，臨床教育学の課題について具体的に眺めてみよう。

### 1）教室のなかの子どもの姿，教師の行為，学校の日常といった生々しさを問う

　Aさんは，従来枠の教育学にはこの部分があまり反映されていないと感じとったと思われる。臨床教育学は，理論知よりも経験知，暗黙知に向きあおうとしている。つまり臨床の知への関心である。つまり，臨床教育学は，実践の場から，教育学そのものに挑戦状を叩きつけているのである。

　われわれの多くは，日常的に学校や教育を体験している。そのため，学校や

教育になれっこになってしまい，対象化することができないという落とし穴に陥りがちである。だから教育学も学問として身がまえると，学説や理論といったむずかしそうなことをするのが研究なのであると，力んでしまうのであろう。子どもと教師の姿と成長，教室の日常を描く方法の可能性を示しているのが臨床教育学である。

　2) 教師を代表とする発達援助専門職の養成と生涯学習のあり方を問う

　Aさんは若手を自ら教えてみて，Bさんは実践が身体に染みわたってから，かつての学びを振り返ってみて，Cさんは悩むことと大学院というチャンスも得て，教育学の何かに気づいた。臨床教育学は，人とかかわる専門職の養成と，その後の専門職になってからの生涯に及ぶ学びについて考察を深めている。

　3) 子どもや教師，学校，教育実践がおかれている社会環境に視野を広げる

　Cさんが教室のなかにいるだけでは実感できなかった，子どもに押しつけられた貧困問題や，個人の問題のみに還元させないような不登校論についても考察を進めている。学力をめぐる国際比較についても，一喜一憂しない冷静な議論の土台づくりは，臨床教育学が担っている。

　4) 子ども理解と専門職である自分理解のための方法論の構築

　Aさんが同僚と試みようと考え，Cさんは大学院で味わった,「語る」という行為の多様な意義について，その方法論に磨きをかけている。カンファレンスという舞台設定もあろう。臨床教育学は,「語り」が生み出す可能性について考察している。

　5) 不登校，いじめ，虐待といった教育病理現象へのアプローチ

　Cさんは教師生活が長くても，不登校とは心の弱い生徒が勝手に学校を休むことであると決めつけ，それよりも考察を深めることはなかった。しかし，実は地域自体が，不登校が増加しているということを知ると，単に児童生徒の個別の問題として片づけてはいけないと，ようやく考えるようになった。これが臨床教育学の視点である。

　なお臨床教育学を，こうした不登校対策等のスクールカウンセリングのアプローチとしてのみ考えるのは，もったいない。やはり個別の問題と矮小化して

しまうからである。教育学全体の reform のなかに位置づけられた教育学の再考であることを忘れてはならない。

## 第2節　心理教育的アプローチとソーシャルワーク

　ここまで臨床教育学のアウトラインを眺めてみたが，実は臨床教育学とスクールソーシャルワークは大変相性が良く，実は同じフィールドに立っていると考えられる点について検討してみたい。

　臨床教育学は子ども理解を進めるにあたって，子どもの心のなかを強引にのぞこうとはしない。一部の心理臨床の専門家や教育者は，子どもを個体としてのみ考えて，子どものおかれている時代や社会との関連性について，いささか軽視しているように思えてしまうときがある。これは，子どもを個別に扱い，重視しているようにも思える反面で，やはりバランスの欠いた理解ということになる。

　それらを反省した，子どもを総合的に理解する視点が心理教育的なアプローチということになる。つまり，子どもを社会的な文脈のなかにしっかりと位置づけてみつめる視点である。「不登校になった子どもは，精神的な弱さがある」などという解釈をせずに，「たとえどんなに心が強いという子どもであっても，こうした時代，こうした社会にあっては，苦戦を強いられるであろう」と考え，そんな困難が多い時代や社会のなかででさえも，前向きに生きていくための心のありようと社会との向きあい方について，丁寧に考えていくのが心理教育的なアプローチである。この心理教育的なアプローチとは，臨床教育学の重要な方法論の1つであり，子ども・学校・教育を取り巻く周辺の問題に敏感さを保つ社会環境的なアプローチであり，生態学的な視点というべきものでもある。

　要するに，子どものおかれた時代や，社会，暮らしの姿に十分に配慮し，かかわり方の方策を検討するということである。これはすなわち，ソーシャルワークの視点ということにもなる。

　多くの教師とスクールカウンセラーは，どうしても個体としての子どもの内

面理解に力を注ぐことになるであろう。それはそうだが，子どもはつねに社会的な文脈を生きている。子どもや学校のおかれた社会システムに関しては，ソーシャルワーカーが積極的にアンテナを張りめぐらせ，メッセージを発信しなければならない。その際の視点は，臨床教育学と同じ関心であり，ともにシェアすべき視点ということになる。

　なお，臨床教育学と同じような視点で，子どもの心のなかに直接入り込むのではなく，社会情勢や暮らしの場といったものが子どもの心に与える影響や，その相互作用の複雑さについて関心をもつ研究領域としては，コミュニティ心理学という心強い仲間がいることも忘れてはならない[8]。

　冷静に考えてみれば，人間は単体としてのみ存在しているわけではない。しかし，この事実を忘れがちである。そこでソーシャルワーカーは，人間が時代や社会との相互作用があるというあたりまえの事実の側に，視点を揺り戻す役割が期待されている。だが，学校や教育というものは，日常的に集団で営みがなされ，個よりも集団を重視することが多い。多数派や立場の強い者が主流になってしまう。多数派や立場の強い者が主流では，少数派や立場の弱い者は，何か不都合なことが生じた際に，個人のせいにされてしまいがちである。個を追い詰めてしまう時代や社会に対して，反旗を翻すのが臨床教育学の視点であり，コミュニティ心理学の立場であり，スクールソーシャルワークの方法であろう。同じフィールドでスクラムを組むことが効果的である。

## 第3節　プロフェッショナル養成

　臨床教育学という言葉を耳にすると，やはり多くの人びとは，臨床心理学／心理臨床という言葉が知れわたっているせいか，どうしても不登校や，いじめ，虐待といった教育病理現象へのアプローチを連想してしまいがちである。それはそれで，臨床教育学の1つの側面ではあるが，それはやはりすべてではない。

　実は，「学」を省いた形で，すなわち臨床教育という言葉だけに注目すると，この言葉によく出あうのは，実は医師養成をはじめとした医療専門職を育てて

いる場ということになる。医師や看護師といった専門職の養成は、学生が座学、つまり、教師から講義を聴くだけの教育では、プロフェッショナルの養成としては不十分なものであるということが、体験的に理解されているのである。

あまり知られていないかもしれないが、実は現在の日本のすべての大学の医学部においては、6年制の医学部学士課程の4年生を終えたところで、コンピュータによる知識を問う全国統一試験を受験し知識の定着を確認している。同時に、健康な一般市民によって組織された、病人を演ずる「模擬患者」に対して、医療面接（これまでいわれてきた、いわゆる問診）を実施し、模擬患者から対人接遇マナーや言葉づかいといった、態度の側面をきびしくチェックされる体験を経て、これらのすべてに合格することによって、ようやく病を抱えた本物の患者さんの前に立つことが許されるという関門が用意されている。

つまり医療現場では「患者さんから学ぶ」というスローガンはすでに実践として制度化されており、それを臨床教育という用語で、きわめて日常的に使用しているのである。ためしに、いわゆる大学医学部の附属病院（俗にいう大学病院）に行くことが可能な人は、その病院の玄関口から待合室のホールまで、ひととおり見わたしてみてほしい。これでもか、というくらい「臨床教育」という言葉があふれているはずである。

われわれは医学教育で用いる臨床教育から、卒業する前の段階からつねに現場に身をおくことの大切さを学ぶことができ、[9] 同時に専門職として独り立ちした後も、現場にいながら継続した学びを維持することが重要であることにも気づかされる。

こうした、教師をふくむ対人援助専門職の養成と生涯学習のあり方を問い続け、子どもの理解とともに専門職である自分を理解するための方法論の構築に力を注いでいるのも臨床教育学である。本章の第1節で証言してくれたAさん、Bさん、Cさんは、それぞれのプロフェッショナルとしての専門性とキャリアはまったく異なるが、ライフストーリーで出あったエピソードに誠実に向きあい、それを契機として新たなライフステージに歩みを進めていく姿は、狭い範囲の学校教育学では描ききれなかった生涯発達と継続学習のモデルであり、臨

床教育学が探究を続けているテーマである。

## 第4節　子どもの学習と生活の質（QOL）のつながり

　20歳の男性Dさん。彼は今，大学2年生。将来の進路に悩んでいる。彼は「初めて」の成人式に出席したところであった。20歳の大学2年生が成人式に出席し，「初めて」というのは妙であるが，こだわらざるを得ないある理由があった。

　今の時代の若者は，小学4年生の1月に10歳であることから，「二分の一成人式」を学校で行うため，多くの人にとって20歳の成人式は，成人式としては2回目になるのだが，Dさんは「二分の一成人式」には参加できなかったのであった。

　彼は自分が小学4年生で体験したことを思い出していた。Dさんの小学校では4年生でクラス単位に分かれ，路線バスを乗り継いで博物館を見学するという遠足があった。なにしろ普通の路線バスの利用なので，込みあっていた。Dさんは背が高かったので，他の友だちを座席に座らせ，自分は立って吊革につかまった。すると，車内の少し離れたところから担任教師とサポートで入っていた大柄な男性教師がやってきて，「D君，吊革は危険だから禁止だ」といって，2人で突然D君を羽交い絞めにしたのであった。D君は，何がなんだか，わからなかった。ただ，おどろきと，2人の先生から突然自由を奪われたこと，それは自分の行動が否定されたことであり，自分の言い分は何も聞いてもらえないことへの屈辱と怒りが全身に走ったことだけが身体に記憶された。

　翌日，登校すると，学年のすべての先生と校長先生までが加わって，吊革につかまるという小学生にあるまじき行為をしたことについて，きびしく叱責され，反省を促された。これはD君にとっては，屈辱をとおり越えて，人間不信を芽吹かせるに十分な出来事となった。

　つまり，先生の誰も「なぜ吊革がだめなのか」の説明はせず，D君が友だちに座席を譲ったことについても，先生も誰もたずねてくれない。決して口ごた

## 第6章　臨床教育学からみた学校ソーシャルワークの視点

えをしたつもりではないが，D君なりに釈明をしようとした。しかし，そこはまだ10歳。かならずしも上手に言葉で表現することはできない。近くに立っていた先生に，つい体当たりをしてしまった。ぶつかられた先生が少しよろめくと，まわりの先生は大騒ぎでD君にみんなでのしかかり，D君は涙を流しながら大声で「離せ離せ」と叫ぶしかなかった。ようやく先生の圧力から逃れたD君は，廊下に飛び出し廊下の壁に激突した。すると，その壁に立て掛けてあった消火器がはずれて床に激しく叩きつけられ，廊下に落ちた衝撃で消火器の中身が激しく溢れ出してしまい，廊下は一面消火剤の粉だらけになってしまった。廊下に落ちた衝撃で弾んだ消火器は，廊下の壁の下部にある採光用の小窓にぶつかり，窓ガラスを粉々に割ってしまった。小学4年生がひとりで起こしたとは思えないほどの「校内暴力事件」へと発展したのであった。

　D君は学校が大好きだった。でも，もうダメだと思った。少なくとも，先生たちからは信じてもらえない，と察した。家族はさらに絶望的であった。ほんの2日前までは誰にもやさしく穏やかなDが，今や目つきは鋭く，鬼の形相であり，人間不信の塊となっていた。D君の心のなかの時計は動きを止めた。

　不登校が始まった。お正月が過ぎ，学校では「二分の一成人式」が盛大に開催されたことを知ったのも，学年の終わりの頃であった。D君なりに「なんとかしたい」という思いは強かった。しかし，なかなか一歩がふみ出せなかった。学校から，スクールカウンセラーに会って話を聞いてもらってはどうかという誘いがあった。D君は，10歳なりの一大決心で，この誘いにのった。母親と小学校の隣の中学校に行くと，若い女性のスクールカウンセラーがやさしく話を聞いてくれた。

　「D君の心の元気は，今，どれくらいかな」とたずねてきた。D君は「元気はありません」と答えた。なぜなら学校にも行かず，楽しいことなど何もなければ，元気なんてないに等しい，というのが10歳なりの論理だったからだ。スクールカウンセラーは，D君の心模様をたずねてはくれたが，結局，何の解決にもなりはしなかった。20歳のD君からいわせれば，スクールカウンセラーは，子どもの心の解説者でしかなく，それも「自分が思ってもいないようなことを

解説されたから，びっくりした」といって，穏やかにほほ笑んだ。

そして5年生の時は，ほぼ1年間休む。退屈であった。転機は5年生の3月に訪れた。武骨で無口な男性の教頭先生が「よかったらみんながいない学校の体育館で，こっそり2人きりでバスケットボールのシュートをして遊ばないか？」という誘いである。

D君は，スクールカウンセラーのところに行ったときからくらべたら，もう一大決心でも何でもなく，ただの退屈しのぎでこの教頭の誘いにのった。何回か一緒に遊んだ。教頭は無口で，よけいなことは語らず，2人で黙々とバスケットボールのシュートを繰り返した。

D君は，この教頭とのある日の光景を昨日のことのように思い出す。それは突然教頭が「君も，追い詰められて，あのときは大変だっただろう」といい出したというのだ。D君は「えっ？」と振り返ると，教頭はさらにひとり言のように言葉を続けたという。「自分ではそんなつもりではなくても，まわりは勝手に君を悪者にしたな。教頭として詫びるよ。すまん」。こういうと教頭は少し頭を下げてくれて，さらに「君を追い詰めた先生たちもいたが，君を受け入れてくれる未来はある。それに学校を休んだ経験が，いつか意味をもつ日がかならずくるから，とにかく前向きに生き抜いてくれ」といって，またバスケットボールをゴールめがけてシュートを投じていたというのだ。

D君の心のなかの時計が，また静かに動き始めた。D君は，6年生からふたたび登校を開始した。気が楽だったのは，もう昔の自分を知っている先生がいなかったこと，残念だったのは，その教頭先生も他の学校に転勤していたことであった。

D君は，あっという間にどこにでもいる普通の6年生になり，やがて普通の中学生になっていた。ある日，中学校の先生が，自分と向きあってくれたあの教頭先生のことをD君に話してくれた。この先生は，あの教頭と親友であった。

教頭は，もともと中学校の体育教師で，生徒にはきびしく接することで有名な先生だったという。しかしあるとき，生徒を必要以上にきびしく叱って，生徒を不登校に追い込んでしまったという。一部の生徒や同僚教師，保護者たち

## 第6章 臨床教育学からみた学校ソーシャルワークの視点

からは体罰ではないかと疑いをかけられ，教師としての生き方に自信を失うことになってしまったという。

そこで悩みの整理がつかず，逃げるようなかたちで仕事のかたわらで通えるさまざまな研修会に参加したという。何なのかもよくわからないまま臨床教育学とやらの研究会にも継続して参加してみた。正解であった。それまではうぬぼれていた教師としての自らの技術や信念について，自分の行為を「省察」し，振り返りを行うことによって自らをよりたしかなものにしていく「反省的実践家」(10)という考え方にふれることによって，もう一度教師として生きていこうという勇気と新たな見とおしを得たという。

その次に参加したスクールソーシャルワークの研修会も，教師に不足しがちな視点を得ることができたという。たとえば不登校の子どもは，自我が未成熟という説だけにとらわれていたが，今やあまりにも多様な理由から不登校になるとすれば，なぜ休むかよりも不登校によって奪われるものに注目したほうがよいという講義を聴いたそうだ。不登校による子どもの不利は，学習機会の喪失だと思うようになった。また，逆に考えれば，不登校をとおして得た体験に，子どもの生涯にとってもつ肯定的な意味を一緒に考えることは，教師にもできるのではないかと思うようになったのだという。

教頭自身の体験も苦いものであったが，この体験があったからこそ，臨床教育学やスクールソーシャルワークという分野の存在に気づくことができたことを感謝したいし，とにかく現職教員にもっとも不足している発想法が，臨床教育学とスクールソーシャルワークの領域のなかに，いっぱい蓄えられていることにも気づくことができたのは，さいわいなことと思えるようになったそうだ。

2つの視点をあわせて子どもの心を考える際，まわりの大人が一方的に決めつけず，子どものおかれた時代，社会，周辺状況にも気を配ることが大切なのであるというきわめて自然な着想を，この2つの領域にふれて改めて実感したという。こうなると，なれ親しんだ中学校の教師のままでは，自らの変化が実感できない。そこで教頭になる機会に，小学校への転勤を願い出てD君に出会ったのだそうだ。

しかし教頭はD君に，やはり何もできない無力さを感じていた。自分ができることは相談室のなかでの言葉のやりとりなどではないと思い，体育教師としての本領と臨床教育学で得た発想法をあわせたものが，バスケットのシュート合戦であったのだという。D君には，言葉ではなく共同の行為によって，世のなかには一人くらい君の味方がいることを伝えたいという思いを込めてシュートを繰り返していたという。

　「二分の一成人式」には出られなかったD君は，20歳の成人式で，教頭のことを思い出した。しっかりと教頭の思いはD君に伝わっており，D君も自分の小学生の体験を，必要な経験ととらえ冷静に自らと向きあえるようになっていた。D君は今，進路に迷っている。教頭と同じ体育教師の道に進むべきか，それとも不登校児を支援するような仕事にすべきか，である。最近，臨床教育学とスクールソーシャルワークの本も読み始めたところだ。

〈注〉
(1) 小林剛・皇紀夫・田中孝彦編著『臨床教育学序説』柏書房，2002年，15頁。
(2) 田中孝彦・森博俊・庄井良信編著『創造現場の臨床教育学――教師像の問い直しと教師教育の改革のために』明石書店，2008年，13頁。
(3) サトウタツヤ・高砂美樹『流れを読む心理学史――世界と日本の心理学』有斐閣，2003年，87頁。
(4) 田中孝彦「臨床教育学の思想と方法――ある地域研究の歩みをふりかえって」『臨床教育学研究』，2011年，16頁。
(5) クランディニン／田中昌弥訳『子どもと教師が紡ぐ多様なアイデンティティ――カナダの小学生が語るナラティブの世界』明石書店，2011年，39頁。
(6) 庄井良信『いのちのケアと育み――臨床教育学のまなざし』かもがわ出版，2014年，101頁。
(7) 福井雅英『子ども理解のカンファレンス――育ちを支える現場の臨床教育学』かもがわ出版，2009年，4頁。
(8) 氏家靖浩「臨床教育学の方法と概念――臨床教育学の淵源とコミュニティ心理学の現在」『日本臨床教育学会通信』2号，2011年，43頁。
(9) 氏家靖浩「我々は臨床教育学をどのように作り上げるのか」『臨床教育学研究』2巻，2014年，11頁。
(10) ドナルド・ショーン／佐藤学・秋田喜代美訳『専門家の知恵――反省的実践家は行為しながら考える』ゆみる出版，2001年，136頁。

（氏家靖浩）

## 第6章 臨床教育学からみた学校ソーシャルワークの視点

――― コラム6 ―――

### 保健室からの子どもの見守り

「学校になぜ保健室があるのか」という問いから始まった養護教諭の仕事だったが，養護教諭生活の終盤（退職）に近くなった頃，ようやくその答えにたどりついたような気がする。あたりまえのことだが学校には子どもがいる。その子どもたちが身体的なケガをはじめ，何か自分の体に異変を感じたときに，「"保健室のおばちゃん"のところに行けばどうにかなる」と思ってきてくれていたのではないか。そこに保健室のある理由があるのだろうと思うようになった。

子どもたちが保健室にやってくる理由には，深い意味をもっていないことも多いかもしれない。何とはなしに，自分のこの状況を解決してくれるかもしれないという気持ちから，保健室の扉を叩いたにすぎなかったのかもしれない。頭が痛い，お腹が痛い，気持ちが悪いなどの症状やケガによる痛みなどの身体的な面ばかりでなく，つらさや不安，動揺など心理的な面までも複合した身体的課題を解決したいがためにきていた子どもたちも少なからずいた。一人で来室できる子もいれば，誰かにたよらないとくることができない子。自分では気づかずに誰かに気づいてもらってからくる子，こちらが気づいて呼び出すまでくることができなかった子など，来室の理由も状況もさまざまであった。意識していたか無意識かはともかく，子どものなかに何らかの課題があったととらえると，その課題を解決してくれるかもしれないところが保健室だったのではなかったかという答えにたどりつく。

養護教諭は，保健室という場をとおして子どもの言葉や表情，一般状態から教育的ニーズへの接近を試み，子どもの言葉や訴えにひたすら耳を傾け，その課題の解決に向けて子どもとともにひも解いていく援助を行っている。観察から始まり，問診，養護検診，養護診断（見立て）を行う。見立てによって教育的措置（学習は継続できるか，学習を制限する必要があるか，学習を一時中断するか，学習を全面的に中止するか，など）や医学的措置（教室に帰り普通生活，教室で要観察，保健室で要観察，要医療：家庭に帰す，など），必要に応じて養護処置や指導を行うこともある。

保健室に来室する子どもたちとのかかわりのなかで，もっとも重要視してきたことは，来室してから処置・対応に至るまでの間で，「今，目の前にしている子どもの現症状を看る」ことであった。しかし，その現症状とは別に，来室した子どもの背景も見逃してはならない重要な要素であった。子どもから得る情報をもとに子どもの状態をよりくわしく知ることが「養護診断」の手がかりとして活用される。子どものニーズに沿ったケアができるよう，背景を知るための情報収集は欠かせないものとなっている。子どもの健康状態が網羅されている健康管理表や保健調査票も子どもについて知ることができる1つである。子どもの健康状態を把握し，健康保持のために欠かせないものとして，生育歴や家族構成，家庭環境，経済状況，生活環境等の情報なども

必要とされるのである。

　1つの事例を紹介したい。これまで保健室にきたことがないKが「頭が痛い」と訴えてきた。「おやっ，どうしたのだろう」と思ったとき，健康観察表から父親が突然亡くなって忌引欠席が数日続いていた子どもであったことがわかった。問診や観察によって，緊急性を要する疾患とは結びつかないこともわかってきた。生活状況をたずねるなかで数日間夜眠れていなかったということがわかり，それが頭痛の要因の1つとして考えられた。眠れない理由を考えてみると，思いあたることがいくつか出てくる。保健調査票や家庭環境調査票から把握していたことは，Kの家庭は5人家族。父親は大黒柱で，母親は専業主婦であること，下にきょうだいが2人いることなどであった。そのような家庭で突然の父親の死は，家庭内にどれほどの大きな変化となって現われているかははかりしれないものがあり，生活すべてにその影響は出てくるものと推測された。そのうえKは進学を目前にしていたのである。家庭内の変化は，受け入れがたい状況であり，苦痛や不安が眠れない状況を引き起こしているのではないかと考えられた。そのときのKに提供できる保健サービスを考えると，心地よく安心して眠れる環境なのではないかと思えた。「横になりたい。寝たい」というニーズと保健室での休養は，Kの課題解決につながることではないかと判断し，休養させることにした。Kの状況報告，家庭への連絡等は経過をみながら担任と連携している。

　たとえばこんなとき，時折「もっときびしくすべきだ」「勉強が大事だから教室に戻せ」という声が届くこともあり，保健室は「甘やかしている」と誤解されることもある。

　しかし，保健室にくる子どもは，言語的，非言語的であれ，身体症状をもっており，精神的に不安定だったり，不安や心配な気持ちをもっていたりする。教室のなかで，落ち着くことができないと思っているからこそ保健室という部屋にSOSを出しにくるのである。それは，自ら課題解決の方法を知っていて，その方法でよいかどうかを確認しにきているようにもみえる。養護教諭はそうした子どもの状況をきちんと受け止め，解決へと導くことをサポートする役割をもっているともいえる。学校内での子どもの居場所を保証し，今，保健室にいることが子どもにとって必要であることを明確にしたうえで，学級担任や教科担任に働きかけ理解してもらう。ともに子どもを守り育てていく立場で，一緒に見守ることができるよう，子どもとの橋渡しや子どもの代弁者として働きかけることができることも保健室が学校にある所以なのではないだろうか。

　筆者は今，スクールソーシャルワーカーの一員として仕事をしている。そこで感じることは，養護教諭の仕事も，スクールソーシャルワーカーの仕事も個人の尊厳を尊重しながらかかわること，子どもにとってどうすればよいかを純粋に考え，個人の権利擁護のために援助していくという点では変わらないことである。

　ただ，スクールソーシャルワーカーの仕事は，子どもに変化があれば，それらの状

第❻章　臨床教育学からみた学校ソーシャルワークの視点

況に応じて対応を変えていくことが教師よりも柔軟にできなくてはならない。子どもの変化に気づき，その背景から子どものおかれている状況や環境を読みとり，瞬時に対応できることも求められる要素ではないだろうか。

　今，新たな立場で，今度は「学校になぜスクールソーシャルワーカーが必要なのか」という問いの答えを，子どもたちとのかかわりをとおして考え始めている。

（井戸川あけみ）

# 第 7 章
# 学校におけるソーシャルワークの実践

――――― ポイント ―――――

　本章では，子どもや教師，保護者との個別ケース（ミクロ），個々の学校や教育委員会，関係機関，地域組織などへの対応（メゾ），関係法規や制度・施策（マクロ）のつながりや広がりをもとに，スクールソーシャルワーカーの実践の特徴をみる。
　仕事の場や勤務場所がもつ機能への着目や子ども，教師，保護者それぞれとの相互関係の実際，学校アセスメントのあり方，学校や教育委員会の組織がもつ長期的な諸計画にどう参画していくのか。そしてスクールソーシャルワーカーに求められる教育や福祉の法規理解について，いくつかの課題とともに論じる。

## 第 1 節　教師の同僚性や子ども・保護者の教育参加を活かす

（1）学校での支援の特徴
1）学校の役割の遂行を支援する
　ソーシャルワーカーは，自らの援助の場とその場がもつ機能を意識し，支援対象の潜在的な力を引き出し，支援対象が主体的に課題解決に向きあうことを重視する。そして支援対象と相互に影響を受けながら課題解決のために協働する。
　スクールソーシャルワーカーの主な活動基盤は学校である。したがって子どもたちの well-being の増進のために，学校の機能と役割（「子どもの最善の利益」の保障・教育を受ける権利の実現・個々の子どものもてる能力を最大限に発達させる教育の実現・学習保障・人格形成等）が適切に遂行され，子どもたちが安心して質の高い教育を受けられるよう支援することが重要な任務となる。

## 2) 一般の相談機関でのソーシャルワークとの相違

一般の相談機関等でのソーシャルワークは支援を必要とする利用者を対象とすることが多いが，スクールソーシャルワークでは在籍するすべての子どもを対象とする。次に，他の機関は住民が必要とするときに利用するいわば非日常的な社会資源であるが，学校は在籍する子どもが日中の大半を過ごす日常の生活空間であり，多様な子どもと教職員で構成される小さな社会であり，つねに相互作用が生じている環境である。そして，一般の機関ではケースごとに担当が決められるが，学校では子どもにかかわる問題全般を担当するのは教師である。したがってスクールソーシャルワーカーは専門職として，教師が対応する子どもの問題に関与していく構図となり，それゆえ「スクールソーシャルワーカーが○○さんを担当する」という表現はなじまない。

## 3) スクールソーシャルワーカーの支援の対象

スクールソーシャルワーカーの援助の場である学校は，①教育の権利や学習の権利を保障する機関であり，②調整すべき子どもの環境であり，③スクールソーシャルワーカーの支援の対象であり，④教職員は子どもの福祉のための協働者という特徴がある。スクールソーシャルワーカーは自らも子どもの環境の構成員であることを意識しつつ，学校を基盤に支援対象とその環境との相互の関係性を俯瞰する。すると，支援対象のイメージは図7-1のようになる。「スクールソーシャルワーカーは，aの潜在的な力を引き出し，aが主体的に課題解決に向きあうことを重んじ，aと相互に影響を受けながら課題解決のために協働するAの潜在的な力を引き出し，Aが主体的に課題解決に向き合うことを重んじ，そしてAと相互に影響を受けながら課題解決のために協働する」というものである。つまり，支援の中心はa（子ども）であり，そのaに日々かかわっているA（学校・教師等）はスクールソーシャルワーカーの支援対象であり，学校における子ども支援の主体者であり協働者であるのだ。またAはaの重要な環境であるAa（保護者）への支援と協働の関係にあり，aもAaもAも𝑎（地域や制度等）のなかに存在し，相互の関係性のなかにある。このように考えると，調整すべき環境は支援対象であり協働者であり，それらにはそれぞ

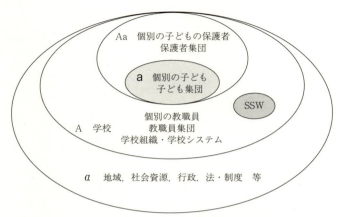

図7-1 スクールソーシャルワーカーの環境調整・支援対象イメージ例
　　出所：筆者作成。

れに歴史があり，重層的・複層的な相互関係をもっていることがわかる。支援はそれらすべてを視野に入れたものである。

（2）アセスメントと支援のデザイン（支援の設計図）
1）支援のデザインの必要性
　直接支援がいいか，間接支援がいいかという議論があるというが，そもそも支援方法ありきの議論そのものがソーシャルワークにそぐわないのではないだろうか。ソーシャルワークは，「個人と環境の関係性」に着目して，「アセスメント」をふまえた支援を行うものである。アセスメントのための情報は，学校では公文書等の記録の他に，日常的に子どもや保護者にかかわる複数の教職員が年単位の時間軸のなかでもっていることが多い。身近な社会資源としてそちらをまず適切に収集し整理して活用できるようにしたい。丁寧なアセスメントの結果，必要と思われる支援のプロセスのなかに，スクールソーシャルワーカーが子どもや保護者と面談したり，家庭訪問をしたりすることがある。また，学校（教職員）がスクールソーシャルワーカーと相談しながら，子どもや保護者との「出会い直し」を図る場合もある。前者が直接支援で後者が間接支援で

第 7 章　学校におけるソーシャルワークの実践

ある。それぞれの支援には、さらに多様な理論や技能が用いられるが、重要なのは「なぜその支援が必要なのか」という目的意識と、そのベースとなる支援のデザイン（支援の設計図）である。

「支援のデザイン」は、「当事者を巻き込みながらミクロ領域からマクロ領域に至るまで俯瞰し、次のプラスを生みだす相互作用を思考し、安全で安定した環境、持続可能でかつ発展する仕組みやシステムにつながる具体的で立体的で工夫された支援の設計図」を指す。これは、いわゆる「包括的なアセスメント・プランニング」であるが、旧来の「ケースワーク」ではなく「ソーシャルワーク」を意識するために、本節ではあえて「支援のデザイン[1]」と表現する。

そもそも包括的アセスメントにも効果的かつ創意工夫の盛り込まれたプランニングにも、art と science[2] の調和が求められ、「支援のデザイン」という言葉には、ソーシャルワークの価値、子どもへの支援に注がれる（個々の）支援者の愛情や熱意、創造性やセンス、経験知や技すなわち art と、科学性・論理性すなわち science をふくんでいる。一般に、科学的・理論的なもの（science）は伝達可能であるが、知恵や創造性、技能等（art）は人間味のある対人援助に欠かすことができないものであるにもかかわらず伝達しにくいまたは共有しにくいものである[3]。しかしチーム支援には、支援の方向性をメンバー全員で共有し共通のイメージをもったうえで、役割分担と計画的な実践が重要であり、そのためには科学的根拠等（science）はもちろんのこと、当事者を活かしながら次のプラスの相互作用を生み出す創意工夫（art）も伝達可能にするもの、すなわち支援のデザインが必要となる。ソーシャルワークはより範囲が広いものの、これは家を建てるときの建築計画書や設計図に似ている[4]。実践上で個々の支援者の個性や技（art）[5]を活かすものは、関係者間で合意し共有する「科学的・論理的な視点（science）と意匠や創造性（art）」が反映された支援計画（設計図）である。「支援のデザイン」は、まさにソーシャルワークの art の側面と science の側面を説明し、相互の関係を成立させる言葉であると考える。

支援のデザインは個別のアセスメントをふまえて描かれる。支援のデザインと目的意識がないままの直接支援は、そのまま継続されると「スクールソーシ

ャルワーカーにおまかせ」になることも少なくない。それは学校のもっているストレングス（強み等）や役割を奪い，場合によっては「つながり」をつくるどころか，「子どもと学校（教職員）の関係の断絶」を促進するリスクもあることを認識しておきたい。同様に，どのような場合でも間接支援に固執するのも不適切である。子どもと保護者が学校（教職員）との「つながり」をすべて絶ってしまったような場合など，日常的につながるべき人材が他にみあたらなくなってしまったときなどは，支援のデザインに沿ってスクールソーシャルワーカーが目的をもって子どもや保護者に直接かかわり，仲介しながら子どもと学校（教職員）の「つながり」の修復を図ることが効果的な場合もある。

2）当事者を活かす支援のデザイン

　子どもを取り巻く環境は，家庭環境，学校環境，地域環境，社会環境，その他さまざまな環境からなる重層的・複層的な構造である。スクールソーシャルワークのアセスメントでは，そのような環境と子どもとの関係性を見立てる。そして子どもに影響している環境がどのような状態であるべきかを検討し，子どもを中心とした環境とのより良い関係性，それぞれのより良い状況のデザインを考える。その際，注視すべきは，学校における子どもの本来的な願いや希望であり，そこに子どもをはじめ当事者の主体性や学校の特性が活かされることである。

　新しい学年が始まる日，子どもたちは担任と級友との出会いに不安と期待をもっている。自分にとって担任は「信頼できる先生」であってほしい，級友は「安心できる仲間」であってほしい，学級が「安心できる場」であってほしい。また「楽しくてわかる授業がいい」「クラブでがんばりたい」等さまざまな希望もあるはずだ。子どもの保護者も同様であり，教師もまたそうありたいと願っているだろう。

　教育が指向すべきことは，人格形成と子どもの能力を可能な限り最大限に発達させることである。そのためには子どもの潜在的な力を引き出し主体的に学ぶよう働きかけることが必要であり，教師は日々の教育活動のなかで，つねにそれを意図して子どもにかかわらなくてはならない。子どもは学校生活全般の

なかで個々の教師との人間的なふれあいをとおして，また教師集団のあり方や体制から大きな影響を受け，教師もまた個々の子ども，集団としての子どもから大きな影響を受ける。このように教育とソーシャルワークが指向する方向性と関係性はよく似ている。これは大きな強みである。

　これらをふまえて目指すべき関係図は，子どもを真んなかに，子ども―学校―家庭が良好な関係でつながっているものである。それを目指して個々のケースに応じてさまざまな「つながり」が描かれる。家族とのつながり，担任とのつながり，友人とのつながり，地域とのつながり，関係機関とのつながり，ときには「つながり」の構築に必要な社会資源や制度の創出のためのソーシャルアクションのための「つながり」まで描く場合もあり，まさにミクロからマクロまでを視野に入れたスクールソーシャルワーク実践のデザインとなる。次に，デザインした状況を目指すために段階を追った計画を立てる。当事者の主体性に働きかけるためには，誰のストレングスを活かし，誰が誰にかかわることで，どこにどのような相互作用がどのように生じ，全体にどのような変化が生じるのかを見とおし，具体的な手立てを検討することである。相互作用の特徴は，小さな１つの働きかけが大きな変化のきっかけになり得ることである。

### 3）子どもや保護者の強みを活かす支援のデザイン

　教育現場では「子どもの主体性を重視」とか「保護者や地域との連携」を掲げているが，何か改善すべき問題を前にしたとき，教師は自分たちで何とかしなくてはならないと考えやすい。ましてや子どもや保護者を「問題の当事者」ととらえた場合は，無意識に「力のないもの」と考えがちであり，地域についてはどのようにかかわってもらうのがよいのかイメージをもちにくいようである。しかし学校・子ども・保護者はそれぞれが問題解決の主体者である。教師とスクールソーシャルワーカーとの丁寧なアセスメントによって，それぞれのもつ力と可能性がみえてくることが多い。

　たとえば学級崩壊事例では，教師が「問題を起こす中心」と考える子どもたち自身が「良い学級にしたい」と考えている場合が少なくない。まず個々の子どもの思いに教師が耳を傾けることから始める。子どもの思いを知り，個々の

アセスメントをすると，個々の抱える課題とストレングスがみえてくる。個々の子どもの抱える課題への支援とともに，学級を立て直したいという共通の目標をもつ集団の力をうまく引き出せば，それを日常の教育活動に組み込むことで（それは教師の働きかけとかかわり方が変わるということ），彼らが中心となって彼らの学級を立て直すようなデザインが描ける。保護者や地域の力の活用についても考え方の基本は同様である。

　日本のスクールソーシャルワークでは，子どもの最善の利益の保障のために，子ども，学校，家庭の主体性と学校が活かされるデザインができたとき，結果としてスクールソーシャルワーカーの間接支援が多くなる。そのため，スクールソーシャルワーカーには相手の力を引き出すために，「出過ぎず，引き過ぎず」自らのかかわり方を適切に調整する能力が求められる。

### （3）教師の同僚性と子どもの環境
#### 1）教師集団における人間関係の困難

　どのような支援のデザインにおいても，「学校のありよう」が大きく影響する。子どものより良い環境調整のためには，まず学校環境の調整が不可欠である。学校環境を構成する要素には，人的側面，物理的側面，システム的側面がある。

　まず，人的環境として学校をみると，大きく分けて大人と子ども（教職員と児童生徒）で形成されており，いじめや不登校，学級崩壊等の問題についてはつねに「子どもと子ども集団」の関係が取り上げられてきておりそこへの着目は不可欠である。しかし，子どもにかかわる大人（教職員）も大きな影響を与える環境であり，その環境は「大人と大人集団」の関係で形成されていることにも注視したい。

　そこで現場の「教職員」に視点を移すと，彼ら自身の抱える困難がみえてくることがある。それは職員室での孤立であったり学年や組織内の小集団の対立であったり，人間関係の問題等さまざまである。以前から「抱え込み体質」を指摘されている教師だが，子どもに強い影響を与える仕事ゆえに個々の教師の

力量に期待し評価する風潮は強く，管理職以外の同僚間では互いのやり方に口を挟まないという不文律がある。そのなかで「力量不足と思われたくない」「相談するとがんばれといわれてしまう」ために，結果的に「相談できない」「抱え込まざるを得ない」という状況もある。

　文部科学省も「チーム学校」を推進しようとするが，「教師の意識がバラバラでチームがつくれない」というベテラン教師の嘆きもよく耳にする。すなわち「教師同士がつながれない」という問題である。このような状況のなかで心の治療のために病休に入る教師が近年たいへん増えている。文部科学省が2013（平成25）年3月29日に公表した「教職員のメンタルヘルス対策について（最終まとめ）」の調査結果は現場の状況をよく反映している。同報告では「学校教育は，教職員と児童生徒との人格的な触れ合いを通じて行われるものであることから，教職員が心身ともに健康を維持して教育に携わることができるようにすることがきわめて重要である」とし，「教職員間の人間関係が良好であるほど，教諭等におけるストレスの状況が軽減されることが明らかになっている」と報告している。つまり，子どものより良い環境調整を想定したとき，教職員の抱える人間関係における孤立やストレスの問題が改善され，教職員が子どもにより良いかかわりができることが重要だということである。

　したがって，子どもの抱える多様で複雑な問題への対応のためには，学校内の教師同士の協働や援助の関係すなわち同僚性を高めることと，教職員集団のチームづくりは不可欠であるといえる。

### 2）学校システムと同僚性

　学校は組織で動くといわれているが，教師をもっとも悩ます生徒指導のあり方は，その学校の生徒指導のシステムによってまったく異なる。たとえば不登校は教育相談部，問題行動は生徒指導部，発達上の特徴は特別支援教育部というように，事象の類別による縦割りの部会がいくつかあり，それらが他の部会とかかわりあわないシステムをもつ組織では教師同士に相談関係をつくりにくい。実際は不登校，問題行動，発達上の特徴が重複している事例が少なくないが，それぞれの部会で対応方針を出してバラバラにかかわっているうちに子ど

もの状況が悪化していくということはめずらしくない。そうなると教師間で互いに非難しあったり，コミュニケーションをもたなくなったりする。学年対応を重視している学校では，他の学年には口を挟んではいけないという空気が強くあり，子どもの問題で苦慮している学年を他学年の教師が傍観していたり，学年間に対立関係が生じたりする場合もある。このような状況にある職員室は誰にとっても居心地が悪い。しかも子どもたちは教師の人間関係をよくみており，その関係性のなかで安心感をもつ場合もあれば，不安を覚える場合もある。

　学校は組織で動くからこそシステムが重要となる。生徒指導上の諸問題について同僚と相談しながら，アセスメントにもとづいてチームで対応することを可能とする機能的合理的システム，タテとヨコに連携するシステムが学校組織にあれば，おのずと同僚性は高まりメンタルヘルス不調に陥る教職員は減少するだろう。そのようなシステム構築の中心に位置づくと効果的なのが，包括的アセスメントとプランニングを行うケース会議である。

### 3) 教師の子ども理解とアセスメント

　学校の生徒指導は，「事象や事件→対応」という場合が多い。つまりアセスメント・プランニングがないのである。「対応」の根拠は校則と教師自身の子ども理解であることが多い。学校が対応に苦慮している事例にスクールソーシャルワーカーが関与すると，教師の子ども理解と，スクールソーシャルワーカーのアセスメントとのちがいに気づくことだろう。

　そのちがいは，客観性と情報の量と範囲にある。ソーシャルワーク・アセスメントは，心理的・生理的・社会的な各領域にかかわる広い範囲かつ立体的な時間軸のなかでの客観的事実としての情報を集めて分析する。しかし教師は，家庭の影響も視野に入れつつも，「今の学校生活」という平面的で限定的な集団の場面での子どもの様子をみて，それぞれの主観と経験則で子どもを理解しようとする傾向がある。最近は子どもの心の状況への配慮や特別支援教育の考え方による子どもの「発達上の特性」という視点が入り，子どもを個別化し，それらの判別に必要な情報を把握して子どもを理解しようという意識が高まっている。しかし心の状況や発達上の特性についての情報は，当然心理的な領域

のものである。そこに学校が把握できる身体の健康状態等の生理的な領域の情報が加えられるが，あくまでも個体としての子どもの現状理解が主であり，社会的領域すなわち環境についての情報，たとえば児童虐待のような子どもの心や精神面への働きかけだけではどうにもならない環境要因も視野に入れた子ども理解が不足している。そのために，学校現場で教師が対応に苦慮する事例の背景の多くに児童虐待があるにもかかわらず，心が不安定なのだとか，子ども自身の発達上の特性のためなのだなどと理解されがちである。そしてそのため教師の思いとは裏腹に児童虐待への支援が遅れ深刻化させる現実がある。

　しかし，教師が「何か変だな」と気づくアンテナの精度は高い。教師が「児童虐待」の知識をもち，子どもを理解するようになると，子どもの生育歴や家庭環境についての情報を把握し吟味しようとする。するとこれまでの経験が活かされて子どもにみえる事象の数々の背景（理由）が整理されて腑に落ちる。その経過を「1つひとつ引き出しに入る」という表現をする教師もいる。そして子どもへの指導だけではなく，「人」や「機関」との協働や連携による家庭環境等への働きかけの必要性がおのずとみえてくる。また，きめ細やかな観察と配慮によって，子どもの自尊感情の向上を図る教育活動が工夫され，学校の本来の役割がいっそう明確になる。まさにアセスメント・プランニングである。

**4）ケース会議の効果**

　ケース会議とは，アセスメント（情報収集，背景の見立て）と，プランニング（目標，手立て・役割分担）をする会議である。課題をもつ児童生徒を指導・支援するにあたり，関係者が一堂に会して，当該児童生徒やその家族等に関する互いのもつ情報を出しあい，広い視野のもと，機能的かつ有効な対応について検討し，チームとしての共通理解を図る場である。このようなプロセスのなかで，参加する教職員において「困った子」から「困っている子」に認識とまなざしが変化し，子どもだけでなく子どもを困らせている背景に対しても支援を図ろうとすると，当然子どもに反射する利益は大きい。

　そしてケース会議は以下のように教職員の同僚性の向上にとっても効果がある。

- 担任の抱え込みによる問題の深刻化の防止（予防とチーム対応）
- 担任（または一部の担当）の負担の軽減，バーンアウトの防止（チーム対応）
- 職員間の連帯意識の向上（指導・支援者としての共感）

　ケース会議では，アセスメントのために，校内においてその情報を保有する複数の教職員が一堂に会することを求める。それによって担任の抱え込みが解消し，一人の子どもの背景について複数の教職員のもつさまざまな知見から検討できる。同時に担任一人に対応を任せることの不合理も共通理解できる。また，ケース会議は「子どもの未来」のために開催するものであるため，アセスメントではこれまでの対応についての報告はあくまでも情報としてとらえる。したがってケース会議の意義を教職員全員が理解すれば，評価を気にする担任等の心理的負担も回避できる。会議では，担任や担当者の困難や子どもへの思いを知り共感する場面がある。そして子どもの抱える課題の背景を理解したとき，子どもや保護者へのまなざしが変わる。そのうえで，子どものために，それぞれが少しずつ役割をもって助けあうチーム体制ができる。まさに同僚性を育む場である。ケース会議が校内の生徒指導システムの中核に位置づけば，そのなかで育まれる同僚性が子どもを取り巻く健康的な環境を形成し，かつ子どもの背景に適したチーム対応が子どもへの日常の教育活動のなかで実践されることで，さまざまな相互作用がプラスに生じることが期待できる。

　教師自身がパソコンに向かう時間が多いという現実にみるように，知識や情報の取得だけではなく相談さえも通信機器を介するような現代社会において，人と顔をあわせてコミュニケーションをとることの良さやチームを実感できる機会を学校システムに組み込んでいくことが，今後はよりいっそう必要になってくるだろう。

### 5）美しい学校環境

　物理的環境は子どもの安全安心を意識したものでなくてはならないが，その状況が子どもの状況を反映している場合も少なくない。そのような場合は子どもの物理的環境の整備が子どもの安定に影響を与えることもある。

　学校の「荒れ」は，校舎の内外の物理的環境にも現われる。日々生じる生徒

指導上の問題に追われ，教師が疲れ果てているときこそ，物理的環境の整備は重要である。子どもの環境整備としてとらえると，まず，そのような状況のときには危険箇所が放置されている場合がある。また，掲示物もなく花壇なども殺風景であることもある。トイレのサンダルも散乱し，便器が汚れている様子も目にすることがある。

　施錠されていない教室に子どもが入り込んだならば，それは安全管理を担う学校側の問題である。毎日同じことをいっても子どもが改善できない場面があれば，声を荒らげ子どもと対峙するより，同じことをいわなくてもわかる方法を工夫すればよい。聴覚的にも視覚的にもその方が子どもにとっても教師にとっても良い環境である。安全を意識し，気持ちよく安心できる学習空間を保持するのは教育活動には不可欠な要素である。「どうせ，また壊すだろう，汚すだろう」というあきらめによる放置は，学習環境を不快なものにする。小さなほころびをみつけたら修繕する。散乱したものはもとにもどす。時節にあった掲示物を工夫し，世話の行き届いた草花を飾る。トイレはいつも気持ちよく使用できる場所にする。

　このようにまず物理的な学校環境を整備する視点は，子どもとの相互作用を図るうえでも重要である。だからこそ，それを子どもだけに求めず，まず大人からやってみせる。そして次に子どもと一緒にやってみることになれば教育活動となる。

　一方，教師自身にとっても物理的環境の整備は有効である。どんなにがんばっても子どもの状況になかなか変化がみえない場合，「それだけ子どもの抱えている課題が大きいのだ」と思っても心身は疲弊する。そのようなときは，たちどころに達成感を味わえる仕事を組み込むとモチベーションが上がる場合がある。その1つが物理的環境の整備である。たとえば，何度いってもあるべき場所に物をきちんと入れないのなら，あるべき状態にしたうえで，良い入れ方・まちがった入れ方の写真を貼って示す。壊れている箇所は修繕し汚れている箇所は汚れを取る。掲示物を張り替え，花を飾る。どのようなときもいつも美しい空間を日常とする。これらは誰にとっても気持ちのよいユニバーサルな

校内環境づくりの一環であり、がんばった分だけ美しく手応えのある変化を実感できる。

　それをいつ誰と誰が一緒にやるのがその後の関係性に効果的であるかは、アセスメントをふまえた支援のデザインによって異なる。ある教師が自分のモチベーションを上げるために自分一人でやりたいこともある、教師の同僚性を高めたい、子どもの活動にしていきたい、保護者参加の機会にしていきたい、地域の活動と合流させたい、いかようにもデザインできる。大事なことは子ども中心の支援であること、当事者の主体的な活動になることと、そこからプラスの変化が始まることである。

### （4）スクールソーシャルワーカーの役割

　多くの学校において、日常の指導は子ども集団を対象に、また規律を中心にどのように子どもたちの変容を図るかという意識が強い。またすでに述べたように教師個人の力量と責任を重視する風潮も強い。しかし、「いじめ」や「子どもの貧困」「児童虐待」「特別支援教育」等では、事実にもとづいて子どもの背景を理解し、個別の事情にチームで対応すること、そのなかで環境が子どもにとってより良いものに変わっていくことが必要になっている。実は、それらは学校の新たな仕事ではなく、もともと学校の役割のなかに包括されているものであるが、集団と規律を重んじてきた多くの学校は、子どもの背景がわかっても「個の受容と集団の規律」の両立をどう図るのかに悩むかもしれない。

　スクールソーシャルワーカーは子どもの抱える問題にかかわるとき、それらの学校の状況をふまえながら、システム理論を活用し、環境調整や当事者の主体性を意識し、全体を俯瞰しながら誰に・何に働きかけるのかを考えて自らの支援のデザインを描く。それは、個別ケース（ミクロ）から学校体制（メゾ）や法や制度（マクロ）へ波及していくようなデザインになることもある。そして、それをもとに教師と協力して学校による子ども支援のデザインを描く。それは学校が主体的にスクールソーシャルワーク的視点を活用し、アセスメント・プランニングによる計画性をもった子どもの支援体制と子どもの環境の整備の必

## 第7章 学校におけるソーシャルワークの実践

要を共通理解することであり，授業の工夫，学級経営や子どもの係活動，PTAや地域，関係機関への働きかけ等，教育活動そのものに反映し，子どもが笑顔になり大人も笑顔になるものである。スクールソーシャルワーカーはそれが現実になるよう支援する。スクールソーシャルワーカーの役割の重要な部分はそこにある。

次の表7-1は，ある事例（事実をもとに加工）への支援においてミクロ領域—メゾ領域—マクロ領域にどのような変化が生じているのかを時間の経過で示している。全体をながめたとき，支援のデザインがどういうものであったのかを見出してみたい。

この事例の支援を概観すると，学校生活のなかで主体的に活動しているのが，子どもと教師であることに気づくはずである。個別の支援は継続されつつ，子どもたちは主体的に取り組み，それを教師たちが日々の教育活動で支え工夫する。そしてそのなかで相互に影響を受け，次々にプラスの相互作用を生じさせていった。まず，3の校内ケース会議の内容を見る。問題となっていたのは，「毎時間数件の子ども同士の争いが発生し，授業が成り立たなくなっている学級」の状況であった。しかし目標（長期目標）を「学級が落ち着くこと」とせず，学習保障と子どもの安心・自信・希望を目標にしている。個々の背景を理解したうえで，学級が落ち着かないことで子どもたちにどのような不利益が生じているのかを考えれば，やはり教育現場においては学習が保障されないことと，子どもたちの自尊感情の低下等が危惧される。このように本質的な問題に目を向け，その改善を目標としたところに支援のデザインの方向性がみえる。

次に，目標達成のための手立てである。個別の子どもへの支援と同時に，当事者集団と目される子どもたちAグループへの支援にグループワークを取り入れていることに注目したい。その後の経過をみると，グループワークで相互支援関係ができ，エンパワーされた彼らが中心となって学級の安定のために前向きに取り組み，それを教師たちが支え，彼らの主体性を活かそうとしている。そして教師たちもチームとなって担任の学級立て直しに協力しつつ，自らの授業を見直し工夫しようとしている。それらが日常の教育活動のなかで実現し，1

表7-1 事例資料

毎時間数件の子ども同士の争いが発生し、授業が成り立たなくなっている学級への支援（小学校）

| 過程 | SSWr[1]の支援 | メゾ領域 SSWr | メゾ領域 学校 | ミクロ領域 子ども | ミクロ領域 家庭 | メゾ領域 地域 | マクロ領域 制度等 |
|---|---|---|---|---|---|---|---|
| 1 | 相談受理 | トラブルの場面に遭遇したときに「困った」と思われている子どもたちがAグループの思いを聴く | 担任と管理職はAグループにどう対応したらよいのかそれぞれに困っている | Aグループ「ちゃんと勉強できる、ルールを守れるクラスにしたい、自分たちの気持ちをわかってほしい」 | ちゃんと授業をなりたたせてほしいと学校に若情がある。心配の声も届く | 授業中に校庭で泣いてる子どもがいると学校に連絡がある | |
| 2 | 代弁・仲介 | 子どもたちの思いをCo[2]と管理職に伝える→子どもたちの思いをSSWrと管理職と話し合わなくてはいけない→校長がAグループの話を聴く→ケース会議へ | | Aグループ「校長先生にわかってもらえてうれしい、安心した」 | | | |
| 3 | 校内ケース会議 | 検討事項：子どもたちの思いを活かし学級の安定を図ることについて アセスメント ・Aグループの子どもたちを個別化して→個別の課題とストレングスの把握 ・子ども集団と学校について→まわりの大人への信頼感→子どもたちによる主体的な学級の立て直し ・担任や学校について→情報共有から連携→担任対応からチーム対応へ プランニング ①目標：学校は学習を保障する。子どもたちが安心と自信と希望をもって次年度を迎える ②手立て： ア　担任が教科指導、担外教員Bが生活指導を担当し、担任・副担任体制をとる イ　授業中は、担任サポーター、担外教員B等が交代でT.T[3]として入り込み、授業での気づきを担任と情報交換する。 ウ　授業計画について、学年単位で相談する。また学年単位の授業を増やす。 エ　子どもたちで「学校をよくするグループ」を組織し、グループワークを行う。指導者は、担外教員Bとし、SSWrがサポートする。 オ　個別の子どもの課題に対する支援（クールダウン、傾聴、機関連携、自信回復等） | | | | |

120

第7章 学校におけるソーシャルワークの実践

| | | Coや管理職への個々の子どものケース支援への助言をする | 個別の子どもへの支援:悩みの傾聴、家庭との連携・支援、通告 → 機関連携 | 教師への信頼回復:反発 → 素直に気持ちを語る → 意見や提案をする、自分で決める | 心配や苦情の間のいあわせがなくなる | 心配の連絡がなくなる | ある子ども要保護児童対策地域協議会での支援が始まる |
|---|---|---|---|---|---|---|---|
| 4 | コンサルテーション | 子どもたちによる主体的な学級への立て直しのプランについて担外教員Bに助言する → Coに報告 | 担外教員Bが、子どもたち Aグループを集めて立て直しについて話しあいの結果を担任に伝える | Aグループが、自分たちが中心となろうと提案書を持参する → 授業中のトラブルが減少 | | | |
| 5 | コンサルテーション | 学級会の際の留意点を担任と担外教員Bに助言する → Coに報告 | 担任は、Aグループの提案を受け入れ、学級会をもち、担外教員BもTTとしてくえる | Aグループが、学級のルールを担任に提案し話しあい学級ルールを決める | Aグループのある保護者から「最近、子どもが少し楽しそうだ」という話がはいる | | |
| 6 | コンサルテーション | SSWrとCo、管理職、担任、学年教員、担外教員Bで今後の取り組みを話しあう。 | | Aグループの子どもたちが班長に立候補する → 班長会議、落ち着いて授業を受けるよう声かけあっての努力を始める | | | |
| 7 | 学年会議 | | | | | | |
| 8 | 協働 | 手立て1:SSWrが提案し、子どもたちを学年に導入し、家庭と学校をつなぐ媒体とする → SSWrはふりかえり表を作成する → 担任は、子どもたちのふりかえり表に毎日コメントを書く → 担任は、授業改善のポイントを把握・家庭の関与を把握・個別の支援の工夫 | 毎回の授業の終わりに「ふりかえり表」を子どもたちと担任、子どもたちと家庭をつなぐこと、わからなかったこと、感想などを毎日やりとり → 担任が毎日コメントを書く → 学年の子どもたち全員が週末に家庭にもち帰る | 学校での学習や子どもの様子を保護者が把握 → 感想また記入 → サインをして子どもを担任へ返却 | | 要保護児童対策地域協議会での支援が継続し、調整機関と学校が密に連絡をとるようになる |

| | | | | | |
|---|---|---|---|---|---|
| 9 | コンサルテーション | 手立て2：SSWrも相談にのりつつ管理職が中心となって、当該学年の地域に出向く総合学習を企画する → PTAと地域に協力を依頼する → 学校とPTA、地域の連携が強化される | 学年単位でグループをつくり、地域の調査を行う → 保護者や地域の住民を招いて発表会を行う → 達成感を実感 | 子どもたちの調査結果をもとに、PTAも協力し地域住民による地域調査に発展する → 住民活動へ発展 | 自治体から学校と地域が表彰される → 他自治体からのヒアリング → 地域の取り組みのモデルへ |
| 10 | コンサルテーション | SSWrが管理職に提案し、学習保障のために、PTAや地域住民と協力して開催する休日の学習会（寺子屋）への地域の青少年の参加を企画する | 学校がバックアップしながら、PTAや地域住民が中心となって運営する休日の地域の学習会（寺子屋）が小学生に学習サポートを始め、学習の定着を図る | 個々の子どもたちの抱える課題に改善がみられた | 学校と地域住民が中心となり、PTAや地域住民（寺子屋）で、中学生や高校生と小学生の交流と学習の定着へ発展 | 学習や子ども支援に参画し、学校との「つながり」が身近な地域住民とのつながりとなり、多くの協力体制が強くなった |
| 11 | 教職員との振り返りによる評価 | ①相互作用を意識した直接支援と間接支援を実践できた ②教師たちと子どもたちの笑顔をよろこびあえた ③発展していく状況を子どもたちと教師たちとよろこびあえた | ①「ふりかえり」の効果と学校システムが整ってきた ②「ふりかえり」の効果でⅰ授業中の指導方法のふりかえりができた。ⅱ普段、意識しなかった子どもの課題に気づかれた。ⅲ保護者からの協力を得られた。Ⅳ子どもたちとのつながりが強くなった | ①子どもたちが主体的に行動し、課題解決にあたることができた。②授業中の学習保障が実現した。③子どもたちの自尊感情が高まり、次年度を迎えることができた。④教師とのつながりが強くなった。 | 学校との「つながり」が強くなり、学校への信頼感を強くした | 子ども中心の、学校・家庭・地域の取り組みが他の自治体へのプラスの影響となった |

注：1）スクールソーシャルワーカーをSSWrと表記する。
　　2）スクールソーシャルワーカーの担当教員をCoと表記する。
　　3）チーム・ティーチングの補助教員をさす。

出所：筆者作成。

つひとつの取り組みがプラスの相互作用を生じさせ，教師の授業力の向上，家庭や地域とのつながりというように，ミクロ―メゾ―マクロへと相互に影響しながら発展していく展開となった。スクールソーシャルワーカーは，支援の開始から継続してかかわっているが，決して前面に出ることなく，しかし要所要所で助言や次の取り組みへの提案をしている。1から10までのスクールソーシャルワーカーの働きかけの内容を順にたどると，当事者の主体性と相互作用を意識した支援のデザインと，それをふまえたスクールソーシャルワーカーの意図的な働きかけがみえる。

## 第2節　勤務場所の拠点と専門職としての軸足
――アプローチの多様性を考える

### (1) 勤務形態の移り変わりのなかで

　現在，全国で多くのスクールソーシャルワーカーが，さまざまな資格をもって，さまざまな勤務形態で実践を積み重ねている。地域性やニーズ，さらには自身の得意な領域などを総合的に判断し，適切に配置がなされる必要がある。
　まず本節では，筆者の実践経験を例に，学校や教育委員会，あるいは拠点や巡回，派遣など「どこにいるか」で異なるアプローチを見くらべながら，「どこにいても変わらない」実践を進めていくために軸足をどこに，そして何におけばよいのかを考えてみたい。
　2008（平成20）年の「スクールソーシャルワーカー活用事業」当初から2014（平成26）年度の7年間を振り返ると表7-2のようになる。「スクールカウンセラーと何がちがうのか」「何ができるのか」「そもそも，ソーシャルワーカーは何をする職種なのか」など，教育現場からの困惑を乗り越えて，勤務形態や予算元も毎年のように移り変わり続けた。
　2008（平成20）年には1中学校区を担当し，中学校を拠点として，学区内の小学校へも巡回する勤務形態となる。教職員はもちろんのこと，地域の関係機

表7-2 筆者の勤務形態の推移

| 年　度 | 予算元 | 勤務先（主な活動拠点） | 配置形態（担当範囲） | 勤務日数 |
|---|---|---|---|---|
| 2008 | 国委託 | 中学校 | 拠点巡回型（1中学校区） | 週3日／週 |
| 2009 | 国補助・市単費 | 市教育委員会 | 定期巡回型（2中学校区） | 週5日／週 |
| 2010 | 市単費⇒市職員 | | | |
| 2011 | 市職員 | | 定期巡回型（市内全域） | |
| 2012 | | | | |
| 2013 | | | 校種別巡回型（市内全域） | |
| 2014 | | | 派遣依頼型（市内全域） | |

出所：筆者作成。

関にも周知が必要であったが，配置をされた中学校の校長先生自ら，「よくわからないけど，配置されたから挨拶につれてきた」と，中学校区内の小学校へ挨拶まわりをした。また，「どこか行きたいところはあるか」とたずねられ，一緒に地域の関係機関にも挨拶まわりに出かけることができた。困難事例があれば，積極的に担任教諭や養護教諭と情報共有する場を設定し，対象の子どもの環境について，誰とチームを組み，どのようにアプローチすれば改善されていくのかを，ともに試行錯誤しながら構築していくことができた。

　2009（平成21）年には2つの中学校を担当するため，教育委員会にデスク（拠点）をおくことになった。それまでは，月に1度程度，担当指導主事との打ちあわせのために出向いていた教育委員会の職員ですら，スクールソーシャルワーカーの存在や役割を十分には把握していない状態であった。担当する2つの中学校を中心としながらも，学区内の各小学校，さらには所管していた保育所・幼稚園との連携の必要性も少しずつ考えるきっかけとなった。市役所の各部署との連携がとりやすくなった一方で，それまでにも相談業務を担っていた保健師や家庭児童相談員などの職員と重なりあう役割をさらに整理し，保護者や学校により活用しやすいシステムの構築の必要性が浮き彫りになった。

　2010（平成22）年夏，市の正規職員としての採用が決まる。前例がない状態で，全国に先駆けて行われたこの動きに自らとまどいつつも，市の職員となったことでタテ（教育委員会内および学校等との関係）・ヨコ（保健課・福祉課・税務

課・市民課・建設課等との関係)・ナナメ(地域のインフォーマルな社会資源)の連携がより一層とりやすくなっていった。それまでにも行っていた個別面接や家庭訪問,教職員へのコンサルテーションやケース会議の開催のほかにも,適応指導教室の設置・運営,特別支援教育支援員の後方支援,スクールカウンセラーとの連携,長期休業中の子どもの居場所づくり活動の企画・運営・フォローアップ,就学指導審議会や要保護児童対策地域協議会への参画,市内外のサービス事業所や養護学校,高等学校等との協働など,ミクロ・メゾ・マクロレベルにわたって活動の幅を広げることができた。

さらには,一見すると一専門職としての業務ではないような財務予算の獲得やスクールソーシャルワーカー活用の自治体計画の作成や折衝,各種行事への協力等,市職員としての事務分掌や役割を担うことができた。その結果,自治体の教育ビジョンや数年単位の見とおしをもって業務を進めることができるなど,長期スパンで支援体制を整えることができたとともに,子どもたちが家庭や学校とはまた異なる表情をみせる機会をとらえ,それらのストレングスを支援に活かせたことも,自らの実践の広がりと深みにつながったと考えている。

(2)「どこにいても変わらない」スクールソーシャルワーカーの仕事

以下では,筆者が出あったいくつかの実践事例から,異なるアプローチとそれらに共通する目的について考えていきたい。

1)「スクールカウンセラーの代わりに,相談室登校の子どもたちの面倒をみてほしい」

初めて中学校に配属されるとき,管理職と日程調整を行った際,いわれた言葉である。実践を始めようとした矢先にこのような言葉を受け,"スクールカウンセラー(以下,SC)の代わり"や"相談室対応"という言葉に違和感をおぼえた。

教育委員会として社会福祉専門職をどのように活用してよいか方針が定まっていなかったり,活用の方法が配置された各学校に一任されていたりすると,"相談室対応"としての役割を期待してしまう場合も少なくない。これは,相

談室登校している児童生徒をSCが面倒をみてきた歴史を物語っているともいえる。大事なことは，"子どもたちのニーズ"として，誰かサポートしてくれる人がいれば登校できる可能性が高いこと，そして，"学校のニーズ"は，子どもたちが1日でも多く登校し，人とかかわり，学習する機会をもつことにあるという，両者の利益を専門職としてどのようにとらえるかである。

　その視点に立ったとき，与えられた学校現場のなかで，できる一定の役割を果たしつつ，実践を展開していくことが，スクールソーシャルワーカーを理解してもらえる近道になり得ると考えた。

　子どもや学校のニーズを出発点として，子どもが本当に望んでいることは何なのか，その思いに応えるため，学校には何ができて何が困難なのか，そして支援者である自分やSC，外部の関係機関は何ができるのか等，丁寧にアセスメント（見立て）を行っていくため，管理職をはじめ，担任や学年主任，養護教諭やSCなどさまざまな教職員と意見交換を積極的に行った。子どもたちが相談室を拠点として登校日数が増えるなかで，少しずつ友人とのコミュニケーションが図られ，"学ぶこと"を欲するようになった。その後，管理職をはじめとした教職員が相談室独自の学習プログラムをもって学習機会を保障し，進級のタイミングをみて学習室に移行していくとともに，授業のカリキュラムに組み込まれていったことで，子どもたちはさらに生き生きと学ぶことができるようになっていった。

　もちろん，複数名の子どもたちがいれば，小さな社会ができ，思春期の子どもならではのもめごとや葛藤が出てくる。それらをどのように乗り越えるかは，子どもたちにとって大きな試練であり，成長できるチャンスでもあるととらえ，学校全体で忍耐強くつきあってもらうことができた。このように，相談室や学習室を子どもたちが"面倒をみられる場"という受身の場所ではなく，"自分が成長するための居場所"・"学習保障の場"・"他者とコミュニケーションを図る場"として発展させることができた。

　この事例のように，中学校に拠点をおくことで，子どもたちの日常的な変化を察知しながら丁寧に教職員とともに状況把握ができること，さらには，担任

と家庭訪問をしたり，参与観察したり，必要に応じて，個別のケース会議を行うことも，教職員の勤務都合に配慮しながら行うことができる。また，他機関となかなかつながりにくい家庭であっても，子どもがかならずかかわる学校を媒介とすることで，保護者が抵抗なく支援者ともつながることができ，その先にさらに多くの機関との連携が可能となっていくだろう。

しかし一方で，校内での役割が不明確であったり，または社会福祉専門職としての目的意識が低いまま配置校型として学校に入ることで，上述のようなメリットが逆にデメリットとなり，"特別支援教育支援員"や"チーム・ティーチングのスタッフ"などと混同され，効果的な実践を行うことが困難となる。

### 2）学校を"ソーシャル・センター"として機能させる

学校は多くの場合，物理的にも機能的にも地域の中心的立場にある。保護者はもちろん，地域住民も学校に対する期待は大きいが，他領域の専門職の間では「学校は敷居が高い」という感覚も決して少なくない。学校とどのように連携を図っていけばよいのか頭を悩ませていたり，困難を抱えている家族にはかかわっているが，そのなかで生活している子どもが抱えている課題は「学校の問題」とされてしまう場合もある。

そこで，スクールソーシャルワーカーが学校に拠点をおくことで，他機関との連携がスムーズに行うことができたAくんの事例をみてみよう。

---

夏休み明けから欠席が続いているAくんは，夏休みの宿題が終わっていないことで登校しにくくなっているのでは，と学校では思われていた。両親は共働きで，高校生の兄もアルバイトなどにいそがしく，家族はみな，話を聞いてあげたくても聞いてあげられない状態が続いていたという。

そこで担任は，保護者の了解を得て，学校にきているスクールソーシャルワーカーに相談した。「夏休みの宿題ができていないことは気にしなくてよいから，学校に来るように」と何度も説得を試みるも，言葉を濁してその場をやり過ごすことが続いていること，介護を受けていると思われる祖母が同居していることなどが語られた。

再度，早急に保護者と連絡を取るとともに，担当保健師とも日程調整し，両者を学校に招いて，Aくんの登校しぶりについて相談すると，実は，以前から祖母の介護のために入っていたヘルパーも，Aくんのことをとても心配していたものの，「学校が対応してくれているはずだから」と経過を見守っていたこと，また，祖母のこと以外

のことで両親に問いかけるのは，業務内容を超えていると判断し，躊躇していたことがわかった。

　父親と保健師との情報をすりあわせると，実は夏休み期間中に祖母の体調が悪くなり，一気に身体を動かすことが困難な状態になっていたこと，ヘルパーをもっと入れたいが，ケアマネジャーとも話ができずにいたこと，さらに，Ａくんが「僕が学校から帰ったら面倒みるよ」といってくれたことからたよりにしてしまったことなどが語られた。また，おばあちゃん子だったＡくんは，祖母の具合が悪くなっていく姿をみて，自身が学校に行っている間に祖母に何かあるのではないかと心配して，少しずつ学校に行けなくなってしまい，登校するタイミングを逃してしまったことがわかった。

　そこで，保健師はケアマネジャーと話をしてヘルパーの時間やデイケアの時間を増やすことはできないか検討してみること，父親は本児に「Ａくんが心配してくれるのはうれしいし，とても助かったが，おばあちゃんが一番よろこぶのは，勉強を一生懸命頑張って，友だちと楽しく学校に行くことではなのではないか」と伝えていくこととなる。また，学校は，Ａくんの思いや家庭状況もふまえつつ，Ａくんが学校復帰しやすいように環境を整えていくことで，合意をすることができた。

出所：筆者作成。

　子どもは，大人が考えている以上に周囲の変化に敏感である。そして，環境が悪化すれば，「自分が悪い子だからではないか」などと，まちがった認識をしてしまうことも多い。子どもたちが事実をみつめられるように，大人同士がネットワークを築いていくことが必要である。そのネットワークの中核を担う学校という教育の場に社会福祉専門職が存在することで，学校教育外の福祉・保健・医療などの分野が学校とつながるきっかけをつくることができる。

　Ａくんの事例のように，一見，かかわりがないように思える介護の問題と不登校の問題が，実はひとつの家族システムのなかで影響しあっていることはめずらしくない。その他にも，貧困と非行，児童虐待といじめ，震災の影響と特別支援教育など，現代社会で注目されている表面上の問題と子どもたちが抱え込まされている課題が重なりあう場合がとても多い。さらには，これらの現代社会における諸問題を背景として，保護者のストレスが増幅することにより，教職員と良好な人間関係や信頼関係を構築できない場合も少なくない。それは，保護者側だけの問題ではなく，教職員にとっても同様の社会情勢であることか

ら，背景は重なることもあるだろう。さらに，家族を取り巻く地域性によっても，大きく異なる状況におかれる。

　さまざまな社会的要因については他の章・節に委ねるが，このように子どもや家族を取り巻く諸問題を丁寧にひも解くためには，学校のなかにいるだけでは理解できないことが多い。これらを複眼的にみていくことで，子どもが抱え込まされている諸課題が整理され，解決の糸口がみえてくる。"ソーシャル・センターとしての学校"が機能していくためには，物理的にも心理的にも学校と地域がつながっていくことが必要であり，そのための媒介としてのスクールソーシャルワーク実践が求められていると考えられる。そして，それぞれの領域がそれぞれの専門性を活かしながら，「子どもの最善の利益」という目標を達成していくための土台づくりを行っていくために，学校という場に福祉領域の人材が立脚することで，その幅広い知識や人脈を駆使しながら，支援を検討していくことができるのではないだろうか。

**3）家庭や学校以外にも，子どもの社会資源を生み出すということ**

　子どもたちの世界は，家族や親戚，学校や地域のスポーツ少年団，習いごとなど，限られた範囲でほぼすべての行動がおさまる。しかし年齢を重ねることに，その範囲が少しずつ広がっていき，視野が広くなり，自己を振り返ることができていく。その過程のなかで，地域におけるさまざまな人びとに出会うことは，さまざまな価値観にふれ，生き方を学びとり，自分の将来を考えていくきっかけとなる。筆者がそのことをより強く感じたのは，教育委員会に拠点をおき，複数の学校にかかわるようになってからであった。

　教育委員会には，管内の学校や子どもたちのさまざまな情報（生徒指導関係，特別支援教育関係，学力向上，転入居の情報，各種制度等）が入ってくるが，担当校が増えるほどに，子どもたち一人ひとりに細かく丁寧に直接支援としてかかわっていくことのむずかしさを感じるとともに，子ども同士が集団生活のなかで切磋琢磨していくなかにこそ，子どもの成長・発達を促すことができると考え，社会資源の創出に着手することとなる。

　その1つが，長期休業中の子どもの居場所づくり活動である。子どもたちが

長期休業中にどのように過ごすかは，その後の学校生活に少なからず影響を及ぼす。水泳や合奏練習，部活動など，一定の活動に参加できている子どもたちは，そのときに大人や他の子どもたちとのかかわりをもっていくことが可能である。しかし，さまざまな理由でそのような活動に参加しないまたはできない場合には，保護者以外に誰が彼らの生活をより充実させていくことができるのだろうかと感じていた。夏休みであれば30日間以上もの長い時間を，共働きだったり，要介護者がいたり，経済困窮であったり，ひとり親家庭や多子家族，さらには各種サービスを利用できない特別な配慮を要する子どもたちやその家族が，互いに疲弊せず，むしろ楽しんで過ごせる場を地域に創っていくことが必要であると考えた。

　そこで，主任児童委員やNPO団体，地域住民や近隣大学の学生などにボランティアとして協力を募り，市内の公共施設等も活用し，小学生から中学生まで20名程度を集め，学習支援やさまざまな活動を盛り込んだプログラムを実施した。週末には保護者と一緒に参加できる"親子プログラム"を企画したり，最終日には子どもたちが保護者や教職員を招いた"おもてなしパーティ"を開催して，子どもたちの成長にふれてもらう機会を設定した。最初は「その活動にどんな意味があるのか」「わざわざ夏休みにやる必要があるのか」と怪訝そうな顔をしていた保護者や教職員も，活動を通して，「もっと参加させたかった」「子どもより親が楽しむことができた」「子どもがたくましくなった」「また来年も，参加させたい」「休みの期間に，何を優先すべきか，子どもと話しあうきっかけになった」など，多くの声が寄せられた。

　勤務の拠点が教育委員会にあることで，他機関や他の部署，地域住民との信頼を得ることができ，社会資源を創出することを可能にしたと考える。そしてそれは，その社会資源をとおして，家庭と学校，そして地域がつながり，子どものみならず，大人にとっても"居場所"として発展させることができたように感じている。一方で，教育委員会に拠点があることで，学校現場とは物理的にも心理的にも距離ができやすく，どうしても子どもやそのまわりにいる大人の声が聞こえづらくなってしまうというデメリットが生じてしまう。また，す

べての子どもたちに還元できるほどの社会資源に発展させていくことも時間がかかるかもしれない。しかし，回数を重ね，改良しながら，また，さまざまな声を真摯に聴きながら続けることで，協力者が増え，さらに多くのアイデアを取り入れていくことが可能となるし，可能にしなければならない。

**4) 指導主事とともに築いた地域の特別支援教育**

　特別支援教育は，地域の大きな課題の1つでもあり，もっとも力を入れている分野の1つである。毎年のように障害児・者を取り巻く法律が変わり，そのたびに学校現場は追いつくことに精一杯になる。本来，保護者の次に，もしくはそれ以上に，子どもたちと長い時間を過ごしている教職員や保育士が，子どもの変化というよりも，社会の変化に翻弄されている実態を目のあたりにした。一人ひとりの子どもたちにとって，どのような教育の場が望ましい環境なのだろうか。オーダーメイドの教育環境を決められた枠組みのなかで築いていくことのむずかしさと必要性を感じてきた。

　そこで，教育委員会を拠点としたもう1つの大きな取り組みとして，特に力を入れて取り組んだのは，新入学児童の就学相談システムの構築である。指導主事とともに，どのようなシステムを構築していくことが望ましいのかを検討しながら，対象児について就学の1年前には情報集約し，指導主事とともに児童発達支援事業所等における療育や公立幼稚園・保育所での支援状況などを把握するため，対象のお子さんがいるすべての施設に出向いて，自身の目でみて，関係者の話を聴いていく。そのなかで，具体的に就学したときのイメージをもちつつ，保護者と面談を重ね，就学予定の小学校へどうつなげていくのか，学級の見学を行いながら方向性を見出していく。さらには放課後の過ごし方をどうするのか，サービス利用する場合はどのような手続きをとっていかなければならないのかなどについて，保護者と現在すでにかかわりをもっている施設も交えて細かく調整をしていく。保護者の不安が軽減されると，自然に子どもたちも穏やかに就学の準備が行われていく（図7-2）。

　初めて子どもを就学させる。それだけでも保護者にとっては大きなストレスになるが，さらに，特別な配慮を要するとなれば，何をどうしてよいかわから

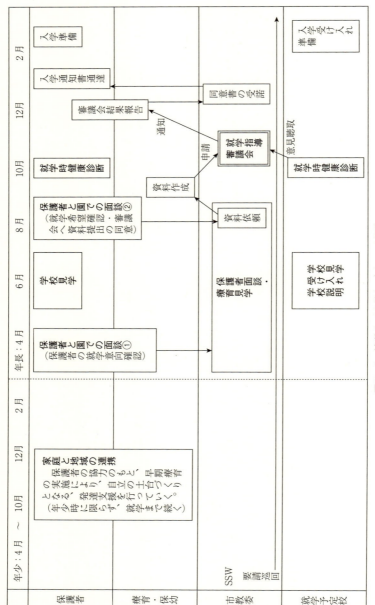

図7-2 就学までの流れ(イメージ図)

注:SSWはスクールソーシャルワーカーを表す。
出所:筆者作成。

なくて当然である。保護者は学校と良好な関係を築きたいとの思いが強い一方で，どのようにアプローチをしてよいかわからない場合も少なくない。スクールソーシャルワーカーは，仲介に入ること，また，就学に向けた流れを説明すること，さらに，伴走者として寄り添うことで，気持ちの安定の一助となることが求められるだろう。

　特別支援教育は，充実させていこうとすればするほど，心情が邪魔をして，きめ細かな配慮ができなくなる。ややもすれば，"非"合理的な保護者の意見でさえ，代弁者として平然と学校や教育委員会に伝えてしまいかねない事態にも陥ってしまうかもしれない。しかし，教育委員会に拠点があることで，より客観的に，より合理的に，よりシンプルに，一人でも多くの子どもたちの学びの保障が行われるようスクールソーシャルワーク実践が展開されるときこそ，社会福祉専門職の存在意義であり，本当の意味での特別支援教育と考える。

## （3）スクールソーシャルワーク実践の軸足をどこにおくか

　スクールソーシャルワーカーとしての実践について，4つの事例をとおしてみてきた。そこには，学校にデスクがあるからこそできた支援，教育委員会にデスクがあったからこそできた支援など，さまざまである。しかし，どこにいるかではなく，何をする専門職であるべきかを自分に問う必要がある。

　筆者が，スクールソーシャルワーカーになって活動を始めて以来，念頭においてきたことは，「日常的に大人同士がいかにつながるか」といった視点である。子どもは，大人が感じる以上にその姿をみている。保護者と担任，教職員間，家庭と地域など，目でみて肌で感じながら生活をしている。しっかりとつながっている場で，子どもが不安定になることはあまりないが，逆に，大人同士のつながりの綻びがあるところには，多くの課題や問題が表出しているのではないだろうか。東日本大震災を経験し，それをいっそう強く感じた。

　そのように考えたとき，スクールソーシャルワーク実践の中核は，子どもや家族，教職員，さらには地域全体のストレングスを引き出し，エンパワメントしていくことにある。拠点が学校にあろうと教育委員会にあろうとやるべきこ

とには変わりはない。それは，他分野におけるソーシャルワーク実践とも通じるものであるし，そうでなければならない。それはつまり，スクールソーシャルワーカーがどこにいても，子どもたちが家庭と学校を有するこの地域で過ごしていることをつねに意識し，子どもの困難さを想像し，この地域にあるあらゆる社会資源を活用しながら，いかに日常的に大人同士が互いの専門性を尊重して役割分担し，子どもたちの生活基盤を整えていけるソーシャルワークを展開していけるかにある。そのためにできる方法を関係者とともに探り，必要があれば創り出し，つなげていく。そういった，社会福祉専門職の先人たちが当事者とともに築き上げてきたソーシャルワークの醍醐味を，学校福祉の分野においても一歩ずつ丁寧に積み重ねていくことが，今，求められている。

## 第3節　学校アセスメントのあり方

### （1）学校区の地域性を理解する

　学校アセスメントとは，学校がおかれている地域的環境や学校組織の仕組み，学校および教職員の役割，教職員間の関係性，学校と他機関との関係性を分析し問題や課題の背景要因を明らかにすることである。スクールソーシャルワーカーの活動において，学校アセスメントが行えているか否かによって，支援対象である子どもにプラスにもマイナスにもなる。

　学校は地域のなかに存在する。子どもたちは，その地域の地理や気候，文化，慣習などの影響を受けながら生活している。したがって，学校は，当然にその地域の特性の影響を受けている。さらに，学校区の地域性とは，その学校区を構成する家庭の経済状況の傾向，教育意識，そして地域住民が学校に求めている役割などの影響を受ける。具体的には，人口年齢比率や持ち家家庭率，生活保護率，ひとり親家庭率，学校諸費未納者率などに加え，学校重点目標や教職員の日々の動きなどからおおよその学校区の地域性をつかみとることができる。たとえば，高級分譲マンションが立ちならぶ地域と公営団地が立ちならぶ地域では，生活保護や就学援助家庭の比率や地域の課題など，おのずと地域性が異

第7章 学校におけるソーシャルワークの実践

なってくる。さらに、地域性が異なれば地域ニーズが変わり、学校重点目標や教職員の日々の動きも変わる。つまり、スクールソーシャルワーカーの効果的な活動には、子どもの生活環境や地域ニーズなどの地域性を把握し、協働者である教職員の視点を理解することが、必要不可欠なのである。この理解なしに活動を始めることは、ときには、教職員との協働に支障をきたし、スクールソーシャルワーカーの活動自体が教職員を疲弊させたり、支援を後退させたりしてしまう危険がある。このことで、もっとも被害をこうむるのは、子ども自身であり、これはスクールソーシャルワーカーの活動目的に反してしまうことになる。

したがって、スクールソーシャルワーカーは、まず活動の前段階として、①どのような地域性に影響を受けている子どもたちを支援するのか、②学校が地域からどのような役割を期待されているのか、③教職員が、どのような地域性に苦慮し、どのような対応が効果的であると考えているのかを十分理解したうえで活動する必要があるのである。そのためには、まず活動する学校区の子ども家庭センター（児童相談所）や市町村の家庭児童相談室、警察署の少年係、児童館（学童）などに校長や担当教員とともに挨拶に行き、学区の児童福祉の現状を教えてもらったり、学校区を散策したりすることで、校区の社会資源を把握することも有効な手段であると考えられる。

### （2）学校組織を理解する

学校は、スクールソーシャルワーカーにとって主たる活動の場である。また、文部科学省が示している「スクールソーシャルワーカー活用事業実施要領」において、スクールソーシャルワーカーの職務内容の1つに、「学校内におけるチーム体制の構築・支援」が明記されている。チーム体制の構築とは、児童生徒支援のために学校組織にチーム体制のシステムを導入することである。したがって、学校の位置づけや役割・責務と組織構造を知ることで、教職員の役割や責務はどのように規定され、教職員はどのように動くのかについて理解していることが必要である。

**図7−3　ピラミッド構造**
出所：筆者作成。

　第1は，日本における学校の位置づけや役割と責務を理解することである。そもそも学校は，学校教育法（1947〔昭和22〕年3月31日公布）により定められた教育機関であり，学校教育は，教育基本法（2006〔平成18〕年12月22日改正）に定められた目的や目標，理念にもとづいて行われている。実践的には，文部科学省が示す学習指導要領（2008〔平成20〕年3月改訂）にもとづいて，地域や学校の実情をふまえたカリキュラムが組まれ，日々の学校教育活動が行われている。

　スクールソーシャルワーカーは，これらの学校教育活動の根拠法や学習指導要領を理解することで，どのように日々の学校教育活動が規定されているのかを知っておく必要がある。そして，スクールソーシャルワーカーの支援を学校教育活動の法的根拠を無視して押しつけることのないように注意を払わなければならない。また学校は，適切に日々の学校運営を行うために，学校教育目標を立て，教育方針および児童生徒像（行動目標）等を策定している。これにもとづいて，教職員は日々の学校教育活動を行っていくことになる。もちろんスクールソーシャルワーカーもその学校の教育目標および教育方針等をふまえた活動を行うことが求められる。なぜならば，教職員とともにチームアプローチのソーシャルワーク活動を効果的に行うためには，教職員が何を目指して活動しているのか，何を重要と考えているのかを理解していることが不可欠な要素

第7章　学校におけるソーシャルワークの実践

であるからである。

　第2は，学校内部の組織構造を理解することである。一般的に，学校組織は，図7-3の通常の会社組織でみられるピラミッド構造と対比して，図7-4のフラット（なべぶた）構造であることが特徴の1つである。学校組織は

図7-4　フラット（なべぶた）構造
出所：筆者作成。

教職員間の階層構造が少なく，図7-4で示すように，管理職（校長，副校長，教頭）と教職員の大きく二階層で構成され，教職員はそれぞれが対等な関係性にある。この構造による組織の特徴は，上司と部下の垂直的な命令・指示と受命・報告よりも同僚性の水平的（対等）な議論が活発である点や，業務の権限委譲がなされやすい点にある。実際に教員の動きには，つねに児童生徒の話を教員間で行うことで，児童生徒の情報共有を図ったり，たがいにアドバイスをしあったり，アイデアを出しあうという傾向が強いという特徴がみられる。また担任は，基本的にクラス運営に関する権限を委譲されるため，クラスで起こる事象を抱え込んで一人で対応しようとする傾向がある。担任が疑問や迷いを感じた場合は，まず教員の水平的な議論のなかで対応策を見出そうとし，管理職の指示を仰いで対応するのは，対応困難な問題であると担任が判断する場合であるという傾向も，教員の動きの特徴である。つまり，これらの教職員の動きは，このフラット構造の特徴に起因していると考えられる。

　もう1つの学校組織の特徴的な構造が，図7-5で示したマトリクス（格子状）構造である。マトリクス構造とは，2つ以上の異なる組織構造が組みあわされた構造である。この組織では，それぞれの構成員が異なる構造ごとに割りあてられた複数の役割を担うという特徴がある。実際に学校組織は，図7-5で示すように，一人の教員が学年団組織における役割と同時並行して校務分掌で割りあてられた校務分掌組織の業務や役割を担っている。中学校以上になると，さらに教科組織の役割などが追加される。このマトリクス構造を所以とする教職員の学校教育活動での動きは，教員の「多忙さ」に顕著に現われている。

137

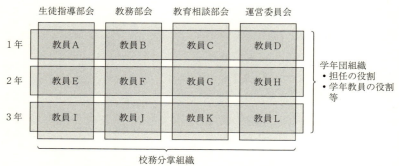

図7-5 マトリクス構造

出所：筆者作成。

　教員は，児童生徒の下校前は主として学年団組織における役割を遂行し，下校後は，保護者への連絡等の学年団組織の役割と部会会議等に出席するなどの校務分掌組織の役割を並行して行っているのである。近年の教員の休職数の増加は，この組織構造が原因の1つであると考えられる。

　スクールソーシャルワーカーは，これら学校組織構造の理解をとおして活動する学校の教員の動きを理解し，うまく活用しながら児童生徒支援のチーム体制システムを学校に根づかせることを思考しなければならない。この理解がなければ，スクールソーシャルワーカーの活動自体が教員の多忙感や疲労感を増幅してしまう恐れがある。そして，このリスクは，容易に子どもの支援を後退させてしまう危険性をはらんでいる。

　第3は，学校運営方針をふくむ校長の思いや考え方を理解することである。そもそも校長の役割とは，学校の運営方針を示し，教職員への直接・間接的な働きかけをとおして，学校運営の仕組みを構想することである。したがって，学校組織のあり方には当然に校長の思いや考え方が反映される。スクールソーシャルワーカーが，これらを理解するには，校長とのコミュニケーションが不可欠となる。このコミュニケーションを行う際に，民間校長という一部の例外をのぞいて，校長は，長年の教員生活による経験に裏づけられた教育専門家と

## 第7章 学校におけるソーシャルワークの実践

しての自信をもっていることを最初にふまえておかなければならない。

　まず，校長が当該校の状況をどのように把握し，どのような学校を目指しているのか，またそのための課題や困難は何だと考えているのかを聞きとることが必要である。このとき，課題や困難は児童生徒問題だけとは限らない。それは，学校と地域，保護者，他機関との関係性であったり，学校内の教職員間の関係性である場合も考えられる。しかし，大抵の場合，まず児童生徒の問題や地域，保護者の問題が挙げられることが多い。ここでも，スクールソーシャルワーカーは，校長が挙げる問題の背景にある課題が何なのかを考えながら，コミュニケーションを深めていく必要がある。

　次に，これらの課題を校長が目指す学校に近づけるため，どのような取り組みを行ってきたのか，また今後行おうとしているのか，さらに，うまくいっていることと難航していることを聞きとることが必要である。筆者の経験の範囲でのべるならば，この聞きとりから校長の思いや考え方がより汲み取られることが多いと感じている。さらに，校長の学校における影響力や教職員との関係性も推測できることが多い。ここで注意すべき点は，みえてきた校長像は，児童生徒や教職員をはじめとするその学校を構成するすべての構成要素との相互作用の結果生じた校長像であるということである。たとえば，A校でワンマンな校長だといわれていた校長が，B校でも同じようにワンマンな校長になるとは限らない。それは，B校を構成する学校事情や児童生徒，教職員などの構成要素との相互作用によって変化すると考えられるからである。したがって，ここでもスクールソーシャルワーカーは，校長の取り組みがなぜうまくいっているのか，なぜ難航しているのか，校長がなぜそのように感じているのかという背景を考えながら，問題を具体的に対応可能な課題にまで落とし込んでいくと同時に，みえてきた校長像を生み出している各構成要素との相互作用がどのような相互作用であるかにも注意を向ける必要がある。そして，校長とコミュニケーションをとろうとしているスクールソーシャルワーカー自身も学校を構成する構成要素の1つであり，校長との相互作用がどのようなものになっているのかをつねに意識しておくことも大切である。

まとめると，スクールソーシャルワーカーは，校長が長年の教育専門家であることをふまえて，どのような思いと考え方をもち，現状をどのように認識し，どのような目標に向けて何をしようとしているのか，さらに，何に困っているのかを校長から聞き，その語られる言葉の背景を見立てていきながら，校長とともに課題を認識し，目指す目標を共有していくことが校長の思いや考え方を理解することであると考える。このとき，筆者が活動のなかで意識していることは，「できること」と「できないこと」，「すべきこと」と「すべきではないこと」の指標にもとづく整理と分析である。この整理と分析にもとづいて，課題をアセスメントし，具体的に実現可能なプランニングを立てていくことは，まさにソーシャルワーク活動そのものである。そして，学校運営方針をふくめた校長の思いや考え方を理解し，スクールソーシャルワーク活動の方針を校長とともに立てるという協働体制ができれば，効果的な児童生徒支援につながりやすいことは，スクールソーシャルワーク実践の報告においても明らかである。[9]

## （3）教職員の関係性を理解する

　スクールソーシャルワーカーの実践は，もっとも身近で重要な協働者である教職員とのチームアプローチによって，「困り」を抱えている児童生徒の支援を行うことである。複数の人が集まるとそこには当然のことながら新たな相互作用が生じる。そしてスクールソーシャルワーカーは，この相互作用を利用してより効果的な支援とつなげていくことが求められる。そのために必要なことが，管理職を含む教職員の関係性の理解である。このとき，教職員集団のなかのキーパーソン（リーダー教員）をみつけて，スクールソーシャルワーク活動を理解してもらい，協働関係を築くことができれば，スクールソーシャルワーカーの活動を円滑に進めやすくする。なぜならば，リーダー教員は，教員集団において，公式・非公式に影響力をもち，たよりにされている教員であるため，各教員とスクールソーシャルワーカーとの媒介役としての役割を果たしてもらえるからである。ここでいうリーダー教員とは，決して教員集団のなかで目立つ教員やベテランの古参教員という意味ではない。ときには，教頭などの管理

職である場合もあれば，養護教諭や特別支援コーディネーターである場合もある。法制度上においては，2007（平成19）年6月の学校教育法の改正において，リーダー教員的位置づけとして主幹教諭という職が新たに設けられている。主幹教諭の職務は，学校教育法第37条⑨において「校長及び教頭を助け，命を受けて校務の一部を整理し，並びに児童の教育をつかさどる」とされている。主幹教諭は管理職の権限や責務は負わないが，管理職と教員の間に位置づけられる，いわば中間管理職的な位置づけととらえることができる。もちろん，ここでいうリーダー教員が主幹教諭であるとは限らない。

　たとえば，教員Aとある学年の生徒集団との折りあいが悪いという問題について，アセスメントをしたうえで「Aの課題を本人に伝える」という手立てをたてたとき，スクールソーシャルワーカーは，次に誰がどのようにAに伝えることが効果的であるかを考える。このとき，必要になる情報が，教員間の関係性および校務分掌上の役割である。つまり，単純に学年主任の教員Bが学年主任の役割としてAに伝えるという手立てになることもあれば，管理職やリーダー教員などの数人の教職員をとおして，インフォーマルな場面でAに伝えるという手立てになることもある。つまり，その支援が一人の悪役もつくらず，すべての関係がWin-Winの関係になるように，支援を組み立てていかなければならないのである。

　したがって，管理職をふくむすべての教職員について，おのおのの関係性がどのようなもので，どのような相互作用を生み出しているのかについて，スクールソーシャルワーカーは，あらかじめ理解しておくことが必要なのである。

　そのためには，活動時に各教員がどの教員とよく話をしたり相談をしたりしているのかを意識して観察しておくことが大切である。さらに筆者が心がけているのは，可能な限り学期末や行事後に行われる教職員の飲み会に参加することと，そこに誘ってもらえる関係性を創っていくことである。飲み会の場というのは，一次会では少しフォーマルな関係性を残しているため，管理職と教職員や各教職員間の距離が比較的よくみてとれる。二次会は，完全なインフォーマルな場であり，気のあう教員グループがおのずとできたり，自らのスキルを

高めるためや今ぶちあたっている壁を乗り越えるために他の教員に積極的にアドバイスを求めようと考えている教員が残ったりすることが多い。筆者が感じている飲み会参加の効果は，3つある。1つ目は前述のように，各教職員間や管理職との距離がみえることによって，関係性をつかみやすく，学校組織におけるリーダー教員もみつけやすくなる点である。2つ目は，どの教職員がどんな考えをもっているのかを，ときには本音もふくめてざっくばらんに聞きとりやすく，各教職員についての理解が進むため，教職員との信頼関係を築きやすくなる点である。さらに，普段目立っていないが実は教職員がたよりにしている影のリーダー教員をみつけやすいのも飲み会参加の効果である。3つ目は，教職員とのコミュニケーションが促進されることによって，教職員にスクールソーシャルワーカー自身やソーシャルワークの子ども理解の視点を知ってもらう好機となりやすい点である。このことにより，教職員との関係性がつくりやすく，また学校職員の一人として受け入れられやすいため，チームアプローチなど，その後の学校における活動が容易になると考えている。

### （4）学校と関係機関の関係性を理解する

児童生徒の問題行動に対する学校対応や関係機関との連携のあり方について，文部科学省（当時は，文部省）は調査研究を行い，1998（平成10）年から2004（平成16）年の7年間で4つの報告書を公表している。表7-3でまとめているのが，その4つの報告書の要点整理である。1998（平成10）年の報告書では，児童生徒問題を学校が抱え込むという「抱え込み」意識からの脱却と，連携すべき関係機関の理解，「開かれた学校」としての児童生徒問題の対応が提言されている。また，2001（平成13）年の報告書では，連携のあり方を単なる情報交換から行動連携へ移行することがうたわれ，生徒の心のサインを見逃さずに，問題行動の前兆を把握することの重要性と学校と関係機関との連携の具体的なシステムづくりが提言されている。2002（平成14）年の報告書では，地域支援システムの構築と具体的な行動連携としてのサポートチームの導入が提言されている。そして，2004（平成16）年の報告書では，行動連携の推進をテーマに

第 7 章　学校におけるソーシャルワークの実践

表 7 - 3　連携についての 4 つの報告書まとめ

| 報告書 | 旧来の学校像 | 求められる学校像 |
| --- | --- | --- |
| 平成10年報告 | 学校の抱え込み ⇒ | 関係機関等との連携 |
| 平成13年報告 | | 情報連携 ⇒ 行動連携 |
| 平成14年報告 | | 〈行動連携〉<br>地域ネットワーク構築<br>＋<br>サポートチームの導入 |
| 平成16年報告 | | 〈行動連携〉<br>校内における連携体制整備<br>＋<br>個人情報の取り扱い |

出所：筆者作成。

　校内における関係機関等との連携体制の整備と，サポートチームの活動における個人情報の取り扱いの注意が提言されている。この 4 つの報告書をもって，学校と関係機関等との連携の基本が示されたことになる。そして，この基本をふまえたこれからの関係機関等との連携のあり方について，文部科学省は2010（平成22）年に公表した『生徒指導提要』において，児童生徒の発達を促すための連携（日々の連携）と，問題行動等への対応を行うための連携（緊急時の連携）の 2 つを示して整理している。つまり，学校はこの基本とあり方にもとづいて，関係機関等との連携を推進していくことになっている。

　スクールソーシャルワーカーは，この示された基本とあり方を理解し，学校が今どの段階まで連携推進が進んでいるのかを見定め，教員研修や実際の活動上の連携場面において，学校の関係機関連携の推進を支援していくことが基本であるといえる。

　スクールソーシャルワーカーが実際に関係機関連携を支援するにあたって理解しておく必要がある事項は，次の 3 つに整理できる。

　第 1 に，これまでに学校がどんな関係機関と連携をしてきているのかを知ることである。それは同時に，その学校がどのような分野の関係機関との連携を得意としているのか，または学校が抱えている児童生徒問題がどのような問題なのかの推察を可能としてくれる。当然，関係機関との連携経過がない場合は，

学校の関係機関連携の推進をときにはモデリングを行いながら支援することになる。

　第2に，学校が行っている関係機関連携がどのような連携であるのか，さらにはそのつながり方を理解することである。具体的には，学校が連携しようとしている機関の職務をどの程度理解しているのか，関係機関に対する学校の思いやイメージはどのようなものか，子どもの情報をどのような形や枠組みで収集および提供しているのかなどである。これらは同時に，学校が関係機関と子どもの支援にとって有効な連携を行っていく際の強みと問題点をスクールソーシャルワーカーに教えてくれる。たとえば，児童相談所との連携回数が多い学校であっても，児童相談所の機能や役割をよく知らなければ「児童相談所は，危険だから一時保護してほしいと虐待通告しても動いてくれない」という言葉が出やすく，マイナスのイメージをもっていることが多い。これは，児童相談所の職権に対して越権行為の要求を行っていること，危険であるという具体的なリスクと根拠を的確に伝えられていない等のつながり方の課題による場合が多い。この場合，スクールソーシャルワーカーは，虐待ケースを通告して児童相談所とつながろうとする学校の動きを強みとし，児童相談所の機能や役割の無理解とつながり方のまずさを課題として，強みの強化と課題の改善を図る関係機関連携の支援を組み立てていかなければならないのである。

　第3に，学校がつながろうとしている関係機関の学校理解がどのようなものであるかを見きわめることである。よく見受けられる関係機関の勘違いは，「学校が保護者への指導を行える機関である」というものである。実際には学校は，子どもの教育機関であり，保護者に対して指導を行う権限はもっていない。むしろ学校にとって保護者とは，子どもの教育のために協力を仰ぐ協力者という位置づけであり，信頼関係を築いていかなければならない相手なのである。したがって，スクールソーシャルワーカーは，法令を根拠として，つねに学校の「できること」「できないこと」「すべきこと」「してはならないこと」の指標にもとづいて情報を整理し，つながろうとしているケースにどのようなリスクがあり，そのリスクの軽減において，何を学校は行っている（できる）

のか，何が学校にはむずかしい（できない）のかを関係機関に伝わるように，ときには連携ケース会議においてモデリングを行いながら，関係機関の学校理解を促進するような学校の関係機関連携の方法を支援していく必要がある。

このように，スクールソーシャルワーカーは，学校が主体的に関係機関と良好な関係性を構築し，有効な連携を維持することを支援するために，学校と関係機関の関係性を分析し理解することが必要なのである。

## 第4節　学校・教育委員会の教育計画とスクールソーシャルワーク

### （1）"あいまいな存在"としてのスクールソーシャルワーカー

公教育にスクールソーシャルワークが導入され，6年が過ぎた2014（平成26）年度末現在，全国には1,500名ほどのスクールソーシャルワーカーが存在し，公立の小中学校・高等学校だけでなく，私学や大学教育においても，スクールソーシャルワークの機能がサポートシステムとして徐々に導入され始めている。さらに，2014（平成26）年8月に閣議決定された「子供の貧困対策大綱」では，「学校をプラットフォームとした子供の貧困対策の推進」が記され，その具体策の1つとして，「スクールソーシャルワーカーの配置拡充」が盛り込まれることとなった。それにより国は今後5年間で，大幅な増員を計画している。

スクールソーシャルワーカーは，文部科学省の『生徒指導提要』において「社会福祉の専門的な知識，技術を活用し，問題を抱えた児童生徒を取り巻く環境に働きかけ，家庭，学校，地域の関係機関をつなぎ，児童生徒の悩みや抱えている問題の解決に向けて支援する専門家」と定義されている。また，多くの自治体や学校が募集要項に掲げるスクールソーシャルワーカーの資格要件は，①社会福祉士や精神保健福祉士等の福祉に関する専門的な資格を有する者，②福祉や教育の分野において専門的な知識・技能および活動経験の実績がある者，が主流となっている。

スクールソーシャルワーカーは，「ソーシャルワーカー」と名乗っている以上，学校という場，あるいは学校を取り巻く地域において，ソーシャルワーク

の理論や援助技術を用いながら，援助活動を行っていく専門職であることは明らかである。しかし，文部科学省のスクールソーシャルワーカーの定義には，「社会福祉」の文言こそあれ「ソーシャルワーク」については記されていない。また，川村・瀧澤（2011）はスクールソーシャルワーカーを「学校でのいじめや不登校，暴力行為などについて，教員を補佐するソーシャルワーカー」と，かなり限定的に定義している。ソーシャルワークは，つねにその価値や理念，実践があいまって発展を遂げていくことにその特徴があることから，職務の規定がむずかしいことも事実ではある。

　社会福祉士および精神保健福祉士の国家資格を有しているのであれば，それぞれの倫理綱領を，自律活動の規範とすることが前提となるものの，すべてのスクールソーシャルワーカーが有資格者というわけではない。また，資格の有無をふくめ，さまざまなバックボーンをもつスクールソーシャルワーカーの現任者としては，自らの指針や役割機能，業務の範囲について，その拠り所となる共通の基盤や枠組み（スタンダード）を確認したい，という思いがある。ちなみに，医療分野におけるソーシャルワーカーも，その職を規定する法律はないが，2002（平成14）年，国から厚生労働省局長通知として「医療ソーシャルワーカー業務指針」が示され，業務の範囲や方法について定められたという経緯がある。

　共通の基盤や枠組みについては，スクールソーシャルワーカーにとっても大きな課題であることは自明であり，今後一定の時間が必要となることに異論の余地はないであろう。

### （2）スクールソーシャルワーカーの役割と教育計画

　文部科学省の「スクールソーシャルワーカー活用事業実施要項」で示されるスクールソーシャルワーカーの役割は以下のようになっている（表7-4）。

　スクールソーシャルワーカーは単に学校の内外で生じる事象（いじめ，不登校，非行等）に対応する教員の補助的な役割を担うだけではなく（ただし，ソーシャルワークを展開するうえで，役割分担上，結果として，教員を支える立場として補

第7章 学校におけるソーシャルワークの実践

表7-4 スクールソーシャルワーカーの役割

| 1 | 問題を抱える児童生徒が置かれた環境への働きかけ |
| 2 | 関係機関とのネットワークの構築, 連携・調整 |
| 3 | 学校内におけるチーム体制の構築, 支援 |
| 4 | 保護者, 教職員等に対する支援, 相談, 情報提供 |
| 5 | 教職員等への研修活動 |

出所：文部科学省「スクールソーシャルワーカー活用事業実施要項」
（平成25年4月1日初等中等教育局長決定通知）より。

助的にかかわることはあり得る), 学校をシステムとしてとらえ, 根拠を明らかにし（アセスメントし), 支援の中身を具体化する。子どもや保護者がアクセスできる地域の資源を活用し, いわば, 地域の課題として, 解決に向けた取り組みを行い, 学校と地域を地続きなものにしていく。

一方でスクールソーシャルワーカーには, 自らの職務が, 国が定める教育基本法に規定される教育振興基本計画や, 各学校がかならず作成する教育計画のなかに, どのような形で関与しているのか（あるいは関与していない／関与できないのか）という視点も必要である。これは, 学校のなかに, 自らの役割を限定することにつながるのではなく, スクールソーシャルワーカーの専門性が, 子どもたちの生活にどのような利益をもたらし得るのか, そして, それは日々教師によって行われている教育活動にとって, どのように作用していくのか, という命題を考えることにつながっていく。

同時に, 学校教育の営みのなかでこれまで教師によってなされてきた福祉的な行動（支援), いわゆる教師のシャドーワークにも今一度目をむけ, スクールソーシャルワーカーと教師が協働し, 意味づけをしていく必要がある。福祉的な行動（支援）を, 教師の多忙や疲弊だけの問題に終わらせず, 子どもたちの発達や学びのなかにどう反映させ, 子どもたちと教師双方をどうエンパワーしていくのか, スクールソーシャルワーカーはつねに考慮しなければならない。

もちろん, それはたやすいことではない。しかし, 国や地方自治体が策定する計画にしろ, 学校が作成する計画にしろ, 教育計画というのは,「絵に描いた餅」ではなく, 子どもの安全・安心や, 発達・学びを保障するための道標で

あるという視座が大切なのである。それは，教育計画のなかに，どれほど「子どもを護る」視点があるのか，スクールソーシャルワーカーが認識する，ということでもある。

教育計画を十分理解・把握したうえで，相互作用や連環を意識した計画立案を心がけることができれば，協働・連携の場面において，支援者間に齟齬が生じにくくなるのではないか。そればかりではなく，そうした実践の積み上げは，結果，スクールソーシャルワーカーの位置づけや価値，業務の妥当性（業務指針や内容について）を明らかにすることに，寄与するのではないかと考えられるのである。

(3) 教育計画におけるスクールソーシャルワーカーの位置づけ
1) 国における教育計画とスクールソーシャルワーカー

2006（平成18）年の教育基本法の改正の際，教育の振興に関する施策の総合的かつ計画的な推進を図ることを目的に，政府が基本的な計画（教育振興基本計画）を定めることが規定された（教育基本法第17条第1項）。

国が定めた教育振興基本計画（第1期計画・対象期間・2008〔平成20〕～2012〔平成24〕年）では，スクールソーシャルワーカーを「学校において社会福祉等の専門的な知識や技術を有する者を指す」と明記し，その職務としては，スクールカウンセラーとともに「生徒指導体制及び教育相談体制の整備・充実」の項目のなかに示している。2013（平成25）年6月には，2013～2017（平成25～29）年が対象期間となる第2期教育振興基本計画が閣議決定されており，第1期同様の位置づけがなされている。

前述の，文部科学省が示す『生徒指導提要』での定義だけではなく，こうした全体計画（マスタープラン）のなかで，スクールソーシャルワーカーについての言及があり，生徒指導・教育相談の機能のなかで，積極的な活用を促すものとして位置づけられていることについては，スクールソーシャルワーカーが，教育施策のなかで一定の役割や意義を有するものとしてとらえることができる。

第 7 章　学校におけるソーシャルワークの実践

### 2）地方自治体における教育計画とスクールソーシャルワーカー

　地方自治体については，国の教育振興基本計画を参酌し，その地域の実情に応じ，教育施策に関する基本的な計画（以下，基本計画）を定めるよう努めるものとされた（同法第17条2項）。これにより，2013（平成25）年7月1日までに策定済みと回答した都道府県は，47都道府県のうち45，政令指定都市・中核市は42市のうち34，全国の市区町村（政令指定都市・中核市ふくむ・計1,740）は，策定済み1,029（59.1％），策定予定237（13.6％），未定474（27.2％）となっている。

　なお，筆者の関与する福島県においては，2014（平成26）年3月現在，「"ふくしまの和"で奏でる，こころ豊かなたくましい人づくり」を基本理念とした「第6次福島県総合教育計画平成26年度アクションプラン」を策定している。スクールソーシャルワーカーについては，福島県の重点事業として掲げられている「ピュアハートサポートプロジェクト（いじめ・教育相談事業）」のなかの「スクールソーシャルワーカー緊急派遣事業」に位置づけられており，「関係機関と連携し，被災した児童生徒の心のケアおよび生活のケアに当たる」ことが事業内容（業務）として明記されている。

### 3）学校における教育計画および学校評価

　国や地方自治体レベルが策定する教育振興計画とは別に，各学校においても，「教育計画」は作成される。その内容は，かならずしも教育振興計画に準拠しているわけではなく，あくまで，学校が行うべき理念や指針を示し，学校の総意として，各学校長の権限のもと作成されるものである（ただし，公立の小中学校については，地方自治体〔県教委および市区町村教委〕の示す計画との整合性をもたせていることがほとんどである）。具体的に，学校が定める教育計画の内容は，教育課程のほか，年間・月間の行事予定およびその細案，あるいは，校務分掌に示される各領域（保健安全や生徒指導等）の全体計画，各種委員会等の学校組織を説明したものである。通常，教頭・教務主任が中心になって作成し，校務分掌上決められた，それぞれの項目の担当者が分担して検討するが，教職員全体で協議，共通理解されるべきものである。

　また，学校計画にもとづき行われた教育活動が，生徒の実態や保護者の学校

教育に対するニーズ等に対応しているかどうか，学校自らが診断基準にもとづいて点検を行うのが学校評価である。学校評価は，子どもたちがより良い教育を享受できるよう，その教育活動等の成果を検証し，学校運営の改善と発展を目指すことを目的とした取り組みである。保護者への説明責任を学校が果たすことも重要であり，その評価結果の公表もふくめて，学校基本法第42・43条および学校基本法施行規則で定められている（同法第66～68条）。[13]

スクールソーシャルワーカーが，学校の校務分掌表上に明記され，校内での活用ガイドラインなどが作成されると仮定すると，当然，学校評価にも反映されることになる。ちなみに，文部科学省が示す「学校評価ガイドライン」（平成22年度改訂版）には，「評価項目・指標等を検討する際の視点」「第三者評価の評価項目・観点」となる例として，便宜上分類した学校運営に関する12分野[14]を挙げており，スクールソーシャルワーカーについては，生徒指導分野のなかに具体的に記されている。[15]

### 4）学校計画・学校教育指導・学校評価の具体的項目および概要

参考として，以下に，①学校計画の項目（例）（表7-5），②小・中・高・特別支援学校における学校教育指導の項目（例）（表7-6），③学校評価の概要（例）（表7-7）を提示する。ここでは紙幅の関係で，項目のみの例示となるが，学校がどのような指針をもち，どのような指導を行うのか，さらに，学校で展開された教育活動が，どのように評価・公表されるのか，スクールソーシャルワーカーは理解しておきたい。

表7-5　学校計画の項目（例）

| 項　　目 | 具体的内容 |
|---|---|
| 基本方針 | 教育目標・理念 |
| 学校教育活動の方針 | 学習指導（各教科の達成目標，指導方法，授業日数等）<br>特別活動（達成目標，年間指導計画等）<br>生徒指導（達成目標，指導方法，教育相談，交通安全等）<br>進路指導（達成目標，年間指導計画，キャリア教育）<br>健康管理（達成目標，学校保健指導・管理，学校安全指導・災害教育，体育指導等） |

| | |
|---|---|
| | 特別支援教育（特別支援教育コーディネーターの職務，通常学級における支援を要する児童生徒への対応，外部機関との連携等）<br>学校運営（基本方針，組織目標，学校業務改善）<br>研修（校内全体研修，学年研修，OJT，教育センター・教育研究会・大学等での外部研修等） |
| 今年度の重点 | 具体的重点内容（例：学力向上，家庭・地域との連携等） |
| 校務分掌 | 校務分掌，各種会議，各種委員会，部活動 |
| 行事予定 | 年間行事予定 |
| 教育課程 | 時数，内容（シラバス） |

出所：筆者作成。

**表7-6 小・中・高・特別支援学校における，学校教育指導の項目（例）**

| 学校種 | 大項目 | 小項目 |
|---|---|---|
| 小・中学校 | 教科教育，道徳教育，外国語活動，総合的な学習の時間，特別活動<br>児童・生徒指導，進路指導（中学校） | キャリア教育，図書館教育，人権教育，環境教育，情報教育，国際理解教育，健康教育，防災教育 |
| 高等学校 | 教科教育，総合的な学習の時間，特別活動，道徳教育<br>生徒指導，進路指導 | 健康教育，防災教育 |
| 特別支援学校 | 交流・共同学習，教科教育，道徳教育，外国語活動，総合的な学習の時間，特別活動，自立活動<br>生徒指導，進路指導 | 情報教育，健康教育，防災教育 |

出所：筆者作成。

**表7-7 学校評価の概要（例）**

| 種類 | 対象者 | 実施手法 |
|---|---|---|
| 自己評価 | 各学校の教職員 | 各学校が定めた項目について自己評価 |
| 学校関係者評価 | 保護者，地域住民等の学校関係者により構成された評価委員会 | 教職員による自己評価の結果について評価 |
| 第三者評価 | 学校とその設置者が実施者となった，学校運営に関する専門家を中心とした評価者 | 自己評価や学校関係者評価の実施状況もふまえ，教育活動その他の学校運営の状況について専門的視点から行う評価 |

出所：文部科学省(2010)「学校評価ガイドライン」より，筆者一部改変。

## （4）特別支援教育・障害者基本法とスクールソーシャルワーカー

2007（平成19）年4月，特別支援教育が学校教育法に位置づけられた（同法第8章）。また，2008（平成20）年3月には，文部科学省と厚生労働省が合同で「障害のあるこどものための地域における相談支援体制整備ガイドライン（試案）」（以下，試案ガイドライン）を発表した。この試案では，ガイドラインの策定から，相談・支援のための体制づくり，地域における一貫した相談・支援のための連携方策等が示され，ネットワーク構築や全体計画（マスタープラン）づくりを推奨している。

ところで，障害者基本法では，2007（平成19）年，都道府県や市区町村において障害のある人のための施策に関する基本的な計画（地方障害者計画）の策定が義務づけられた（第11条第3項）。また，2006（平成18）年から施行された障害者自立支援法（2013〔平成25〕年より，「障害者の日常生活及び社会生活を総合的に支援するための法律」と変更）では，都道府県および市区町村において3年を1期とする障害福祉計画の策定を義務化した（第88条第1項）。試案ガイドラインでは，相談・支援のための全体計画（マスタープラン）を，地方障害者計画に位置づけることが望まれると示唆している。

こうした流れを受けて，各自治体では，「障害者計画」および「障害福祉計画」の策定が進められており，自治体によっては，これらを一体的に策定しているところもある。すでに，いくつかの自治体では，たとえば，障害者計画における重点施策として，「障がいがあっても安心して学校に通えるよう，総合的な相談支援のできる体制」を目指し，スクールソーシャルワーカーの配置や活動について明記している。[16]

実際，スクールソーシャルワーカーとしての実務のなかには，障害のある子どもや保護者への支援ケースが多々ある。発達障害の疑いのある子どもについての相談や，医療・療育機関等，外部機関へのつなぎ，手帳取得の補助（手伝い・同行等），就学相談，アウトリーチなどである。こうしたスクールソーシャルワーカーの活動が，自治体の各種会議（障害者施策推進協議会等）や，計画策定にともなうパブリックコメントなどで話題となり，障害者計画に正式に盛り

込まれた，という例も出てきている。

　特別支援教育については，特別支援教育コーディネーターを学校の公務として位置づけているために，教師がその責務を担うが，スクールソーシャルワーカーの活動との類似性もあり，今後，スクールソーシャルワーカーの配置が進んだ場合，自治体における障害者計画や，地域における相談支援体制もふくめ，精査および再考が必要となる可能性もあるのではないだろうか。

### （5）スクールソーシャルワーカーとしての職務遂行のために

　各地で活動する現任者スクールソーシャルワーカーの雇用形態が，各自治体や学校によってさまざまであり，スクールソーシャルワーカー自身のそれまでの教育歴・職歴や，援助技術面での経験の度合い（個人の力量）によって，その活動を左右してしまうという実態があることは否めない。OJTでの研修システムやSV体制が整備されているわけでもなく，現時点では，学校現場へのかかわりや介入方法にばらつき・差異が出るのは，必然であるともいえる。

　また，スクールソーシャルワーカーが内包している課題だけでなく，教育および福祉行政や学校を形づくる法令・規定・枠組みのなかでの，スクールソーシャルワーカーの役割や位置づけが，実際のソーシャルワーク展開にくらべ限定的であることも，スクールソーシャルワーカーを"あいまいな存在"にしている要因となっているのではないか。スクールソーシャルワーカーの職務は，本節で取り上げた特別支援教育や障害といったカテゴリー以外にも，いじめや不登校，虐待，貧困，非行など大変幅広い。無戸籍，居所不明，ひとり親，多文化共生等の，学校だけでは対応のむずかしいケースもある。こうしたスクールソーシャルワークの実践と，学校教育活動の方針など，教育計画との接合点について，丁寧に考察し分析する必要があると考える。学校を基盤とする意義や価値を見出すことは，その恩恵を子どもたちに還元するためにも，重要な作業となるであろう。

## 第5節　スクールソーシャルワークにおいて求められる法制度の理解と活用

**（1）法制度を活動基盤とするスクールソーシャルワーク**

　私たちスクールソーシャルワーカーは，子どもを中心にとらえ（ミクロ），そこにかかわる家庭・学校・関係機関等の小集団（メゾ），そしてそれらが存在する地域社会（マクロ）をもふくめて，影響しあう接点にアプローチをする。また，個別の援助をとらえた際には，子どもや教職員，関係機関職員，保護者等に対してミクロソーシャルワークを展開し，ケースを進めていくことになるが，それらの個人がかかわる集団の関係性（メゾ）や，さらには学校組織，関係機関組織および総合的な体制（マクロ）にどのような変化が生じるのか，支援がもたらす影響・効果を予測するとともに，結果について評価することがつねに求められる。

　いずれにせよ，その活動はまさに個人の「生」にかかわるものであり，「思いつき」の行動が許されるものではない。スクールソーシャルワークには，かならず「根拠」が求められる。その根拠の1つが法制度（法令・制度）である。それは，原則として個人の感情で左右されることのない「社会のルール」であり，組織や分野を超えた共通の行動基準となり得る。

　また，法令は，私たち自身を「守る」ツールでもある。個人の「生」に携わる職業には，さまざまな責任や義務が生じる。スクールソーシャルワーカーも例外ではなく，責任や義務を果たせない場合にそのことを問われる可能性がある。それを自覚するとともに，法令にもとづくことにより活動が守られることを理解する必要がある。

　さらに，法令は，相手を知るためのツールでもある。たとえば，国によって，犯罪とされる行為が異なり行動が方向づけられているように，社会における人びとの行動の基盤を構成する要素の1つは法令である。同様に，各組織の行動様式はその集団が遵守している法令やルールにもとづいて構成されると考えら

れる。ゆえに，関係機関と連携する際には，当該組織がどのような基準規則のもとで運営されているのかを知る必要がある。

　さて，学校教育法施行規則の一部改正（平成29年4月1日施行）により，「スクールソーシャルワーカーは，小学校における児童の福祉に関する支援に従事する」（第65条の3）と，学校職員としての位置づけおよび職務が明らかにされた。そこで，私たちは，まず学校や教育機関等にかかわる「教育基本法」「学校教育法」「学校教育法施行令」「学校教育法施行規則」「新学習指導要領」『生徒指導提要』および教育委員会にかかわる「地方教育行政の組織及び運営に関する法律」「教育委員会規則・通則」等を理解しなければならない。そして，連携する児童相談所や家庭児童相談室については，児童福祉法をはじめ，「児童相談所運営指針」や「市町村児童家庭相談援助指針」および各自治体の「家庭児童相談室設置運営要綱」等を確認する必要がある。

　このように，支援に直接かかわる法令でなくとも，調整や環境整備のために幅広く理解しておくことが大切である。内容を理解する必要のある法令等については，表7-8に一部を示している。

　さらに，法令等については，個別に理解するだけではなくその関連性を把握しなければならない。たとえば，少年法では14歳未満の非行少年の対応において，児童福祉法上の措置が優先されることが示されているが（第3条2項），このように各法令は相互に補完しあっている関係にある。その関連性を把握しなければ，本来の理念や意図を見落としてしまうことにもなりかねない。

　また，法令の改正にも注意を払う必要がある。たとえば，児童虐待防止の観点から「民法」の一部が改正され，親権や未成年後見人に関する規定に変更があった（2012〔平成24〕年4月1日施行）。それにより，親権停止が最長2年間可能となり，未成年後見人についても複数人や法人が指名されることが可能となった。その他，頻繁に改正される法令もあるため，つねにその動向を確認することも重要な活動の1つである。

　このように私たちスクールソーシャルワーカーは，教育と福祉という分野を超えてつなぐ者として，法令を順守するとともに，多様な法制度を理解し，活

動基盤とすることが求められる。

表7-8 スクールソーシャルワーカーが理解する必要のある法令等の一部

| 法令等の名称 | 施行等の年月日 | 改正等 |
|---|---|---|
| **子どもの福祉全体に関するもの** | | |
| 児童福祉法 | 昭和22年12月12日法律第164号 | 最終改正：平成28年6月3日法律第65号 |
| 子どもの権利条約 | 1989年採択・1990年発効・1994年日本批准 | |
| **学校・教育委員会に関するもの** | | |
| 教育基本法 | 平成18年12月22日法律第120号 | 教育基本法（昭和22年法律第25号）の全部を改正 |
| 学校教育法 | 昭和22年3月31日法律第26号 | 最終改正：平成26年5月20日法律第47号 |
| 学校教育法施行令 | 昭和28年10月31日政令第340号 | 最終改正：平成25年8月26日政令第244号 |
| 学校教育法施行規則 | 昭和22年5月23日文部省令第11号 | 最終改正：平成29年3月31日文部科学省令第24号 |
| 新学習指導要領<br>・新小学校学習指導要領<br>・新中学校学習指導要領 | 平成29年文部科学省告示第62号，第63号，第64号<br>・平成32年4月1日施行<br>・平成33年4月1日施行 | |
| 地方教育行政の組織及び運営に関する法律 | 昭和31年6月30日法律第162号 | 最終改正：平成28年11月28日法律第87号 |
| 教育委員会規則・通則 | 各自治体による | |
| **虐待対応に関するもの** | | |
| 児童虐待の防止等に関する法律 | 平成12年5月24日法律第82号 | 最終改正：平成28年6月3日法律第63号 |
| 要保護児童対策地域協議会設置・運営指針 | 平成17年2月25日雇児発第0225001号 | 改正：平成29年3月31日雇児発0331第46号 |
| 要保護児童対策地域協議会設置運営要綱 | 各自治体による | |
| **非行やいじめに関するもの** | | |
| 少年法 | 昭和23年7月15日法律第168号 | 最終改正：平成28年6月3日法律第63号 |
| 少年警察活動規則 | 平成14年9月27日国家公安委員会規則第20号 | 最終改正：平成28年9月26日国家公安委員会規則第22号 |
| いじめ防止対策推進法 | 平成25年法律第71号 | |
| いじめの防止等のための基本的な方針 | 平成25年10月11日文部科学大臣決定 | 最終改正：平成29年3月14日 |
| いじめの防止等に関する条例 | 各自治体による | |
| 青少年の健全育成等に関する条例 | 各自治体による | |
| 要保護児童対策地域協議会設置運営要綱 | 同上 | |
| **貧困対策に関するもの** | | |
| 生活保護法 | 昭和25年5月4日法律第144号 | 最終改正：平成28年6月3日法律第83号 |
| 生活困窮者自立支援法 | 平成25年12月13日法律第105号 | 最終改正：平成28年5月20日法律第47号 |
| 子どもの貧困対策の推進に関する法律 | 平成25年6月26日法律第64号 | |
| 子どもの貧困対策に関する大綱 | 平成26年8月29日閣議決定 | |
| **障害に関するもの** | | |
| 知的障害者福祉法 | 昭和35年3月31日法律第37号 | 最終改正：平成28年6月3日法律第65号 |
| 身体障害者福祉法 | 昭和24年12月26日法律第283号 | 最終改正：平成28年6月3日法律第65号 |
| 精神保健及び精神障害者福祉に関する法律 | 昭和25年5月1日法律第123号 | 最終改正：平成28年6月3日法律第65号 |
| 障害者の日常生活及び社会生活を総合的に支援するための法律 | 平成17年11月7日法律第123号 | 最終改正：平成28年6月3日法律第65号 |

| | | |
|---|---|---|
| 身体障害者手帳・療育手帳・精神障害者保健福祉手帳交付要綱・判定要綱 | 各自治体による | |
| **守秘義務に関するもの** | | |
| 個人情報の保護に関する法律 | 平成15年5月30日法律第57号 | 最終改正:平成28年5月27日法律第51号 |
| 独立行政法人等の保有する個人情報の保護に関する法律 | 平成15年5月30日法律第59号 | 最終改正:平成28年11月28日法律第89号 |
| 個人情報の保護に関する条例 | 各自治体による | |
| 地方公務員法 | 昭和25年12月13日法律第261号 | 最終改正:平成26年6月13日法律第69号 |
| **親権に関するもの** | | |
| 民法 | 明治29年4月27日法律第89号 | 最終改正:平成28年6月7日法律第71号 |
| **関係機関の運営に関するもの** | | |
| 児童相談所運営指針 | 平成2年3月5日児発第133号 | 最終改正:平成28年10月31日雇児発1031第2号 |
| 市町村児童家庭相談援助指針 | 雇児発第0214002号平成17年2月14日 | |
| 家庭児童相談室設置運営要綱 | 各自治体による | |
| 社会的養護施設設置運営指針及び里親及びファミリーホーム養育方針 | 平成24年3月29日　雇児発0329第1号 | |
| **その他** | | |
| 子どもにかかわる条例 | 各自治体による | |

出所:筆者作成。(平成29年9月現在)

## (2) 学校と法制度——スクールソーシャルワーカーが配慮すべきこと

　個人と環境の接点にアプローチをするスクールソーシャルワーカーは，第一に自らの働く環境について理解する必要がある。考え方やツールは「福祉」であっても，あくまで環境は「教育」であることを意識しなければならない。そのことを理解しないまま，「福祉」として独自のルールや方法を学校にもち込んだ場合，課題が改善するどころか既存のシステムへの悪影響が生じる可能性がある。
　そこで，教育におけるシステムの特徴をふまえ，学校において法制度を活用する際に配慮すべき点について検討する。
　学校では，校務分掌からもわかるように各教員の役割や組織としての決定機関(管理職)が明確に定められている。校長には，学校の校務をつかさどり，所属している職員を監督することが求められ(学校教育法第37条の4)，原則として教職員はそれにしたがうことが求められている。たとえば公立学校の教職員は「上司の職務上の命令に忠実に従わなければならない」ことが規定されている(地方公務員法第32条，地方教育行政の組織及び運営に関する法律第43条の2)。さらに，学校運営は大きくは校長の裁量に任されているが，その学校やその他

の教育機関を管理する組織として教育委員会が存在し，そちらが判断をする事項もある。これらのことから，学校組織では，教職員が職務にかかわって単独で判断し行動するというシステムを基本的にもってこなかったと理解できる。そのため，大部分の教職員にとって，日常の職務のなかで直接法令を活用することにはなじみがないことが推測される。

　ただし，たとえば「児童虐待防止法」では，学校とともに教職員に早期発見の努力義務があることと（第5条），通告については発見した者に通告義務を課しており（第6条），各教職員が虐待防止にかかわる意識を高め，法律にしたがった対応をすることを求めている。

　そこで，私たちは，通告にかかわって法令を示すだけでなく，組織的な対応のあり方を整理するとともに，いかに通告が課題解決につながる可能性があるのかを示す必要がある。そのために，義務や責任という側面だけではなく有効性についても説明すると，通告が子どもや家庭のために必要であることが理解されやすくなる。

　たとえば，傷やあざ，長期休みにおける身長体重の変化，子どもの話などから，当該児童について虐待が疑われた場合，私たちはそのことを根拠に通告の必要性を教職員に対して確認することとなる。その際には，まず当該児童にかかわる教職員全員に対して，通告義務（児童虐待防止法第6条）を説明したうえで，放置した場合の子どもの生命の危険性および学校が責任を問われる可能性等という通告の「必要性」を伝える。さらに，「有効性」として，通告することによって子どもの安全確保につながることや，関係機関で子ども家庭支援の役割分担をすることが可能になること等について説明をする。つまり，私たちは，傷やあざ等の根拠をもとに通告すべきという主張をするだけでなく，通告が「なぜ必要なのか」「なぜ有効なのか」ということを丁寧に説明し，そのことの問題解決への効果を示す必要がある。

　さらにそのときに意識すべきことは，学校組織としての対応のあり方である。たとえば，子どもともっとも近いところにいる担任の役割は，日常のモニタリングや聞きとりによる早期発見および記録と管理職や主任への報告，報告を受

第7章 学校におけるソーシャルワークの実践

けた管理職は記録にもとづき通告をするという役割が求められる。通告の義務や意義については全体で共有しながら，それぞれが果たすべき責任と動き方を具体的に整理し示すことが求められる。なお，スクールソーシャルワーカーは指示を出す立場ではないため，ケース会議のなかで役割を提案し，最終決定と指示は校長がするという流れがスムーズにすすめるポイントである。また，自らの役割に不安や疑問を感じている教職員がいる場合は，そのままにせず気持ちを全体で共有できるようにコーディネートしながら，フォローできる体制を整備することが必要である。その意味でも，役割と責任や対応の流れについては，ケース会議において参加者全員で確認することが，組織として対応するうえで重要な意味をもつ。

　また，学校や関係機関だけでなく，組織というものは，「慣例」が重視されやすいものであり，法令は「動かぬルール」といっても，その組織独自の解釈や都合によって運用されていることがある。そのため，誤った理解のもと法制度が運用されている場合もあり，本来あるべき運用方法を確認することも，学校に軸をおきながらも中間的な立場であるスクールソーシャルワーカーだからこそできる重要な活動である。なお，その際には，法令を振りかざして相手を無理に動かそうとすることは対峙する状況を生み出すだけで意味がない。気持ちをくみとりながら相手の論理で話し，感情に働きかけるなど，まずは相手との関係性を構築するなかで現状の運用方法の理由や原因を分析するとともに，変革を起こすためにはどのような働きかけが有効であるのか，ミクロに限定されることなく，メゾ，マクロの視点をもって計画する必要がある。

　私たちは，法令に従っているからといってむやみに活動するのではなく，長年，構築・維持されてきたシステムを理解し，組織として必要な対応をとることができるよう環境調整を行う必要がある。そういった配慮があってこそ，真に法制度を活用したスクールソーシャルワークが可能となる。

（3）児童虐待と法制度

　児童虐待の対応について，スクールソーシャルワーカーには，早期発見が可

159

能となる環境整備（虐待の定義や教職員の義務の周知，発見のための視点獲得等）や，通告のための環境整備が求められる。

　通告にかかわっては，守秘義務の共通理解も重要となる。児童虐待防止法第7条では，通告にかかわった者は「通告をした者を特定させるもの」を漏らしてはならないことが明記されている。さらに，通知「児童虐待の通告者及び通告内容等の情報管理について」（雇児総発1119第1号／平成22年11月19日）では，「『当該通告をした者を特定させるもの』とは，通告をした者の氏名や住所のみならず，通告のあった時間や当該虐待を目撃した時間・場所など，児童虐待をしている保護者等がその情報を知った場合に通告した者を特定しうる情報も含むものである」ことが示され，特定にかかわる何ごとについても秘密は漏らしてはならないと，通告にかかわる守秘の重要性について確認されている。それにもかかわらず，学校により通告されたということが家庭に伝わってしまうのではないかという懸念が，通告を躊躇する要因の1つとなっていることがある。そのため，スクールソーシャルワーカーとしては，通告にかかわる守秘のあり方について先の内容を示しながら共通理解を図る必要がある。

　また，学校が日常生活のなかで独自に構築している子どもや保護者とのつながりは，子ども家庭の支援における有効な資源として活用できることを確認することも大切である。子どもたちの生活がある学校では，教育の一環として教職員と子どもおよび家庭の間に時間をかけ丁寧に情緒的なつながりが形成されている。このつながりや信頼関係は，その後の子どもや家庭支援に欠かせない資源となる場合がある。そのことが十分に理解されていない場合，安否確認の際などに関係機関が自動的に，通告者は学校であることを保護者に伝えてしまうことがある。また，学校が通告したことを知られたくないのは，単に保護者との関係を悪化させたくないためだと関係機関に理解されてしまうこともある。

　その背景には，学校における独自のつながりの重要性について，関係機関が実感をもって理解することのむずかしさや，その有効性について学校が説明することのむずかしさがあるかもしれない。そこで，当該ケースにおいて子どもや保護者との間にどのようなつながりが構築されており，今後の支援において

第 7 章　学校におけるソーシャルワークの実践

活用できる可能性があるのかを説明することが私たちには求められる。
　そして，学校内で守秘義務の重要性を確認することも必須である。
　学校における他の組織との情報共有については，たとえば入学および進学にあたって，保・幼・小・中の間で行われているものが挙げられる。その内容の範囲は明確には規定されていないが，学習指導要領のなかでは子どもの発達や学びの連続性を図る観点から連携や交流の必要性が示されている。
　注意が必要となるのは，上記のような教育の範囲を超えて行われる情報共有である。本人や保護者の同意や法的根拠がないままに，教育機関と福祉機関の間などで情報共有をしようとする場合があるが，私たちは，何にもとづいて行う情報共有であるのか法令などを確認する必要がある。さもなければ，子どもの最善の利益を確保することが目的であったとしても，法律違反となってしまう可能性がある。
　学校における個人情報の取扱いにかかわって，私立学校については「個人情報に関する法律」が，国立学校については「独立行政法人等の保有する個人情報の保護に関する法律」が，公立学校については各地方公共団体が定める条例が適用されることとなり，あらかじめ本人の同意を得ないで，特定された利用目的の達成に必要な範囲を超えて個人情報を取り扱ってはならないことや，法令等に基づく場合を除いて個人データを第三者に提供してはならないことが規定されている。また，公務員については，職務上知り得た秘密を漏らしてはならならず（地方公務員法第34条），違反して秘密を洩らした者は1年以下の懲役または3万円以下の罰金に処することが規定されている（同法第60条2）。このように本来，個人情報は本人や保護者の同意によって，特定された利用目的や範囲で取り扱うことが可能となり，違反した場合は罰則の対象となる。私たちは，これらのことをふまえ，法的な枠組みのないなかで関係機関とむやみに情報共有する危険性について教職員に周知する必要がある。
　では，児童虐待や子育て不安など支援が必要な子どもや家庭について，同意をとることはむずかしいが，子どもの最善の利益の確保のために情報共有が必要な場合はどうすればよいのか。それは，たとえば要保護児童対策地域協議会

（以下，地域協議会）の活用等によって，「法令に基づく場合」を整備すれば良いのである。地域協議会は，要保護児童もしくは要支援児童等について，適切な支援を図るために必要な情報の交換を行うとともに，要保護児童等に対する支援の内容に関する協議を行うものである（児童福祉法第25条2項の2）。要保護児童および要支援児童として認められれば，適切な保護や支援を目的とした情報共有が法令にもとづいて可能となる。さらに，地域協議会等を活用しながら虐待に対応することは，現在の子ども家庭を支援するだけでなく，その後に生じる可能性のある非行問題の予防になるということも理解する必要がある。これまでのさまざまな研究や報告等で明らかにされているように，虐待と非行は密接な関係にある。多様な機関が連携して，根本的な課題に働きかけることにより，被害だけではなく加害に至ることも防ぐことができる可能性が高まる。

私たちスクールソーシャルワーカーには，子どもや家庭を中心に据えながら，必要な支援を可能にするための枠組みを明らかにし，活用することが求められる。

### （4）非行・いじめと法制度

「非行にかかわる子ども」というと，どのような子どもをイメージするだろうか。

「非行」とは本来不正行為のことを意味し，違法行為のみに限定される概念ではない。ゆえに，「非行にかかわる子ども」と一口にいっても，適用する法律や規則等によってさまざまに分類される。したがって，学校では「非行」と表現される状態でも，司法では「非行」にあてはまらない場合などがある。そのため，各機関で適用される法律を把握し，連携のために言語の整理を行うことがスクールソーシャルワーカーの重要な役割の1つである。

学校にいる「非行にかかわる子ども」については，状態や行為により主に4つの定義が存在する。学校教育法における「性行不良」[17]（第35条1項），少年法における「非行少年」[18]（第3条1項），少年警察活動規則における「不良行為少年」[19]（第2条の6），児童福祉法における「要保護児童」[20]（第6条3項の8）である。

たとえば，「性行不良」と「非行少年」を比較すると，「性行不良」の「1.

他の児童に傷害，心身の苦痛又は財産上の損失を与える行為，2. 職員に傷害又は心身の苦痛を与える行為」については，傷害罪／暴行罪（刑法第204・208条），名誉毀損罪／侮辱罪（刑法第230・231条／ともに親告罪），強制わいせつ罪／強制性交等罪（刑法176条・177条），恐喝罪（刑法第249条）等にあたる場合，14歳以上であれば「犯罪少年」，14歳未満であれば「触法少年」として扱われる可能性がある。なお，親告罪については被害者の告訴が無ければ訴追できない。また，「性行不良」の「3. 施設又は設備を損壊する行為」については，器物損壊罪（刑法第261条／親告罪）にあたる場合，同様に少年法上の「非行少年」として扱われる可能性がある。ただし，「性行不良」の「4. 授業その他の教育活動の実施を妨げる行為」については，たびかさなる遅刻，立歩き，服装違反，奇声などが想定され，内容によっては少年法上の「非行少年」に該当しない。

　以上のように，学校内での「非行にかかわる子ども」について法的側面から整理するとともに，各機関と連携する際に文言の相違を把握したうえでの調整が求められる。

　さらに，非行に密接にかかわる問題として，いじめがある。「いじめ防止対策推進法」（2013〔平成25〕年法律第71号）が施行され，法律上では学校における委員会設置や措置にかかわって福祉の専門性が求められ，文部科学省「いじめ対策等総合推進事業」（2015〔平成27〕年度）では，早期発見・早期対応にかかわって教育相談体制の整備や関係機関との連携強化のための役割がスクールソーシャルワーカーには期待されている。

　各学校に設置されるいじめ対策にかかわる委員会に所属する場合，先に挙げた法律上の整理を行いながら，関係機関との調整を図ることが必要となる。また，いじめは個人の行動に目がいきがちであるが，環境が深くかかわっているケースも少なくないため，個人と環境に着目し活動する専門的なスキルを発揮することが求められる。子どもの発達や非行，いじめにかかわる多様な理論やデータなどの根拠のもと，加害や被害，その他の子どもたちの関係性や構造を整理し，関係する子どもそれぞれの見立てと手立てをチームで検討することが必要となる。なお，いじめ対応に関わっては，「いじめの防止等のための基本

的な方針」についても理解し，改定等にも注意をはらうことが求められる。[21]

　また，非行にかかわって施設入所に至る場合もある。学校内のそれまでの混乱から，当該児童が入所し学校から離れるまでがメインの対応になってしまうことがあるが，多くの場合，数か月から1年程度で戻ってくることになる。私たちは，入所に至る前の段階から，地域協議会等を活用しながら当該児童と家庭を支えるチームが構成されるよう働きかけ，入所前から退所のための環境調整を開始する必要がある。現状では，施設と児童相談所を中心にした既存の関係性のなかで退所準備や退所後支援が行われるケースが多くみられるが，たとえば地域協議会を活用することにより，学校だけで抱え込むことなく地域も巻き込んだ受け入れ体制を整えることが可能となる。非行問題への対応については，予防から介入，リハビリテーションまでを分断されることのない支援の一環として計画することが求められる。

### （5）貧困と法制度

　「子どもの貧困対策の推進に関する法律」（2013〔平成25〕年6月26日法律第64号）が施行され，それにもとづき，子どもの貧困対策に関する大綱が閣議決定された（2014〔平成26〕年8月29日）。また，文部科学省は「子供の貧困対策（義務教育段階の就学支援の充実）――つなごうプロジェクト」を策定している。それらのなかで，スクールソーシャルワーカーには，主に連携強化や教育相談体制の充実に貢献することが期待されており，具体的には貧困を背景とした，いじめ，不登校，虐待，非行などに対応するため，福祉の視点を活かした家庭状況の調査や見立てと，学校や関係機関とともに解決策（手立て）を検討することが求められている。

　これまで，たとえば学力不足や問題行動，中途退学や就職困難などについて，現場感覚では背景に何かあると感じられながらも，子ども本人や家庭の教育力など個人の課題として扱われ，国による貧困問題としての支援が必要であるという政策の対象とはされていなかった。そして今回，「子供たちの成育環境を整備するとともに，教育を受ける機会の均等を図り，生活の支援，保護者への就労

支援などとあわせて，子供の貧困対策を総合的に推進することが何よりも重要である」ことが公的に確認された（『子どもの貧困対策大綱』第1「はじめに」）。

貧困問題だからといって世帯の経済状況にのみ目を向ければよいわけではない。貧困に至るまでの，あるいはそれによって生じた「社会的排除」の状況，そしてその要因として考えられる虐待，DV，病気，災害，失業など根本的な課題を把握し，チームでアプローチすることが求められる。

ゆえに，経済状況に対応するための生活保護制度や就学援助制度の活用のみでは十分ではなく，社会的排除の視点をもちながら子ども本人や家庭の状況を見立て，包摂（インクルージョン）するために求められる環境調整とそのための制度やサービスの活用が必要となる。たとえば，精神疾患がかかわっているケースでは，精神障害者保健福祉手帳の取得や精神障害者居宅生活支援事業の利用，また通院にかかわる自立支援医療制度の利用などが考えられる。子育て支援として，子育て短期支援事業（ショートステイやトワイライトステイ）を利用し，養育支援訪問事業を利用することも考えられる。

貧困の背景は多様であり，経済的な支援とともに根本的な課題に対応した支援が必要となる。そのためには，地域協議会をはじめ，適したチームを形成し，支援を展開することが私たちには求められる。


〈注〉
(1) 芝野松次郎（2002）は，互いの良さを認め成長を支えあう親子関係のための親の役割を3つ提唱しているが，そのなかの1つを「良さを伸ばす環境づくり」とし，これを「アーキテクト」と表現している。
(2) ジョナサン・パーカー，グレタ・ブラッドリー／岩崎浩三・高橋利一監訳『進化するソーシャルワーク』筒井書房，2008年，24頁～26頁。
(3) 久保美紀「ソーシャルワークにおける教授法——総論・各論における教授法」『ソーシャルワークの研究方法　実践の科学化と理論化を目指して』相川書房，2010年，233頁～234頁。
(4) ジョナサン・パーカー，グレタ・ブラッドリー／岩崎浩三・高橋利一他監訳『進化するソーシャルワーク』筒井書房，2008年，124頁～125頁。
(5) 平塚良子「メアリー・リッチモンドによる臨床科学モデルの現代的意義」『大分大学大学院福祉社会科学研究科紀要』2010年，52頁。
(6) 2007年6月の学校教育法の改正によって，学校の判断によっておくことができるようになった管理職であり，位置づけは校長と教頭の間におかれるが，必置ではない。副校長の職務

は，学校教育法第37条⑤において「校長を助け，命を受けて校務をつかさどる」と定められている。
(7) 浅野良一『学校組織マネジメントの概要』学校法人産業能率大学，2006年4月，3頁。
(8) 同上書，4頁。
(9) 丸山涼子「学校とスクールソーシャルワーカーの協働」『スクールソーシャルワーカー実践活動事例集』第二章3，文部科学省，2008年12月，61〜62頁。
(10) 国立教育政策研究所編『生徒指導資料第4集 学校と関係機関等との連携――学校を支える日々の連携』文部科学省国立教育政策研究所生徒指導研究センター，2011年3月，2〜5頁。
(11) 同上書，6頁。
(12) ここでいう福祉的な行動（支援）とは，たとえば，子どもの衣服を学校で洗濯したり，子どもの家に迎えに行き，したくを手伝い学校へ連れてくる，といった教師の仕事として分類が困難な業務を指す。
(13) 学校評価に関する学校基本法および学校基本法施行規則は，小学校の項目に記載されているが，「学校評価ガイドライン」には，幼稚園，中学校，高等学校，中等教育学校，特別支援学校等にもそれぞれ準用させるように明記してある。
(14) 便宜上分類した学校運営に関する12分野とは，①教育課程・学習指導，②キャリア教育（進路指導），③生徒指導，④保健管理，⑤安全管理，⑥特別支援教育，⑦組織運営，⑧研修（資質向上の取組），⑨教育目標・学校評価，⑩情報提供，⑪保護者・地域住民等との連携，⑫教育環境整備，である。
(15) 「生徒指導の状況」欄に，「スクールカウンセラーらスクールソーシャルワーカー等との連携協力による教育相談の状況」と例示されている。
(16) 東京都文京区地域福祉保健計画（平成27〜29年度）「中間のまとめ」，愛知県長久手市第3次障がい者基本計画（案），福岡県粕屋町第4期障害者計画（素案），いずれも平成27年4月策定予定。
(17) 「性行不良」とは，「1. 他の児童に傷害，心身の苦痛又は財産上の損失を与える行為，2. 職員に傷害又は心身の苦痛を与える行為，3. 施設又は設備を損壊する行為，4. 授業その他の教育活動の実施を妨げる行為」のうち1または2以上の行為を繰り返し行う児童等であり，小中学校における出席停止制度の要件とされる。
(18) 少年法上の「非行少年」は，「犯罪少年」「触法少年」「虞犯少年」に分類される。「犯罪少年」とは，刑罰法令にふれる行為をした14歳以上20歳未満の少年である。「触法少年」とは，同じく刑罰法令にふれる行為をした14歳未満の少年である。そして，「虞犯少年」とは，「イ. 保護者の正当な監督に服しない性癖のあること，ロ. 正当な理由がなく家庭に寄り附かないこと，ハ. 犯罪性のある人若しくは不道徳な人と交際し，又はいかがわしい場所に出入することと，ニ. 自己又は他人の徳性を害する行為をする性癖のあること」という事由があって，その性格又は環境に照らして，将来，罪を犯し，または刑罰法令にふれる行為をするおそれのある少年のことであり，家庭裁判所の審判に付する。なお，触法少年および虞犯少年の14歳未満の少年については，都道府県知事または児童相談所長から送致を受けたときに限り，これを審判に付することができる。
(19) 「不良行為少年」とは，少年法上の「非行少年」には該当しないが，飲酒，喫煙，深夜はいかいその他自己または他人の徳性を害する行為をしている20歳未満の少年のことであり，同規則を根拠として，行為の中止指導や一時預り，保護・継続補導等が行われる。なお，飲

酒，喫煙がなぜ刑罰法令にふれる行為でないのかというと，未成年者に対して禁止はされているものの，罰則の対象となっているのは親権者や監督者，営業者や販売者となっているからである。また，そのほか不良行為には薬物乱用や刃物等所持などがふくまれているが，この場合の薬物乱用は毒物及び劇物取締法や覚せい剤取締法，大麻取締法等で刑罰の対象となっていない，いわゆる「危険ドラッグ」等のことである。ただし，各自治体の条例において刑罰の対象となっている場合はこの限りではない。また，刃物等所持についても，銃砲刀剣類所持等取締法の対象外となる，たとえば自転車のチェーンや木刀などが範囲にふくまれる。

⑳　「要保護児童」とは，保護者のない児童または保護者に監護させることが不適当であると認められる18歳未満の児童のことであり，被虐待の児童だけでなく非行にかかわる子どももふくまれる。なお，非行にかかわる子どもについても，発見者には要保護児童として通告義務がある（児童福祉法第25条）。

㉑　先の改定（平成29年3月14日）では，教職員がいじめの情報を学校内で共有しないことは，いじめ防止対策推進法の規定に違反し得ることや，いじめの「解消」の定義などが明記された。

〈第1節：参考文献〉

鈴木庸裕・佐々木千里・髙良麻子編『子どもが笑顔になるスクールソーシャルワーク——教師のためのワークブック』かもがわ出版，2014年。

佐々木千里「日本のスクールソーシャルワークの現場から——子ども支援のための学校支援のあり方」『国際社会福祉情報　第35号』京都国際社会福祉センター，2011年。

富永真琴「臨床医学におけるサイエンスとアート」『山形医学』山形大学，2009年。

髙橋鷹志・長澤泰・西村伸也編『シリーズ〈人間と建築〉3　環境とデザイン』朝倉書店，2008年。

大田堯『大田堯自撰集成1　生きることは学ぶこと　教育はアート』藤原書店，2013年。

〈第3節：参考文献〉

浅野良一『学校組織マネジメントの概要』学校法人産業能率大学，2006年。

天笠茂「学校の自主性・自律性と校務分掌組織の課題」『教育委員会月報』1月号，文部科学省，2001年。

市川須美子他編集『平成26年版 教育小六法』学陽書房，2014年。

大崎広行「スクールソーシャルワーカーが『つなぐ』関係機関」『スクールソーシャルワーカー実践活動事例集』第Ⅰ章4，文部科学省，2008年。

学校と関係機関との行動連携に関する研究会編『学校と関係機関等との行動連携を一層推進するために』学校と関係機関との行動連携に関する研究会，2004年。

国立教育政策研究所編『生徒指導資料第4集 学校と関係機関等との連携——学校を支える日々の連携』文部科学省国立教育政策研究所生徒指導研究センター，2011年。

杉原誠四郎監修『2011年度版　必携学校小六法』共同出版，2010年。

丸山涼子「学校とスクールソーシャルワーカーの協働」『スクールソーシャルワーカー実践活動事例集』第Ⅱ章3，文部科学省，2008年。

〈第4節：参考文献〉

川村匡由・瀧澤利行編『教育福祉論——生涯学習と相談援助』ミネルヴァ書房，2011年。

厚生労働省「医療ソーシャルワーカー業務指針」平成14年。

福島県・福島県教育委員会「第6次総合教育計画平成26年度アクションプラン」平成26年3月。
文部科学省・厚生労働省「障害のある子どものための地域における相談支援体制ガイドライン（試案）」平成20年3月。
文部科学省『生徒指導提要』平成22年3月。
文部科学省「学校評価ガイドライン」（平成22年改訂）平成22年7月。
文部科学省「スクールソーシャルワーカー活用事業実践事例集」平成24年。

（第1節　佐々木千里，第2節　宮地さつき，第3節　林　聖子，第4節　土屋佳子，第5節　梅山佐和）

---

**コラム7**

**スクールソーシャルワーカーの配置・巡回・派遣について考える**

**1. 配置・巡回・派遣**

　スクールソーシャルワーカーの勤務形態として，配置・巡回・派遣という用語が使われる。これらは一般に教育行政機関（教育委員会など）による業務管理（交通費の支出や就労条件）を指し示すものである。配置とは，1つの拠点校やそれを数校に限定する場合もふくめ，一般に勤務先が学校である。スクールカウンセラーや特別支援教育支援員，さらには教諭も同様である。巡回は，定期，不定期はあっても先方との日程調整のうえ，学校を訪問する形態である。やや個々の教職員や子どもとの距離に希薄さを感じるイメージもある。しかし，巡回は先方の希望や都合だけでなく，ニーズを出さない（出せない）学校へアウトリーチができ，「取りこぼし」がなくなるという利点がある。保健師の全戸訪問にみられるような「赤ちゃんこんにちは事業」の健康指導の形態がそれにあたる。スクールソーシャルワーカーにとって「声をかけてくれる学校，活用意欲のある学校，居心地のいい学校」を回るものではない。さらに資料やアセスメント記録が事前に準備された学校を巡回して「指導する」というものでもない。すべて教育委員会での指導主事による指導訪問（授業や生徒指導の課題）や管理訪問（諸帳簿関係）の形態と区別したい。また，派遣はコンサルテーションやアドバイスを主体にして，派遣する側と派遣を要請する側双方の目的の明確さが求められる。学校と教育委員会との契約や事務文書が交わされて，スクールソーシャルワーカーの業務の性格や限定が保たれる。「緊急派遣」はその典型である。ただ，1自治体に1～2名しかスクールソーシャルワーカーがいない場合では，教育委員会配置から学校に出向くという意味で，派遣となる。

　配置・巡回・派遣の形態は，そのいずれが有効かではない。ソーシャルワーク実践にとっては出発点である。クライエントのニーズや支援環境の分析から導かれた戦略や計画によるものであり，その実際はめまぐるしく変化することもある。スクールソーシャルワーカーにとって必携である名刺をつくるときに，その肩書きやスクール

第7章 学校におけるソーシャルワークの実践

ソーシャルワーカー個人への連絡先（電話やメールアドレスなど）の記載がどこなのか。この場が配置といえる。日常の事務作業や書類管理用の鍵のかかるキャビネットや固定電話がある場所，自分の名札が着いた下足箱がある場所という点からも考えたい形態である。

### 2. 直接支援と間接支援

こうした形態とかかわり，直接支援や間接支援という用語がある。誰に（何に）対して直接なのかあるいは間接なのか。子どもと会い一緒に過ごす，会話や面談をする，目視するなど，その接触を通じて直接ということもあれば，施設で一緒に生活をともにすることも直接である。一方，支援者を支援するといった後方支援が間接支援であったり，ある教師と一緒に取り組みつつも子どもと出会うことがないものを間接支援と呼ぶこともある。直接か間接かはクライエントを誰にするのかで初めて明示される言葉である。学校や関係機関，地域もクライエントとして把握するとどうであろうか。施設処遇や利用者の入所・通所施設などでのレジデンシャルソーシャルワークが直接支援，フィールドソーシャルワークを間接支援と区分すると，学校におけるソーシャルワークはすべてが直接支援となる。ただ，学校では教諭（学級担任や管理職）が直接責任者でありスクールソーシャルワーカーは間接責任になる。

その際，介入（インタベンション）という言葉や活動がいろいろな意味で重要になる。関係者間の協働・分担・役割の支えにもなれば，障壁・分断・対立の元凶にもなる。福祉と教育のつながりを考え直す局面において登場するキーワードでもある。

### 3. 評価とは

また，配置・巡回・派遣という区分は業務の評価ともかかわりをもつ。評価とはある目標のなかで何が達成でき何ができなかったのか，あるいはテストの点数のように，ある行動の結果やその判定として理解されやすい。これは誰もが学校生活時代に身につけた「教育評価」の経験的な理解のままになっているためかもしれない。改めて，評価とは，過程としての評価，つまり，支援者の働きかけの過程でクライエントの思考や表現の質を高めていく，いわばエンパワメントにつなげる営みであるという原則を意識化すべきであろう。

今日，「実績に応じた処遇（給与や昇進）」という仕組みをもつ教員の評価制度がすでに始まっている。これは，学校全体の教育力や学校組織の活性化を図るために教職員一人ひとりの資質を向上させるものとされる。評価者（たとえば校長）の評価に加え，教諭の自己評価システムを取り入れている。校長が立てた学校目標を基本的な方向として，教職員が年度の行動目標を決め，年度末にどれくらい達成できたかを自己点検するプロセスのなかで，目標設定から実施，チェックの段階で校長の指導助言等が行われ，教職員の職能成長を図ろうとするものである。すでに20年近い歴史をもつスクールカウンセラーの業務も，その評価において，いまだ明確さに欠いている。評価されるシステムに位置づくことは正規の業務であるという認証でもある。この現実

のなかで，スクールソーシャルワーカーへの他者評価（外部評価）のありようは自己評価の課題とともに喫緊の課題である。

### 4. 学校管理者のリーダーシップ

たとえば，不登校問題を一例とすると，スクールソーシャルワーカーにとって，子どもが学校に登校できること，教室に戻ることが「評価」に値するのか。学校や保護者，社会からのそういった求めに応じることが評価の対象なのか。目にみえる実績をどこまで意識するのか。欧米では「義務教育法」のように，欠席への対応は教育活動というよりも管理行政の範疇とされる。日本では不登校や長期欠席への対応は措置・処分ではなく教育活動の一環とされ，卒業後においても，学校を休んでいるときにできたことを活かしたり，そのときに出会った人との関係を深めたりする意図がある。ただ，このことが消極的な意味ではなく子どもにとっていかなる意味があるのか。このことを言語化できるスクールソーシャルワーカーでありたい。

少年の犯罪や事件がマスコミで取り上げられるたびに危機管理能力が問われる風潮がある。危機を危機と感じるかどうか。特に組織的な対応力を中心軸に置いて，予知や予測をめぐる情報収集や情報分析の力，危機回避のための方法の検討や実施・評価・変更といった危機回避の力，協働，法律の知識（リーガルマインド）がその要素とされる。その推進において校長のリーダーシップが問われる。特別なニーズをもつ子どもの合理的配慮や出席停止，懲戒，いじめをめぐる係争，インターネット・スマートフォンの規制，虐待通告などに対する科学的な理解に明るいリーダー像が求められる。ただ，法律や法規の知識やその活用は，問題への対処ではなく，予防に活かされて初めて教育と親和性をもつ。

### 5. 関係者の働きやすさへの視点

さらに配置・巡回・派遣を考える視点には，周囲の協力者の働きやすさがある。養護教諭とスクールソーシャルワーカーの関係を一例にとると，2008（平成20）年に「学校保健法」が「学校保健安全法」に改正されたときに，それまで養護教諭に定められていなかった役割がつけ加わった。それは，保健指導で子どもの健康上の問題があるとき，子ども本人のみならず「必要に応じ，その保護者に対して必要な助言を行うものとする」（第9条）という条文である。これまで子どもの健康調査は養護教諭，家庭環境調査は担任教諭が所掌する慣行があり，養護教諭が保護者と家庭の生活について直接向きあう根拠法はなかった。今後，そこに，スクールソーシャルワーカーが関与することは，養護教諭の新しい役割の発展にもなる。スクールソーシャルワーカーが成長発展することで，周囲の専門職の職務向上にもつながる。学校医や民生委員，スクールカウンセラーや支援員，補助員が配置された学校において，こうした人びとの社会的認知や職務向上（地位向上）の発展をも支えていく。スクールソーシャルワーカーはそうした周囲の諸人材の力量向上にも連携・連帯する。一人勝ちを求める行為はソーシャルワークではない。

（鈴木庸裕）

# 第 8 章
# 自らの知識や経験をいかに活かすのか

―― ポイント ――

　本章では個々人の力量を高めていく学びのあり方について論じる。第1節では，長くスクールソーシャルワーカー経験をもち，地域や職場で人材の育成やスーパーバイザーに携わる本書の執筆者3名による座談会から，現状や課題を少し浮き彫りにしたい。第2節では，個別スーパービジョンの目的と重点やその機能と内容を示し，その一部を再現する。そして経歴やバックグラウンドのちがうスクールソーシャルワーカーの個別スーパービジョンの特徴と意義について述べる。第3節では，スクールソーシャルワーカーなどの集合研修などの場を想定したプログラムやプランの例示，そしてスクールソーシャルワーカーによる教職員向けの研修の場を想定した研修会や学習会の様子など，スクールソーシャルワーカー同士や教師との学びあいのなかで，今もっている自らのちからを発見する糸口としてもらいたい。

## 第1節　［座談会］　スクールソーシャルワーカーの学びを考える

▼幅広い教養が求められる仕事

宮地（さつき）：早速ですが，学校の先生に一目おかれるスクールソーシャルワーカーとはどういった人でしょうか。

佐々木（千里）：教師たちは人をみる仕事をしているように思います。この人は自分たちのパートナーとしてつきあえる人なのかどうかをみています。一目おかれる人とは福祉の専門性はもちろんのこと，奥行きのある人，趣のある人ですね。この子どものいいところはどこなのかというストレングスをみつけるのに長けた教師もたくさんいます。どこが不足しているのか，やればできるの

かなど見定めながら日常の教育活動を行っている人は，私たちにも同様のまなざしでみていると思います。社会福祉の知識をもっているだけではなくて，むしろ歴史や文学，芸術，科学など多様な分野にも通じていて，いろいろな話をするなかで，「それはソーシャルワークの視点からいうとこういうことになりますね」といった会話ができるといいですね。

土屋（佳子）：教師は人を育てることにプライドをもっています。そこへ外部から「新しいもの」をもち込もうとするといやがられることがあります。教育とは何か，人を育てることとは何かということを考えているかどうかがみられているように思います。学校組織や学校文化への理解も大切ですが，スクールソーシャルワーカーは「教育という営み」についてしっかりと学んでおかねばならないと思います。

宮地：スクールソーシャルワーカーになる前に私も日本の教育学の古典を読んだりしてきたことが，学校と子どもの関係などについて，先生たちと会話するときに役立ってきたように思います。

土屋：最近，スクールソーシャルワーカーの研修会や学習会が技術論に傾斜しているような気がしています。援助技術のベースになる知識や見識が必要ではないかと思います。福祉や教育を問わず，いろいろな人材養成において，「一般教養」が弱くなっているといわれます。対人支援は横のつながりや広がりがないとできない仕事だと思います。やはり教養というのは大きな要素になります。

宮地：新任のスクールソーシャルワーカーの方への指導に携わることが増えてきて，私自身，その教養というものをどこでどのように得ていくものなのかとても悩むことがあります。

土屋：新人の教師は1年間をかけて，初任者研修といった公的な場があったり，同じ職場のなかでベテランの教師の教えを受けたり，背中をみながら日々の教育活動のなかで学んでいくスタイルがあります。私も日頃努力していますが，スクールソーシャルワーカーにはまだ十分な体制がありません。「一人職で孤立しがちになります」という話をよく聞きますが，それをどう克服すればいいのかという話になかなかなりません。ワーカー同士，日常的につながる場がな

第8章　自らの知識や経験をいかに活かすのか

いのにケースでつながろうといっても話がかみあわなくなる可能性があります。そのためには，ワーカー個々の個性が磨かれるようなベースを共有する場がとても必要になると感じています。研修といっても知識をならべそれを聞きとって終わりになってしまっていないか。今日，人材を増やすことに目が奪われ，見失ったり見落としてしまうものがないように心がけたいです。

**佐々木**：マニュアル方式は，一定程度は役にたつと思います。でも，学校現場はマニュアルだけの人と信頼関係をもとうとしないのではないでしょうか。

▼気づきや価値観をどう育てればいいのか

**宮地**：今もっとも悩んでいることがあります。新人のスクールソーシャルワーカーに価値観や気づきをどう身につけてもらえばいいのか。そして，自分はなぜこの学校に入っているのか，そこで何をするのかというポリシーを感じてもらうにはどうすればいいのかといったことです。

**土屋**：とても重い悩みですね。私は，何といっても具体的な活動のなかで気づいてもらうことを大切にしています。一例でいうと，あるスクールソーシャルワーカーと一緒に授業をみに行ったときに，その人は一回で子どもの様子を断定しました。見立ての視点はよいのですが，それをケースの経過のどの部分で判断すればいいのかというところでずれていました。私は，次に授業をみたときに改めて見立てを考えましょうといいました。子どものために何とかしたいと思い，すぐにしないといけないと思うのだろうなと感じました。プロセスのなかでみていくことに気づいてくれればいいなあと思い，その人と接してきました。そうした促し方にはテクニックもありますが，まずはその人の力を信頼するということかもしれません。

**佐々木**：私は，そのときにまず「根拠」を求めます。スーパーバイジーがなぜそう考えたのか。アセスメントシートに書いてある情報から一緒に考えながら，その人の考えを聞き質問を重ねて，どこを重視してなぜそう考えたのかを引き出すようにしています。そうすると矛盾が出てくることがあります。そのときに「その情報からは別の視点もとらえることができますね。どうでしょうか」と返すことで，本人自らの語りのなかで気づいてもらうように心がけています。

*173*

また，その前に，記録のスキルに着目します。情報として事実が記載されるべき部分に，ワーカーの見立てが書いてある場合があります。たとえば「母親には養育能力がない」といった記載があるときに，「何が根拠にあってそういえるのですか」と問いかけると，ワーカーの語りのなかに「そこまで考えていませんでした。自分でそう思い込んでいたのだと思います」という振り返りがあります。日々，ケースと出あったときに独断で動いてしまう，あるいはそうせざるを得ないときが多々ありますね。そういうときこそ，根拠や目的をもつように「動く前にまず考える」ことを意識しないといけないと思います。

▼人の生活に寄り添う想像力をもつ

土屋：スクールソーシャルワーカーの活用事業が始まって6年が経ちました。「スクールソーシャルワーカー」を名乗る現任者のなかにも力量や考え方などでばらつきも大きいのではないでしょうか。

佐々木：福祉の勉強をしてきたということは，人びとの人生や生活を考える視点を学んできたことであって，決して人びとの人生や生活をよく知っているというわけではありません。自身のなかに人として人にかかわることの深まりを考える。このことが鍛えられていかないと，実践がうまくいかないときに自責ではなく他責になってしまいます。学校にスクールソーシャルワーカーが認知されない理由の1つに，なにかに行き詰まると学校が悪いという表現が出やすいこともあると思います。自分たちに足りないものを探る見識や何が足りないのかに気づく教養が必要になると思います。

宮地：スクールソーシャルワーカーだけではないですが，この仕事をしていて，私は人の生活に寄り添っていく想像力がないとやっていけないなあと思っています。相手の生活やその人が抱え経験している事柄がイメージできる力です。子どもの将来をイメージできないと支援はできないことに気づきました。実践をしていると，絶えず結果を出さないといけないということが念頭にあり，働きかけてどうにかしようという発想に駆られていることがあります。単に担任教師の代わりをするのではないですが，何のために私はスクールソーシャルワーカーとしてかかわるのか。このことをよく考えます。

土屋：ただ，気をつけないといけないことが1つあります。それはこちらがストーリーをつくってしまわないということです。

▼学校福祉を考える

土屋：先ほども学校文化や学校の組織文化の問題だけでなく，教育の営みを考えることが大切だという話がありました。「いじめ」や「不登校」といった学校で起こっている現象だけが話題にされがちですね。

佐々木：私は，子どもの福祉の問題は，貧困の歴史とともにあったと考えています。そして子どもが主体的に人生を生きていくために教育があった，と。いろいろと問題が指摘されるものの，教育という営みがまさに子どもの福祉を支えてきたのではないでしょうか。

宮地：学校や教育活動にはもともと福祉がふくまれてきたのではないでしょうか。スクールソーシャルワーカーも学校の福祉的機能が教育の長い営みのなかで存在したことをしっかりと押さえておくことが欠かせないと思います。訪問教師やセツルメントの歴史なども，教育を通じて貧困から脱出するという考えがありました。ただ，教育で貧困を超えるというロジックは誤りで，与えられた教育で培われるものではなく，教育の主体になることが求められます。

土屋：教育の営みのなかに福祉が背中あわせに存在していたことをスクールソーシャルワーカーと教師がもっと共有できるといいですね。学校現場には福祉の観点がないからスクールソーシャルワーカーが入ってそれを導くという論調は，教育と福祉のつながりを曲解してしまうことになるかもしれません。福祉の観点がないという指摘に対して，教師のなかには，今までやってきた教育実践が否定されると思う人もあれば，「そうだなあ」と一度振り返って，改めて私たちにかかわってきてくれる人もいます。教師たちに学校の福祉的な機能や役割を改めて意識化してもらうことの方が，今日の学校現場では現実的ではないかと思います。

佐々木：親と泣き笑いをしながら，子ども集団を意識しながらも一人の子どものことに根ざそうとすることは，ほとんどの教師がやってきたことだと思います。ただ，ソーシャルワークという枠組みのなかでそのことを意識したことが

なく，それらをすべて教育実践ととらえてきたのではないでしょうか。スクールソーシャルワークの考え方は，教師のやってきた実践を意味づけしつつ，さらに効果的な教育活動を促進させるものだと思います。

▼学校のなかにいかなる相互作用を生み出すか

土屋：私は事実をふまえた記録の取り方がワーカーにとってとても大切だということを肝に銘じるようにしてきました。周囲の人にも，基本中の基本として，「事実を並べること」を大切にしましょうと伝えています。みなさんどうされていますか。

佐々木：スーパービジョンの場で気づくこととして，長くソーシャルワークの仕事をしてきた人がかならずしも正しく記録ができるとは限らないということがあります。少しきびしい表現かもしれませんが，記録を書く暇がないくらい多忙であった結果なのかもしれません。子どもの背景をしっかりみようとしても，その根拠になることを集めずに，経験則でやってしまうことがあります。経験則は決しておろそかにはできませんが，根拠を明確にして子どもにかかわるという論理が欠かせないと思います。その理由は，根拠を明確にすることが新しい相互作用を生じさせるポイントになるからです。そもそもスクールソーシャルワーカーはソーシャルワークの基礎・基本をもっている者として学校のなかに存在することが求められています。それは相手に根拠を示して対応できる力です。このことからソーシャルワークの基礎というものを考えてもらうとみなさんにわかりやすいのではないでしょうか。

土屋：それは，自治体や学校がスクールソーシャルワーカーをどう活用するのかにもかかわりますね。派遣や配置などの勤務形態は，学校のなかにどのような相互作用を生み出すのかというテーマにおのずと影響を与えます。それを確認すると，ワーカーの実践に枠ができます。このことをワーカー自身が確認するためにも，根拠のことが大切になります。ワーカーが子どもに直接かかわり，教師の業務からある部分を切り取るかのような発想は誤りですね。子どもの生活や人生に対して教育は大きな影響をもつがゆえに，その影響がより効果的に機能していく支援が必要になると思います。

宮地：教育活動のなかで，どういった活動が効果的な相互作用を生み出しているのかをワーカー自身が理解していくことはとても重要ですね。この話を聞いて，私自身，特に日の浅いスクールソーシャルワーカーの方へその理解を促す努力が求められているような気がします。

▼わからないことをわかること──「知らざるを知る，足らざるを知る」

土屋：以前，スクールソーシャルワーカーの動きはユニバーサルデザインに近いといわれたことがあります。みんなのためによいことという考え方が学校に波及していくといいね，という声がありました。私はスクールソーシャルワーカーになる前に学校の相談員を経験してきました。その感覚からいえることですが，学校へ出向いたときに教師の教育活動のどの部分に着目すればよいのかを指し示す「指標」のようなものが必要ではないでしょうか。マニュアルではないにしても，何を指し示せばよいのかを悩んでいます。

佐々木：誰しも「役に立ちたい」と願っています。もし何もわからないうちに学校へ行くような場合，まず，学校を観察することです。相談された事象面にすぐ飛びつくのではなく，なぜそんな問題が起こってきたのかを，教師などの話を聞きとりながら理解していくことから始めます。最初は話を聞きながら何が起こっているのかを整理するだけでも学校からはよろこばれます。背のびをする必要はありません。『論語』にあるように，あせることなく，わからないならわからないと率直に感じることが，真にわかるということだと思います。そしていろいろと学んでわかってくると自分の足りないことがわかってくる。「足らざるを知る」ということですね。このようなプロセスを経ることで，ワーカーの言動や活動そのものに落ち着きがみられるようになると実感しています。

宮地：スクールソーシャルワーカーとして，右も左もわからずよちよち歩きしていた頃，私もわからないときは教師に教えてもらうことを大切にしてきました。「教えてください」といわれていやな気持ちになる教師はいないと思います。わからないことを理解しようとしている人を教師たちは大切にしてくれます。「教えてください」というスタンスをもちながらも，質問の言葉のなかにソーシャルワークの視点を入れて話すように努力していました。

土屋：「学校のことを教えてください」という言葉のなかに，学校の動きや教育活動を観察する眼があると思います。先ほど佐々木さんの発言にもありましたが，教師たちはこうした質問を聞きながら，私たちの専門性を読みとるという，そういったみられ方をしているのだと感じます。

佐々木：自分の言動が学校からどうみられているのかを意識することが大切ですね。学校という「場」や自分の働くところの機能を知らないと，「学校という場所を間借りしてソーシャルワークをする」という仕事ぶりは奇異にみられます。これは学校におけるソーシャルワークをめぐる今後の位置づけや方向性に大きくかかわってくるのではないでしょうか。

宮地：でも，この考えをワーカー誰もが初めからもち得ているとは限らないですね。そこはどうすればいいのでしょうか。

佐々木：私はスクールソーシャルワークのテキストを読む前に，ソーシャルワークのテキストを読み直しましょうと誘います。ソーシャルワークという揺るぎない共通基盤があるからこそ応用が利くのだと思います。スクールソーシャルワークについてはいろいろな考え方があっていいと思いますが，その共通項は医療ソーシャルワークでも司法ソーシャルワークでも同じでないといけないのです。仕事をする場や役割，場所の枠，時間や空間の枠を意識しないと地域住民一般のインフォーマルな支援と変わらなくなります。

土屋：そのことをしっかりと理解している人は，自らの仕事をめぐる不安やあいまいさを克服できるのではないかと思います。

▼学校アセスメントの効果とは

宮地：人員の拡大や採用のあり方にもよりますが，わけもわからずスクールソーシャルワーカーになって学校に入ったときに，学校を理解して共同体の一員になることへのモチベーションをどう高めていったらよいかがわからなかったり，またわかっていても動けない場合もあります。そのようなときのアドバイスにどんな工夫をされていますか。

土屋：それは学校アセスメントにつながると思いますが，支援がそのアセスメントのどこにつながるのか。学校アセスメントの効果とは何か。これは初任者

の方が学校文化をどう理解するのかという点と重なるのではないかと。
佐々木：文化には価値観がふくまれると思います。私たちと同様に教師も家に帰ると一人の生活者です。しかし，学校にきたときは学校の人として振る舞い，学校という組織体の価値意識や手法や伝統に収まってしまう。教師が一人の生活者として保護者の気持ちに寄り添った瞬間，保護者に「大変ですね」という言葉が出る。そのことを理解していないと学校批判や「教師は保護者を理解しないから私が変えるんだ」という気持ちになってしまうのではないでしょうか。学校アセスメントという言葉も誤って使うと批判になってしまいます。学校アセスメントとは学校の課題と学校のストレングスを同時に発見する用語だと思います。何と何の相互作用のあいだで何が起こっているのかをつかむことです。学校は1つのシステムなので，一定の形を保とうという力学が働きやすい場です。それがわかると相互作用を発生させようとするワーカーが，何に働きかければ学校そして子どものストレングスを活性化するのかがみえるようになる。ケースの課題がみえても身動きがとれないのはこの相互作用がみえていないということではないでしょうか。
宮地：相手の事情もわからずにこちらの「ものさし」をもち込むことは禁物ですね。丁寧な対応という点で，スクールソーシャルワーカーに職業倫理があるように，教師の職業倫理や異なる職業の人のことも知るという相互の関係に目を向けることですね。
土屋：それは「介入」という言葉が学校ではあまり使われないこととも関係がありますね。

▼自身の存在をアセスメントすることで自分を磨く
佐々木：学校が困っていることを支援することを通じて，学校がうまく機能し始め，そのことで初めて子どもによい影響を及ぼすことができます。一人の子どもが抱える課題にワーカーがかかわるときに，家庭環境だけでなく，本人がおかれている学校環境をアセスメントしていきます。そして，学校の課題とストレングスがわかったときに自分に何ができるのかを考えます。その際，自分という要素が子どもを取り巻く学校全体のなかで，どういう意味をもつのかも

アセスメントしなければならないと思います。この思考が抜けてしまうことがないでしょうか。学校という社会のなかに身をおきながら，学校を客体としてみると同時に，自分自身も客体としてみることが求められます。つねに俯瞰する眼をもっていないといけません。自分が学校の組織のなかでいかなる役割をもつか。この課題は，システム理論で考えるととてもわかりやすいと思います。
宮地：自分も学校の一要素であるという見方が大切なんですね。これは，学校の外でも同じで，地域のなかでも自分を俯瞰してみていくことですね。
佐々木：俯瞰するにはやはり情報収集が必要になります。学校に常駐するような勤務形態と異なり，教育委員会などにいて，派遣型の勤務形態のときは事前に指導主事等から情報を収集する必要があります。緊急のケースなど事前に情報収集ができないときには，派遣先の学校の「場の空気」を読んだり，教師の表情やケースがどうして問題になっているのかなど，話を聞いているあいだにイメージしなければなりません。そのイメージをもとに応答のなかで課題を読みとっていく観察眼や理解力が欠かせません。自分がその環境のなかでどういう要素をもって送り込まれた人間なのかを自分で確認するなど，即座に限られた時間のなかで判断しなければなりません。
宮地：でもなかなかその感性を磨くのはむずかしいですね。
佐々木：それはやはり自己覚知ではないでしょうか。そして思考のなかにシステム理論をつねにもっていることです。
土屋：システム理論から離れると，個別の直接支援だけにたよる活動になってしまいますね。
佐々木：しかもいろいろなことを複層的に考えるスタイルがないと突撃隊のような直線的関与になってしまいます。今ある目の前の平面的な相互作用にのみ目がいくと，子ども本人や環境をめぐる未来をデザインすることができないですね。アセスメントは過去から現在の立体的な情報を必要とします。それをもとにして現在の平面図から未来への立体的な設計図を描けることがスクールソーシャルワーカーには求められています。
土屋：この平面的な見方がマニュアルを求めるのだと思います。

## 第8章　自らの知識や経験をいかに活かすのか

宮地：このことは，スクールソーシャルワーカーが「学校に閉じこもってしまう」ことがないように自分を磨くことともいえますね。

▼意欲の喪失やストレスへの対応

土屋：スクールソーシャルワーカーになって数年でやめていく方もいます。そのなかで，いったんやめてその経験を活かして地域の福祉活動をして，数年おいて改めてスクールソーシャルワーカーをやろうかなという話を聞いたことがあります。「広くて深い知見が必要なスクールソーシャルワーカーの仕事をしたなかで発見したことがたくさんあった」という話です。

佐々木：学校は社会の縮図だといわれますね。その社会は巨大で複雑です。ゆえに単純な作業で何とかなるものではないですね。一度スクールソーシャルワーカーから退いてもいいと思います。そしてもう一度，自分の知見や経験を積んで教育現場に戻ってくるような種まきは，スクールソーシャルワーカーの人材育成において必要だと思います。バーンアウトの予防にもなります。ただ，「1対1の対人コミュニケーションは何とかなるが，複数の人間関係のなかでは無理です」という人は，この仕事に向いていないかもしれません。でも，そういった人を排除しようとする考え方はソーシャルワークの本意ではないと思います。それでも人とかかわる仕事をしたいという人がバーンアウトしないように，その人の得意を活かした支援のあり方や，希望をもって自らの適性に気づくことができるスーパービジョンが必要になります。

宮地：自己実現への道筋のなかで，一回，スクールソーシャルワーカーという舞台から降りてまた戻ってくるということでエンパワメントされることがあります。

土屋：私たちの仕事はスクールソーシャルワーカーの「活用」とされ，活用という言葉はときとして役に立つかどうか，効果が上がっているかどうかといった選別尺度を生みます。これは大きなストレスになります。雇用条件がストレスになっていることも現実ですね。

佐々木：職業的な自己実現が収入という自己実現をおぎなえるのか。たとえば職業的に満足度が高かったとしても，生活者として家族を養っていかなければ

*181*

ならないときには悩むでしょうね。

土屋：スクールソーシャルワーカーがまだどういう仕事なのかわからないこともあり，1年経って少しわかってきて，次の年はこうやってみようと一回りするまでに非常に疲れてしまう人もいます。雇用条件の課題や仕事のアイデンティティがつかめないままでいるとストレスが高まります。それでも自分のなかにミッションがあれば越えられますが，それを克服するには，スクールソーシャルワーカーの規定，つまり何をする専門職なのかをもっと明確にしていかねばならないですね。

宮地：ただ，スクールソーシャルワーカーの仕事はこれとこれといったものも求められますが，これをやったら単価いくらといった介護保険のようになっては困りますね。

▼スクールソーシャルワーカーの最初の一歩と学校の最初の一歩をあわせる

佐々木：現場では，最初に，学校や教育委員会等と課題を共通理解し，今年の学校の目標を明確にしてもらう。できるだけスーパーバイザーもその場に立ち会うことが望まれます。学校の教育目標を個々のワーカーの視点や力量で把握し，「目標をふまえて，私は〇〇をします」という契約が必要になります。「今年度はここの部分について仕事をさせてもらいます」ということを明確にする方法もあります。「1年間の仕事としてこれを重点的にさせてもらいます」といった対話も意味があると思います。ワーカーにできないことは契約しないというように，個々人の得意不得意の部分に着目していくことも大切になると思います。

宮地：学校のニーズ確認ですね。

土屋：その時点で，ワーカーの役割が学校の教育計画に位置づくことの確認もできるといいですね。そのことが，ワーカー自身のエンパワメントにもつながるのではないでしょうか。

宮地：モチベーションが上がるしかけにもなりますね。

佐々木：日々問題解決の渦中にいると，みえなくなるものもあります。学校のやろうとしていることが万が一，子どもの最善の利益と本来の学校の役割に反

する場合があれば，その修正のためにスクールソーシャルワーカーはやらねばならないことがあります。そのようなとき，ワーカーは自分の専門職性のなかで適切な方向を明確に意図し，早期に学校に気づいてもらえるような工夫された働きかけが必要となります。

土屋：そうなるとスーパーバイザーのいない地域のワーカーは大変ですね。

佐々木：一人だと自分のスケールでしか考えられないので，この役割をもつ人は必要になります。だからこそそのことを言語化して，スーパーバイザーがこの事業には必要であることを表明していかないとワーカーを救えないことにもつながります。

▼子どもの声を聞くことの意味

土屋：スクールソーシャルワーカーをやっていて，良かれと思ってやっていることが本当にそれでいいのかどうか迷うことが多くありませんか。

佐々木：これは健全な悩みですね。それがいえる相手，たとえばスーパーバイザーやワーカー仲間がいることは大切です。ただ，スーパーバイザーの機能についていうと，支持機能の重視ではいけないと思います。

宮地：「やればできる」になったり，「気づき」が得られにくい場合もありますね。

佐々木：支持機能は適切に入れながらも，管理機能や教育機能を明確にしていかないと，子どもの利益を守る枠組みを大切にするという点が弱まってしまいます。

土屋：これはスーパーバイズの場面だけでなく，いろいろな関係者とのパートナーシップのなかでの相互作用にも関係しますね。子どもとのパートナーシップのこともありますね。

佐々木：ワーカー同士の話のなかで，自分たちの仕事は直接支援なのか間接支援なのかということがよく議論されているようです。私もワーカーから質問されることがあります。

宮地：「子どものことは子どもにきく」ことが大切ですね。

佐々木：それは，「子どもを支えるワーカーであれ」ということだと思います。

土屋：子どもがどう思っているのか，どうみているのかをつかむことはもっとも大切なことです。ケースマネジメントのなかで，あえて私たちが直接子どもとかかわるよりも，教師がかかわるほうがよいこともあります。その判断力がスクールソーシャルワーカーには求められるのではないでしょうか。

佐々木：学校を基盤とする子どもを中心としたつながりの構築を図ったとき，実質的に子どもの声を聴くのは誰がもっとも適切なのかを考えることです。システムのつながりのなかで「子どもの声を聴くこと」は，ワーカーにとっていろいろな人とかかわるときの力量と重なると思います。

## 第2節　スーパーバイズの実際から

### (1) 個別スーパービジョンの目的と重点

　個別スーパービジョンは，スクールソーシャルワークの特徴をふまえ，より良い支援を目指して成長しつづけるスクールソーシャルワーカーの教育プロセスである。そしてその目的は，ワーカーの専門性の高い活動実践によって子どもにより良い支援が届くことにある。つまり，スーパービジョンはスーパーバイザーによる後方支援であり，子どものための間接支援である。

　そのためスーパービジョンでは，活動の計画性，価値・知識・技術の確認，自己覚知（客観的な自己分析），全体を俯瞰する視点，アセスメント力，プランニング力を鍛え，活動の枠組みのなかで，重層的・複層的環境に次々に相互作用を生じさせ，より良い教育が子どもにフィードバックしていくような支援のデザイン力（本書第7章第1節参照）を高め，それを実現させる知恵や技（art）を磨くことを目指す。

### 1) 個別スーパービジョンの機能と内容

　個別スーパービジョンは，スーパーバイジーの個別性，活動する学校・地域・事例等の個別性に沿ったものとなる。一般に，スーパービジョンの機能は「管理機能」「教育機能」「支持機能」といわれることが多いが，本節では，「管理機能」と「教育機能」を重視した。

まず「管理機能」を重視する理由の1つに、教育活動の範囲が広く、日々状況が変化し教師が多忙に動く学校現場では、教育の専門家集団の価値観や状況に巻き込まれて異職種の専門家としての意識や立場があいまいになり、専門性を発揮できない場合が想定できることがある。未然予防のためにも管理機能によってスクールソーシャルワーカーの専門職としての立場や信用、活動そのものを守る必要がある。

次に教育機能であるが、これがスクールソーシャルワーカーへのスーパービジョンの主な機能と考える。スーパービジョンではスーパーバイザーとスーパーバイジーがともに活動全体を俯瞰し、スーパーバイジーの「気づき」を促すプロセスとなる。

支持機能についてはスーパーバイジーであるワーカー側が認識するものであるが、教育プロセスのなかで「自らの『気づき』で『見とおし』が立ち、そのときにSVの同意や支持が添えられるともっともモチベーションが上がる」というワーカーが多い。

「気づき」は、スーパーバイジー内部での自己覚知をとおして行われるため、「意識的に悟ることを避けてきた自分の弱点や自分の未熟さ」に向きあわざるを得なかったスーパーバイジーにはそれがとても「つらい」場合もある。また自信があった人ほど「自分は今まで何をやってきたのだろう」等、さまざまな「気づき」からさまざまな葛藤が生ずるという。しかしそれらが整理されるにしたがい専門職としての意識が高まっていく様子がみてとれる。

2) スーパービジョンの内容

スーパービジョンで取り上げる内容は、大きく分けて次の5点（表8-1）である。これはスーパーバイジーのニーズでもあり、スーパーバイザーの教育目標でもある。

表8-1 スーパービジョンの教育内容

| 任務の枠組み |
| --- |
| ・当該事業のねらいやスクールソーシャルワーカーの業務、活動の枠組み、報告、連絡、相談のルール、報告書、使用ツール等の確認<br>・個人情報の管理の徹底や可視化できる活動の意識化 |

- 雇用側の組織と学校組織の枠組みの意識化
- 信用失墜行為の禁止，事業全体や子ども支援への影響の意識化
- 緊急時や困難時の活動の指示やチェック
- 事業に組み込まれたスーパービジョンの意義や枠組み，スーパーバイジーの姿勢，スーパービジョンの準備の指示

| 理論・価値・知識・技術 |
|---|

- 初期のスーパービジョンにおいて，パールマンの「P」の理論等を学校にあてはめた確認
学校という援助の場の機能や役割，事業におけるスクールソーシャルワーカーの任務等の確認
- システム理論にもとづく相互作用を意図した支援のデザイン（支援の設計図）の描き方への気づき
- 教育の理論のうえに福祉の理論を重ねて理解する思考を経ての支援の対象やニーズ，プロセスの明確化
- 多様な援助の理論や支援方法の必要に応じた柔軟な活用
- 自己覚知を経て，充足不足に自らが気づき修正・補充する力の向上
- 支援に必要な知識や技術の伝達と実践での活用についての訓練
- 活動計画の立て方等の訓練
- 思い込みや先入観の修正
- 研修会の企画力，実践力の向上

| アセスメント |
|---|

- 法制度の枠組みのなかでの事象の理解と整理
- 事業や子どもの背景の見立てのための情報収集と整理・情報の読み取りや分析の力の向上
- アセスメントシートの使い方の伝達
- 相手の立場になって考えイメージする姿勢の定着
- 個別ケースのアセスメント，個別ケースにかかわる学級・学年・学校アセスメント（学校の状況，組織のあり方や体制，教職員の関係性等），全体をつねにアセスメントしながら，自らの活動を計画し実践する姿勢の定着
- 関係機関の状況や地域の状況，学校との関係性を把握し，事例への効果的な支援のための関係調整の力の向上

| プランニングと支援のデザイン力 |
|---|

- 事例のアセスメントにもとづき，当事者や関係者のストレングスを活かした効果的な手立てを講じる力の向上
- 相互作用によって次々にプラスの相互作用を生じさせるプランニング力の向上
- 個別事例への対応でとどまることなく，それをとおして学校でのチーム体制・機関連携の促進・社会資源の創出等，ミクロからマクロまでの相互作用を意図した支援全体のデザイン力の育成
- 効果的で具体性をもった手立てを講じるための創造力の向上

| 伝達のスキル |
|---|

・簡潔明瞭・適切な表現で「いつ，誰に，どのように伝えるか」の訓練
・研修会での講義力と教育力の向上

出所：筆者作成。

第8章　自らの知識や経験をいかに活かすのか

### （2）スーパービジョンの展開例

　社会人経験を重ねて他の職歴をもつスクールソーシャルワーカーも，最初は多くの困難を感じるという。学校現場に入って初めて，「話しかけることさえためらわれる」と教師の多忙な日常におどろく。そして，「自分の仕事は何だろう」「何をしたらいいのだろう」と考える。スクールソーシャルワーカーの役割は固定的かつ限定的ではないが，社会におけるほとんどの仕事は一人ひとりに決まった役割があるため，そのイメージで学校現場に入ったとき，「ほったらかしにされている」と孤立感をおぼえるのは当然である。学校側もスクールソーシャルワーカーをどう活用すればよいのかわからない場合が多いのであるが，自分の役割が見出せないまま時間が経過すると，ワーカーからは「学校がスクールソーシャルワーカーを使ってくれない」という不満が出ることもある。しかしながら，学校にどう理解してもらうのかを考え，自らの職場環境を調整していくこと自体もスクールソーシャルワーカーの活動の1つである。

　個別スーパービジョンでは一定の枠組みは共通するものの，その内容には個々にちがいが生じる。当然であるが，スーパーバイジーは性格や得意不得意，知識や経験等すべて異なり，スーパーバイザーはそれらを見きわめ，個々のスーパーバイジーにあわせ，理解しやすいまたはイメージしやすい言葉や表現を用いて進める。そのようななかで気づくのは，前職や経験，バックグラウンドとなる学問や専門知識，経験の共通項によって陥りやすい傾向があることだ。それらを理解すれば，前職や経験，バックグラウンドを大きな強みとすることができるはずだ。

　以下は，いずれも初任のスクールソーシャルワーカーの活動初期における個別スーパービジョンの場面である（すべて架空事例）。なお，スーパーバイザーをSV，スーパーバイジーであるスクールソーシャルワーカーをSSWと表記する。

#### 1）大学を卒業してすぐにスクールソーシャルワーカーへ

　次の展開例は，スクールソーシャルワーカーVさんの第1回目のスーパービジョンの一場面である。

Vさん：大学の福祉系学部卒業。実習は児童養護施設。社会人1年目。福祉系の資格あり。小学校配置。

（活動の振り返り）
SV：ところで，Vさんはいつ頃からなぜA子の対応をするようになったのですか？どこでどんなことをしていますか？
SSW：私の担当をしていただいている教頭先生から頼まれました。1か月ほど前からです。私が勤務する日にA子が教室から出たら相談室を借りて遊んだり話をしたりしています。近頃は私の勤務日や学校にくる時間を覚えて職員室に顔をみせにきます。
SV：教頭先生はなぜVさんにA子の対応をたのんだのでしょうか。またVさんはなぜ引き受けたのですか？
SSW：教頭先生は，A子は最近授業中でも教室を抜け出すようになった子どもだが，対応できる教師がいないから助かるといっていましたし，私もスクールソーシャルワーカーとして子どもにかかわりたかったからです。

（専門性の確認）
SV：いきさつはわかりました。今Vさんは「スクールソーシャルワーカーとして」といわれましたが，その意味をもう少しくわしく説明してください。
SSW：スクールソーシャルワーカーは，子どもの最善の利益の保障という基本をふまえた活動をしますから，ワーカーが子どもにかかわるのは当然だと思います。
SV：たしかに子どもの最善の利益を大事にすることはスクールソーシャルワーカーの基本ですね。でもそれは教師もふくめて子どもにかかわる大人すべてにあてはまることだと思います。だとするとスクールソーシャルワーカーによる対応の意義は何ですか？

（ワーカー自身による専門性の気づき）
SSW：うまく説明できませんが，子どもの思いに寄り添うことだと思います。
SV：なるほど，スクールソーシャルワーカーだからこその営みは，子どもの思いに寄り添うことだというのですね。では，子どもの思いに寄り添うとはどういうことだと考えますか？
SSW：うまくいえませんが，子どもの気持ちをわかることだと思います。
SV：つまり専門職だからこその営みは子どもの気持ちをわかることだというのですね。では，それがわかったら専門職としてはどうしようと思っていますか？
SSW：先生たちに対してA子の代弁をしようと思います。
SV：その目的は？
SSW：「……」
SV：先生たちに子どもの気持ちを代弁して伝えることなら，スクールソーシャルワーカーでなくてもできますね。

第8章　自らの知識や経験をいかに活かすのか

(課題の認識)
SSW：大学の実習は児童養護施設でした。また短期間ですが児童館で学生ボランティアをしていたことがあります。どちらのときも職員さんに私がかかわった子どものことを伝えると「助かる」とよろこんでもらえました。今も教頭先生に報告していますが、同じようによろこんでもらっています。
SV：いいですね。報告は大変大事です。でもスクールソーシャルワーカーは専門職ですから、学生ボランティアのときと同じではありません。ソーシャルワークは計画的支援ですし支援は相互作用を意識したものでなくてはなりません。
SSW：具体的にはどうしたらいいのでしょうか？
SV：ソーシャルワークの援助プロセスを思い出してください。
SSW：アセスメント、プランニングですか？

(アセスメント)
SV：そうです。まずはアセスメントからですね。子どもの思いはその子の背景とともにあります。A子はなぜ教室にいられないのか、A子の本当のニーズは何なのか、それがわかれば先生方も適切な対応ができ、子どももすぐにもとのように教室で過ごすことができるかもしれません。または虐待のように学校での対応だけでは改善が不可能で一刻も早く通告が必要な状況が潜んでいるかもしれません。そう考えるとVさんが相談室でA子と遊ぶだけで、またはそれ自体が、果たしてA子の抱える真の課題や強みに適した方法なのか心配になりますね。A子にとってすでにあなたは影響を与える要素になっています。早速A子のアセスメントをしましょう。
SSW：学校でのアセスメントはどういうふうにやったらいいのでしょうか？
SV：まずは情報収集からですね。子ども自身の話や子どもの様子はアセスメントにとって重要な情報です。でもそれだけでは足りませんね。これまでに知り得た事実や情報をアセスメントシート（本書216頁を参照）に記入してみてください。どんな情報があってどんな情報が足りないかがわかります。
SSW：わかりました。すぐにアセスメントシートに記入してみます。どういうタイミングで使うのかわからなかったので、こういうふうに自分がかかわるときでいいのですね。

(中略)

(伝達スキル)
SSW：アセスメントの必要性についてうまく先生たちに説明できるか心配です。自信がありません。
SV：では、説明の練習をしてみましょうか。私を教頭先生だと思って説明してみてください。学校はいそがしい場ですから、簡潔にわかりやすくがポイントです。

——ロールプレイ——

(中略)

（自己覚知，課題の認識と展望）
SSW：私は今日ソーシャルワークの基本を忘れていたことに気づきました。先生方やA子がよろこんでくれるので自分が仕事をしているつもりになっていましたが，今思うと，何か役に立ちたい，子どもとかかわりたいという気持ちが強くて，子どものニーズより私自身のニーズを優先していたかもしれません。正直，専門職ということもあまり意識していませんでした。だから先生たちから学生ボランティアのように思われているのかもしれません。
SV：子どもを大事に思うことはもっとも大切な要素ですが，それはスクールソーシャルワーカーならではのものではありません。先生方も同じです。ソーシャルワークは理論と実践です。子どもを思う気持ちが強ければ強いほど，頭のなかでは客観的に冷静に思考し計画性をもたなくてはなりません。せっかく学校があなたを活用しようとしているのですから，それをチャンスととらえて専門性をみせていきましょう。そのためにもつねに自分が専門職なのだという意識をもって基本を忘れないように。
SSW：はい。何だか自分の活動の整理が少しできたように思います。スクールソーシャルワークはまず考えることが大事なんですね。まだまだ計画性のある活動はできないかもしれませんが，専門性を意識していこうと思います。
SV：今日は，短時間でVさんはいろいろなことに気づきましたね。すべての活動自体がアセスメント・プランニングです。ただし子どもの不利益にならないように，迷いや困ったことがあったらいつでもSVに相談してください。
SSW：今まではどこで迷っているのか，どこで困っているのかもあいまいでした。でもこれからは，これでいいのかなと悩むことが増えると思います。
SV：専門職こそ悩みます。悩んだら抱え込まずに相談してください。では次回からスーパービジョンでは，事例についての相談はアセスメントシートを使いますので忘れずに用意しておいてください。
SSW：はい，わかりました。よろしくお願いします。

[コメント——専門職であることの意識を促す]

　新卒者の強みは，職業的な癖がなく一から学んでいく姿勢をもちやすく，子どもからも教師からも保護者からもさまざまなことを教えられ吸収していけることである。しかし，大学や専門学校で学んだソーシャルワークでは相談機関での面接をとおした支援のイメージが強く，また，机上の学問と実習での経験だけでは実践力は身につかない。あたりまえのことであるが職業人としてのイメージづくりはこれからである。教師は「人をみる」仕事である。自分たちと

第8章　自らの知識や経験をいかに活かすのか

一緒に子どもの抱える問題にかかわってもらおうとするとき，ワーカーに専門性がみえにくい場合は「人手」として活用しようとすることも想定できる。またそのような場合，ワーカー自身が専門職たる自分を見失う可能性もある。経験が浅くても深くても，またどのような状況にあっても，「自分は専門職である」という意識と自覚がワーカーを支えることを忘れてはならない。

## 2）高齢者福祉関係者からスクールソーシャルワーカーへ

次のスーパービジョンの展開例はスクールソーシャルワーカーWさんが関与している事例について説明する場面からスタートする。

Wさん：専業主婦を経て高齢者福祉領域に従事。子育て中。福祉系専門学校修了。福祉系の資格あり。中学校配置。

---

（スクールソーシャルワーク・アセスメント）
SSW：生徒指導の先生が私の担当なのですが，問題行動の多いB男の問題にかかわってほしいといわれました。B男は毎日のように問題を起こし，先生方はその対応に追われています。私には生徒指導はわからないので，B男について担任や生徒指導の先生などから話を聞いてアセスメントシートに情報を記入してみました。
SV：アセスメントシートを活用したのはよいですね。では，そのアセスメントシートをみせてください。
SSW：これがB男のアセスメントシートです。まだ書き方になれていないです。
SV：大丈夫，なれてきますよ。では改めてこのケースと支援について，簡潔に話してください。
SSW：はい。本児は中学校1年生の男子で母子家庭です。生活保護受給家庭です。母親が朝起きないので本児も起こしてもらえないのではないかと思います。それで毎日遅刻してきますが教室に入らないで廊下をウロウロしています。教師が注意してもいうことを聞きません。無理に教室に入れようとするとかなり暴れてわめきながら近くにあるものを壊します。朝母親に電話をしても寝ていて出ません。母親は本児が小学校の頃から諸費も滞納していたそうです。これまで先生方が何度も母親に朝起こしてほしいとか，教室に入るように注意してほしいと伝えてきたそうですが，まったく改善しないそうです。そこでスクールソーシャルワーカーが面接して，しつけや養育態度の改善について母親に教えてほしいとたのまれたので，私も引き受けました。母親にも来校をなんとか了解してもらったそうです。
SV：先生方は，B男や母親をどのようにとらえていますか？
SSW：母親はだらしがない人で，養育能力も低く子どものことはどうでもいいと思

*191*

っているようです。B男は，こんな母親と一緒にいるので常識がなく教師を馬鹿にしているといっていました。私もそうかなと思います。
SV：Wさんが先生方と同じように思う根拠は何ですか？
SSW：母親が朝は起きていないこと，本児が遅刻してくること，小学校からの申し送り情報で諸費も滞納していて養育能力が低いこと，子どもの問題行動が改善しないことなどからそう思いました。担任や生徒指導の先生も同じ考えでした。
（事実を集める）
SV：そうですか。ではアセスメントシートをもとに，私と改めてアセスメントしていきましょう。まず誰を中心に考えるのでしょうか？
SSW：あっ，中心は子どもです。
SV：子どもの思いや気持ちの項目が空欄ですね。
SSW：担任も生徒指導の先生もB男がどう思っているのか聞いたことがないといっていました。
SV：それが子どもと先生方との関係性を物語っていますね。
SSW：そうですね。先生方はB男を困った子だと思っています。ほんとに毎日B男の対応で疲れています。
SV：では，なおさら子どもがなぜ今のような状況であるかをアセスメントしなくてはなりません。困った子どもは，困っている子どもと考えてみませんか。
SSW：そうでした。実は，前職の高齢者支援でやっていたアセスメントと，スクールソーシャルワークのアセスメントのやり方がちがうので，よくわからないのです。
SV：では，ここで少し練習してみましょう。まず事実についての確認です。たとえば，「母親の養育能力が低い」という情報があります。でもなぜそういえるのか，根拠となる事実が記載されていませんね。
SSW：小学校からの情報だということですので，詳細はわかりません。
SV：ということは，この情報は情報提供者の見立てが入っているということですね。
SSW：たしかにそうです。
SV：そういう場合は，「養育能力が低いと認識されていた（小学校より）」と記載しましょう。
SSW：つまり小学校の認識が情報なんですね？
SV：そのとおりです。次に子どもの学力についてですが，「低学力」と記載があります。それだけでは根拠も得意不得意もわかりませんね。指導要録などの公文書の記載も含め学校でのことは細やかに集めることができると思います。身体的状況についても同様です。保健室には測定や検査，持病や既往症等の記録があります。
SSW：かなり具体的な情報が必要なんですね？
（情報の読みとり）
SV：そうです。では，情報を読みとりながら子ども中心に考えていきましょう。環

境との相互作用を意識しますから，まず変化のあるところに着目します。それはどこですか？
SSW：生育歴の欄には小学校3年時に父母が離婚，父が兄を連れて家を出るとあります。子どもにとっては大きい変化だと思います。でも，それ以外の情報がありません。
SV：離婚の前後で子どもに何か変化はみえなかったでしょうか。たとえば，言動や出欠状況の変化など。また，父母の離婚の原因は何でしょう。子どもは家庭や家族の歴史のなかで大きな影響を受けていますので，生育歴はできるだけ詳細に把握したい情報です。
SSW：そこまで必要なのですね。だとすると，かなり情報が足りません。
SV：次にジェノグラムの部分です。現在母子家庭ということですが内縁の男性の存在がありますね。この人の影響も視野に入れるべきですね。いつからその男性がいるのか，どのような方なのか。B男との関係はどうなのか。
SSW：担任の先生に聞けば知っているかもしれません。
SV：そうだといいですね。情報はただ漠然と集めるのではありません。今ある情報からB男の状況の理由や背景にある課題の可能性をいくつか考えると，さらに必要な情報とそのありかがわかります。改めて小学校から集める必要も生じます。
SSW：B男の場合は何があると考えられるのでしょうか？
SV：生育歴，B男の行動，母親の状況，ジェノグラム等から考え得ることは，B男の環境要因とB男自身の発達上の特性です。特に気をつけなくてはならないのは虐待環境です。現在虐待環境がある場合には対応を急ぎますし，過去にそのような環境にあった場合も子どもへの影響は続いていると考え指導方法に工夫が必要です。環境の変化とB男の変化の有無に留意する意図はそこです。

（思い込みのリスク）
SSW：高齢者虐待のことはよくわかっているつもりなのですが，子どもの虐待のことや発達上の特徴については本の知識だけで，実際はまだよくわかりません。
SV：だからこそ事実としての情報が必要となります。それをたしかな知識で整理してみます。
SSW：わかりました。事実から理由や影響を考えるのですね。
SV：そうです。たとえば問題になっている母親は35歳ということで働き盛りの年齢ですが，生活保護を受給されています。ということはそれなりの理由があると思います。この点についてはどうでしょうか？
SSW：高齢者にも生活保護を受給されている方がたくさんいますが，30代半ばだったら何かの病気とかでしょうか？
SV：身体の病気も少なくありませんが，今多いのがうつ病などの心の病気です。
SSW：高齢者にもうつ病の方は多いです。

SV：高齢という別の条件も入りますが，一般的なうつ病の症状はご存じですよね。
SSW：はい。気持ちの沈み込みややる気が起きないなど大変つらいと思います。特に午前中がひどいようです。
SV：もしも母親がうつ病などの心の病気だったら，母親の状況はどう理解できますか？
SSW：朝，子どもを起こして食事を食べさせて送り出すのは，かなりしんどいと思います。身体が動かないのではないでしょうか。それはつらいことでしょう。
SV：そういうイメージをすぐに思い浮かべることができるのはさすがですね。背景に何があるのかで，その人への理解が変わります。最初「母親が朝起きないので本児も起こしてもらえない，だから遅刻するのは母親がだらしがないからではないか」とWさんは考えました。そこには自分の価値観が反映されていなかったでしょうか。
SSW：いわれてみればそうです。たしかに母親は毎日子どもを起こすのが仕事だ，それをしないのはダメな母親だと思っている私がいます。だから子どもの遅刻も問題行動も母親のだらしなさが原因と思い込んでいました。
SV：DV被害で離婚されてからうつ病になる方もいます。B男の母親の場合はどうなのか今はわかりません。でも一つひとつの事柄に理由があると考え，いろいろな可能性を視野に入れながら情報を読みとりさらに事実を確認することが必要です。子どもへの影響を考えると，思い込みは危険ですね。

（中略）

（目的意識）
SSW：面接の前に気がついてよかったです。
SV：その面接ですが，どんな目的で臨もうと思っていますか？
SSW：ほんとですね。先生方に頼まれたように，しつけや養育態度の改善について話すことは母親の背景によっては不適切かもしれません。うーん，困りました。
SV：動く前に，会う前にまずアセスメントです。今ある情報をしっかり集めて分析するだけでもB男や母親の状況がわかってくると思います。虐待が疑わしかったら面接以前に通告が必要になるかもしれません。一方で学校は保護者を尊重しながら子どもへの思いや願いを知り，子どもの教育のために家庭と協力しあう関係でいることが基本になります。
SSW：それを先生方にわかってもらえたらいいのですね。
SV：そうです。それをわかってもらったら予定している面接の目的や誰がどのように会うべきなのかを考えることができるのではないでしょうか。良くも悪くも面接の影響は大きいです。こちら側の事情優先で面接を安易に考えない方がいいですね。
SSW：わかりました。情報収集を丁寧にやってアセスメントシートをみながら先生方と背景を考えてみます。それで面接は誰がどのように行うのがいいのか一緒に考えてもらいます。私が行う場合は母親の話を傾聴したいと思います。

第8章　自らの知識や経験をいかに活かすのか

SV：先生方が面接する場合も，まずは傾聴でしょう。Wさんは傾聴になれていると思います。子どもの気持ちを把握するためにも傾聴のスキルを先生方に伝えることもできそうですね。
SSW：それならできそうです。やることがみえてきました。

［コメント――アセスメントの大切さについて］
　スクールソーシャルワークの包括的アセスメントでは，情報を集め整理したうえで分析し，課題とストレングスを明確にする方法をとるが，同じ福祉でも領域によってアセスメント方法は異なる。なかにはアセスメントは自己流でやってきたという対人援助職経験者もいる。いずれにしても支援はアセスメントからである。記録から始まり情報収集，情報の読みとりや分析，包括的な見立てについて多くのスキルを身につける必要がある。そのなかで，アセスメントそのものに前職や経験，バックグラウンドの特徴が反映されることが多く，他の対人援助職経験が長い人ほど切り替えがむずかしい場合もある。しかし，ソーシャルワークの援助過程をよく理解しているということは，アセスメントの重要性を認識しているということである。これまで身につけてきたアセスメントスキルを強みとして，包括的アセスメントのなかで活かしていくことが大切になる。

3）子ども家庭福祉の相談機関からスクールソーシャルワーカーへ
　次の展開例はスクールソーシャルワーカーXさんが，どのように子どもにかかわったらいいのかのを語っている場面である。

　Xさん：大学卒業後，子ども家庭福祉の相談機関に従事。特に児童虐待や子育て問題への対応を主としてきた。福祉系の資格あり。中学校配置。

（誰が子どもの思いをわかるべきか）
SSW：担任の先生から対応がむずかしいと相談のあったC子なのですが，だったら私が一度C子と会いましょうかといってみたのです。でもそれっきりでまだ私が担当するケースがありません。どうしたらいいのか困っています。
SV：担任の先生は，Xさんに何を期待していたのですか？
SSW：C子にどう対応したらいいのかという助言がほしかったようです。でもアセスメントしなくては私もわかりません。だからC子に会いましょうといったのです。

SV：私は今Xさんの説明を聞いていて，教師やC子のニーズとXさんの考える支援とのくいちがいを感じました。それについて考えてみましょう。
SSW：はいわかりました。よくわかっていないので，お願いします。
SV：まず，C子のことを一番知りたいのは誰ですか？
SSW：それは担任だと思いますが，私も知りたいと思っています。それでないと支援ができません。
SV：C子にかかわる支援の担当は担任です。担任はうまくC子にかかわりたいために，Xさんにコンサルテーションを求めたのではないでしょうか。Xさんに支援の担当を代わってほしいと依頼したわけではないと思います。
SSW：でも今はC子とあまりコミュニケーションがとれていないようなので。
SV：それはなぜだと思いますか？
SSW：担任のかかわり方がC子の思いとズレているからではないでしょうか。
SV：ということは担任がC子の思いや背景をわかることが双方に必要だということですね。ところがXさんはまず自分がC子に会いたいといい，困っている担任にC子との面接設定を求めています。
SSW：たしかに私がわかりたいと強く思っています。そうですね……コミュニケーションがとりにくいC子と日程調整をしてほしいといったら，ますます担任は困りますね。それができたら苦労しないって……。
SV：だからそれっきりなのではないでしょうか。それに面接のできる子どもや保護者には担任もいれば専門職としてスクールカウンセラーがいます。先生方からのスクールソーシャルワーカーへの相談はそれがむずかしいケースだからだと思います。
SSW：私はどういう支援ができるのでしょうか？
SV：アセスメントが重要だという意識こそソーシャルワーカーです。担任もそれができたらもっとC子に適したかかわりができ，C子の関係が修復するかもしれませんよ。担任とアセスメントをしてみることをおすすめします。
SSW：専門職として子どもに直接かかわらないままでいいのでしょうか？
SV：それがいいのです。C子にとって有益なのはスクールソーシャルワーカーよりも担任との良い関係です。学校現場での子どもの主担当は教師です。スクールソーシャルワーカーが関与するケースは多くありますが，担当するケースはありません。

(児童虐待と学校の気づき)
SSW：関与できるケースも今はないのですが，この子は気になるな，虐待のサインかなと思う子どもがいます。でも先生方には虐待の認識はないようです。
SV：虐待の知識を全員の教師がもっているとは限りません。しかし法的にも学校と教職員は虐待の早期発見や通告が規定されていますから，知らなかったではすまないのです。どうしたらいいと思いますか？
SSW：私は虐待の対応なら慣れていますし，機関連携もわかっています。

SV：しかし虐待のサインは日常の子どもの様子からキャッチしなくてはなりません。それは誰ができるのですか？
（得意を活かす）
SSW：ということは，先生方が虐待のサインをキャッチできるようにすればいいのですね。私は虐待の研修で法制度のことや虐待のサインや対応について話すことはできます。
SV：先生方に虐待の知識をもってもらうと，つねに意識して背景を考えてもらえるようになるかもしれません。つまりアセスメントの意識です。
SSW：そうなったら子どもだけでなく，先生も対応が楽になりますね。
SV：それはスクールソーシャルワーカーによる子ども全員への間接的な支援です。
SSW：なるほど。C子も，もし虐待が背景にあったら急ぎますね。
SV：では，どうしますか？
SSW：とりあえず担任からC子のことをいろいろ聞いてみます。どれだけ知っているのかなあ。
SV：C子のことで悩む担任の話を聴くことで，情報収集だけでなく信頼関係の構築もできます。もちろん担任の知っていることだけでは情報は不足しています。情報の不足がわかることも大事です。そして面接スキルはそういうときにこそ活かしてみてください。
SSW：たしかに面接スキルは立ち話でも活かせますね。で，虐待を疑ったら通告してもらわなくては。
SV：そうです。ただ通告の必要を担任や管理職にわかりやすく説明することが必要です。虐待は組織対応ですからそれができるように組織を支援するのもスクールソーシャルワーカーの役割ですね。
SSW：虐待対応の説明は大丈夫だと思います。しかし学校の組織や校内体制のことはわかりません。
SV：担任がなぜ一人で悩んでいるのかもわかれば，学校の指導・支援体制の課題がわかるかもしれません。組織図や校務分掌表も参考になると思います。
SSW：スクールソーシャルワーカーの仕事は，私のこれまでの仕事とはだいぶちがうような気がします。まずはC子の担任の話を聴いてみます。
（間接支援のイメージ）
SV：Xさんは，前職で保護者が子育てをうまくできるように支援することで，子どもを支援してきましたね。子どもにかかわる人を支援することで子どもを支援するという理屈は似ています。ただ保護者への支援は家庭の外の機関からでしたね。スクールソーシャルワーカーは学校のなかに入って学校がその役割を果たすように支援をします。つまり先生方は支援対象であり協働者であり，スクールソーシャルワーカーは学校環境の一部です。

> SSW：なるほど，そう考えればいいのですね。たしかに保護者の子育ての肩代わりをするわけではありませんでした。
> SV：支援のために，これまでの仕事でも家庭の状況や保護者のアセスメントは不可欠だったと思います。では今日は，学校でのアセスメントについてお話しします。
> SSW：よろしくお願いします。
> （まずアセスメント）
> SV：学校にはC子や保護者を知る人が複数おり，文書や記録などたくさんの情報があります。それらから情報を集めるだけでも背景がみえてきます。子どもの思いも誰かが聞いているかもしれません。
> SSW：そうか，毎日誰かが子どもと会っているわけですからね。
> SV：アセスメントの結果，必要なら目的をもってワーカーが会うこともあります。
> SSW：でも，どうやってケースにかかわれるのでしょう？
> SV：まず学校全体を観察し情報を集めてアセスメントしてください。そうすれば，どうやってケースに関与し教師と協働したらいいのかみえてくると思いますよ。
> SSW：そう考えてみると，私は受け身で相談が入るのを待っていたのかもしれません。子どもや保護者に会わなくても，できること，やるべきことがたくさんあることが少しわかりました。そして虐待研修はぜひやりたいので，ケースへの関与のあり方もふくめて私の担当の生徒指導の先生に相談してみます。
> SV：いいですね。
> SSW：正直，自分は子どもの福祉の仕事をやってきたから，すぐにたくさんのケースを担当できると思っていました。でも認識を変えたいと思います。担当ではなくケースに関与する立場なのですね。
> SV：しかもスクールソーシャルワーカーは，単にケースにかかわる人ではありません。子どもを中心に調整すべき環境は広く深いものです。つねに俯瞰して全体をみながらも，細かなところをみていかなければなりません。

[コメント──間接支援のあり方を考える]

　特に福祉領域から学校に入った場合，学校を福祉の文脈で理解し活動しようとする傾向が強い。そのため施設や相談機関での個別援助的な直接支援のイメージをもちやすく相互作用を意図した間接支援のイメージがすぐにはもちにくい。また，以前の職場のルールや習慣で学校現場を理解しようとすると違和感もあり，そこに不安や不満を感じる人もいる。しかし，学校の文脈のなかで福祉を説明し福祉的視点によって教育活動の幅を広げていくことを理解すれば，学校全体を支援対象ととらえ，学校を観察しアセスメントし，課題や強みを見

第8章　自らの知識や経験をいかに活かすのか

出し協働しようという意識に変わる。特にワーカーに「子育て支援」のイメージや枠組みがある場合，間接支援の意味や支援のあり方を理解しやすい。そのように考えれば，スクールソーシャルワーカーという仕事にこれまでの経験や知識が十分に活かせるという自信がもてる。さらに，相談機関内の支援ではなく，学校という場の利点を活かしたミクロからマクロへのソーシャルワーク実践を自らの興味・関心とすれば，大きな展望をもつことができるだろう。

### 4）心理職からスクールソーシャルワーカーへ

次の展開例は，スクールソーシャルワーカーYさんが，スーパーバイザーに気になる事例について相談する場面である。

Yさん：大学院修了後，主に不登校の子どもや保護者を対象とした教育相談機関で心理職として従事。心理系の資格あり。中学校配置。

---

（いじめへの対応）
SSW：今日相談したいことはこちらにまとめてきました（A4判の資料を持参）。
SV：きちんと準備ができていてすばらしいですね。では最初の事例から説明してください。
SSW：中学校2年生の3人が絡んだケースです。D男はE男とF男といつも一緒に行動していて，生徒指導部会でもよく3人の名前が挙がっています。先日D男が万引きをしましたが，店からの連絡を受けた保護者がすぐに店に行って代金を支払い謝罪したので被害届けを出されずに済みました。そして昨日，D男が体育館の非常階段から落ちて左足を骨折しました。直後に担任が事情を聞くと，E男とF男と遊んでいてうっかり足を滑らせたといったそうです。E男とF男も同じようにいったようです。ところが今朝D男の保護者からD男の欠席連絡があって，続けて「家にE男とF男がくると，買ったばかりでまだD男も遊んでいないゲームソフトをかならずもって帰る。D男に聞いても貸してやったというが様子がおかしい。今回の骨折の理由を聞いても腑に落ちない。あの2人にやられていないだろうか」といったそうです。実は私もいつも変だなと思っていましたがどうするべきでしょうか？
SV：なるほど。Yさんはなぜ変だなと思っていたのですか？
SSW：私も時々3人の廊下でのやりとりをみるのですが，D男がからかわれていたり，肩を押されていたりするのをみたことがあります。D男の表情は笑っていても硬く，ふざけて遊んでいるようにはみえませんでした。
SV：つまりどう思ったのですか？
SSW：いじめではないかと思いました。

SV：Yさんはこの学校のいじめ防止基本方針に目をとおしていますか？
SSW：いえ，まだです。
SV：では，すぐに確認してください。いじめが疑わしい場合，すぐにいじめ対策委員会を開くことになっているのではないでしょうか。保護者の電話の内容は「いじめられているのではないか」という相談だととらえる必要がありますね。
SSW：わかりました。いじめ防止基本方針をみせてもらい，委員会を開く予定があるのか聞いてみます。
SV：もしそのような予定を考えていなかったら，あなたがこれまでみてきたことと，万引き，今回の骨折をふまえ，保護者からの相談を「いじめの相談」と認識し，すみやかな対応を図っておいた方がいいのではないかと生徒指導の先生に相談してはどうでしょうか。
SSW：生徒指導の先生は私の担当者なので相談できます。あと私が用意しておくべきものはありますか？
SV：その先生と相談のうえ，これまでのことを時系列で整理した記録を用意しましょう。子どもの状況，学校の対応や機関の対応，家庭の対応等を縦線で区切った形がみやすいと思います。今後はいじめ対策委員会の開催も書き入れて記録を続けるといいですね。

（情報記入のスキル）

SSW：あとはどうしたらいいでしょうか？
SV：個別化とアセスメントです。ワーカーはどのようなときも個別の子どもの背景を把握しようとすることが基本です。学校は集団指導を基本とします。また今生じている問題への対処を急ぎます。それも必要ですが，同時に個々の子どもの背景を理解した対応を図らなければ根本的な解決になりません。
SSW：わかりました。3人分のアセスメントシートを用意します。生徒指導の先生と相談しながらわかっている情報だけ記入してみます。
SV：その際のYさん自身の注意事項をおぼえていますか？
SSW：はい。前回のスーパーバイズで指摘されてから，自分の理解でまとめて書かないことと，日時を入れて事実を書くことを意識しています。

（枠組みを理解する）

SV：では，もしD男のさまざまな被害がE男とF男の意図的な加害であった場合の対応のシミュレーションをしましょう。
SSW：学校はD男への謝罪をさせると思います。でもそれだけでD男が安心するとは思えません。いつからD男がターゲットになっているのかわかりませんが，心のケアが大切だと思います。
SV：たしかにD男の心のケアは大切ですね。でもスクールソーシャルワーカーは枠組みについても意識しなくてはなりません。

## 第8章 自らの知識や経験をいかに活かすのか

SSW：枠組みとはどういうことでしょうか？
SV：学校は謝罪をさせるでしょう。しかし社会ルールのなかで考えた場合，学校ルールですますことのできる問題とそれではすまない問題があることを考える必要があります。学校はそのような枠組みを意識していない場合があり，それが問題をあいまいにさせ悪化させることもあります。たとえば，複数の人間による悪意のある一方的な暴力で，ある人の足を骨折させた場合，一般社会ではどのように対応しますか？
SSW：たぶん警察に通報しますね。でも学校から通報するという話はあまり聞きません。
SV：先生方には悩ましいことです。普通のケンカの場合，当事者は対等ですから教育的観点から，互いの内省と謝罪による成長を重視した対応をします。しかし，いじめはケンカとはまったく異なるもので対等性はありませんから，ケンカのときの対応では状況が悪化することも少なくありません。また，加害行為が歯止めのないまま，よりみえにくい形で継続したりエスカレートしたりして大きな犯罪に発展することも想定できます。
SSW：被害の子どもにとっての苦しみはもっと深く大きくなるのですね。加害の子どもにとっても不幸です。でもどういうふうに考えていけばいいのでしょうか。
SV：学校で何か事件や問題が起こった場合，事象そのものに対応する枠組みと個々の背景に対応する枠組みで考えなくてはなりません。
SSW：個々の背景に対する枠組みは，虐待環境にあるのか，本人の発達上の特性があるのか，その他の事情があるのか等，アセスメントの視点で考えればいいのだと思いますが，事象そのものに対する枠組みとはどういうものでしょうか。

**（法制度による枠組み）**
SV：事象に対する枠組みは法制度や規則等です。学校は社会ルールよりも学校ルールを優先してしまう傾向があります。大切なことは，加害行為の犯罪性つまり非行対応の視点です。児童福祉法や少年法の目的を正しく理解したうえで犯罪行為については警察に連絡する必要があります。もちろん被害側が被害届けを警察に出すことも必要です。
SSW：いじめの被害者は，ちゃんと守ってもらえる安心感がないと，被害届けを出すこともためらうかもしれません。
SV：そのとおりです。だから学校は徹底して被害者を擁護する体制をとらなくてはなりません。ここまでが起こった事象への対応です。そして同時に加害と被害の子どもの背景への支援も必要です。加害者はどこかで被害者ですし，被害者が別のところでも被害者である場合もあります。
SSW：担任一人ではぜったいに無理ですね。多様な取り組みが必要なのですね。
SV：そうです。組織対応です。ところでYさんは要保護児童の対応については理解していますか？　中学生の非行の場合，加害の子どもが13歳か14歳かによって通告先

やその後の処遇が変わります。
(知らざるを知る,足らざるを知る)
SSW:実はそこもあまりよくわかっていません。少し教えてください。
SV:では,簡単に説明しますね。
(中略)
SV:子どもの場合,事象に対する枠組みにも背景に対する枠組みにもかならず基準として登場するのが児童福祉法の要保護児童の概念と第25条です。機関連携もしますから要保護児童対策地域協議会のこともしっかり理解しておきましょう。アセスメントで虐待が疑わしいとなったら,加害被害にかかわらず通告することです。
SSW:児童福祉法や少年法などは,互いに関連している法律なのですね。
SV:スクールソーシャルワーカーは,つねに法制度を意識しておかなければなりませんから基本的な知識は確認してみてください。
SSW:はい。仕事をするために必要な法制度のことをほとんど知らなかったことがわかり,少し焦ってきました。急いで勉強します。
SV:わからないことが何であるかがわかることが大切だと思います。

[コメント──法制度への理解を深める]

　心理職からスクールソーシャルワーカーとして活動する場合も多い。心理職の経験は,当事者の内面の理解に十分に活かされる。しかし,過去から現在までの広い範囲から事実としての情報を集め,分析し,包括的に見立てるという包括的アセスメントになれていない場合も少なくない。また記録についても事実を自身のなかで要約したり自身の見立てを事実として記載してしまう傾向もみられる場合もある。また,これまで勤務した場所によって違いはあるが,心理職だったワーカーがもっとも悩むことが法制度の知識である。法制度はソーシャルワーク実践においては不可欠な要素である。

　「心理職は心のなかの相互作用を意識しますが,ソーシャルワーカーは,個人と環境との相互作用を意識するのですね」といった心理職経験者のスクールソーシャルワーカーがいた。ちがいと共通点を見出しながら,不足するものを補っていけば人をみる細やかな視点が活動上の大きなメリットとなるだろう。心理職でのスーパービジョンの経験も,スクールソーシャルワーク・スーパービジョンに活かすべきメリットである。

## 5）教育職からスクールソーシャルワーカーへ

次の展開例はスクールソーシャルワーカーZさんのスーパービジョンの一場面である。

Zさん：大学卒業後中学校教員となり定年退職。退職前の8年間は中学校校長。リーダーシップの校長として知られていた。福祉系等の資格なし。小学校配置。

（学校アセスメント）
SSW：初めて小学校現場に入りましたが，生徒指導体制がないのでおどろいています。
SV：そうですか，なぜそのように思ったのですか？
SSW：校内を巡回していると，いろいろな子どもがいることがわかりますが，ほとんど担任が一人で対応しています。なかにはうまくかかわれない先生もいますので，何かあれば直接教頭に相談していますが，それも担任によってまちまちです。あまり学級をみせたくない担任もいます。いわゆる抱え込みというものでしょう。中学校は教科担任制ですから隠しようがありませんし，すぐに管理職というのではなく生徒指導担当を中心に複数の教師が対応します。生徒指導体制がないのは大きな課題だと思っているのですが。
SV：なるほど。では小学校の良い点でおどろいたことはありますか？
SSW：ほとんど空き時間もないまま，担任が朝から晩までよくがんばるなあと思います。中学校の先生にくらべて細かいところまで面倒をみようとしています。
SV：では，子どもへの支援を念頭に，今Zさんが配置されている小学校の課題と強みをまとめてみてください。
SSW：わかりました。私が配置された小学校は，個々の担任が朝から晩まで非常によくがんばって子どもにかかわろうとしています。しかし生徒指導体制がないため担任が一人でがんばることがあたりまえで組織として対応していません。そのため担任によって子どもの対応力に差が出て，子どもに影響しています。
SV：つまり生徒指導体制ができれば，子どもへの支援が十分にできるということですか。
SSW：いや，たぶんそれだけではだめですね。指導体制がきっちりできていた中学校でも多くの課題がありました。指導してもなかなか効果がなかったり，学校にこなくなったりする生徒もいたので。
SV：では，どうすれば指導体制を活かすことができたのでしょう。
SSW：スクールソーシャルワーカーになって勉強したことでいうと，アセスメント

というものがなかったように思います。私のいた中学校の先生たちはいつも情報共有をしてチームで対応していたと思いますが，SVに教えてもらったようにたくさん情報を集めて分析するということはしていなかったと思います。子どもの対応を話しあう会議のなかに包括的アセスメントというものがあったら対応方法も少し変わっていたかもしれません。

(経験のメリットとデメリット)
SV：では，Zさんが小学校で活動するにあたっての目標はどのようなものですか？
SSW：今の小学校に，アセスメントをする会議と生徒指導体制ができることです。
SV：では，そのためにまず何を短期目標にしますか？
SSW：やはり学校は校長次第です。だから校長にわかってもらわなくてはならないでしょう。校長に話してみてもいいのですが，なかなかむずかしいです。
SV：何かそう思うことがあったのですか？
SSW：教頭が私の担当なので，校内の指導体制をつくる力になりたいと伝えてみたことがあるのです。でも，また相談させてもらいますから今はゆっくりしていてくださいといわれてしまいました。校長からも，Z先生からみたら担任の指導がなってないかもしれません。お恥ずかしい限りですなどといわれてしまいまして。
SV：なるほど。校長先生にわかってもらうことを目標にするとしても，手立てには少し工夫が必要ですね。
SSW：どうしたらいいですかねえ。何かみえない壁があります。
SV：Zさんがその校長先生だとしたら，もと中学校の校長経験のあるスクールソーシャルワーカーが話した内容を教頭から報告されて，どう感じますか？
SSW：まあ性格もあるでしょうが，たしかに気分はよくないですね。そうか，教頭の言葉も校長の言葉も，私にかかわってほしくないという意味なのかもしれません。
SV：もと校長だったという経験は，スクールソーシャルワーカーとしては大きなメリットなのですが，反面デメリットもあります。最初はどの校長にもスクールソーシャルワーカーというなじみのない人を学校に入れる不安があると思います。ただZさんの場合そのうえに別の条件が重なります。自分が意識していなくても，校長からみたらスクールソーシャルワーカーが職業的にも人生的にも先輩であるわけです。しかし学校を背負っているのは自分だというプライドもありますし，小学校のことはわからないだろう，という反発心もあるでしょう。学校をより良くしたい気持ちは当然もっておられますが，自分の気づかないことを指摘されるかもしれないという煩わしさもあって当然です。
SSW：校長の立場はわかっていたつもりですが，私は仲間として教えてやろうとしていたのかもしれません。そうか，今は同じ仕事仲間ではないですね。

(教えてもらう姿勢)
SV：教えてやろうという言葉は，うえから目線の意味をもっています。ソーシャル

ワーカーが重視すべきはパートナーシップです。相手が子どもでも保護者でも同じです。
SSW：新しい仕事にチャレンジしているわけですが，長年染みついた教師癖なのか，無意識に指導的ないい方になってしまうのかもしれません。
SV：でも教師癖を活かすこともできます。担任や部活の顧問として子どもにかかわるとき，または校長としていろいろな教職員をまとめる際，何を重視してきましたか？
SSW：子どもにでも先生方にでも，その人の良いところを伸ばすことと，自分から取り組もうという主体的な気持ちを出せるように心がけてきたつもりです。
SV：そうですよね。その方向性こそがソーシャルワークの支援と共通するのです。
SSW：ということは，校長の力を活かして，校長が自分から指導体制構築に取り組もうとするように働きかけたらいいのですね。
SV：そのとおりです。でも先ほどの学校アセスメントのなかに，校長がどのように学校経営をしようと考えているのかが入っていません。校長が学校だとすれば，そこがもっとも重要です。
SSW：最初の挨拶以来，校長とゆっくり話ができる機会がないのです。声をかけても，今日は時間がないのでまた今度，とやんわり断られます。
SV：教頭先生をとおして，スクールソーシャルワーカーとして，この小学校について教えていただきたい，自分がどう活動したら役に立つのか相談にのってほしいと声をかけてみてください。
SSW：警戒されないでしょうか？
SV：言葉やいいまわしに気をつけたら大丈夫だと思いますが，もし警戒されたら「SVから指示されました。おいそがしいなか申し訳ありませんがお願いします」といってみてください。

**（得意を活かす）**
SSW：わかりました。小校長の学校経営方針には興味があります。何とか時間をつくってもらってしっかり教えてもらいます。
SV：そのときを信頼関係構築の機会にして，校長先生のやろうとしていることを理解し，うまくやれるようにサポートしてくれる人なのだという安心感をもってもらえるように意識してくださいね。
SSW：学校経営方針は，学校の課題をふまえているはずです。それにのっとって指導体制の構築やアセスメントの視点を入れていけるのではないかと予想します。
SV：そうですね。校長先生のビジョンをふまえて具体化していく方策のなかに，スクールソーシャルワーカーの視点や方法が活かされるのが自然です。特に包括的アセスメントについては，これは効果があると校長先生が実感すれば指導体制も変わってくるのではないでしょうか。近道はケース会議を取り入れることですが。

SSW：そう思います。わかりました。学校のビジョンをふまえて，改めて私の活動のビジョンを描いてみます。
SV：何事もビジョンは大事ですね。その実現のためにも，とにかく意識して校長先生を立ててください。Zさんの場合つねにワンダウンの意識によってパートナーシップが保たれるかもしれません。その姿勢がZさんの得がたい強みを活かすポイントです。決してあせらず，でもタイミングを逃さず，黒衣に徹してください。
SSW：やってみます。相手の力を活かすことをいつも考えていれば，できそうな気がします。
SV：しばらくは「報・連・相」でいきましょう。

［コメント——相手の力を活かす］
　教師経験のあるスクールソーシャルワーカーの場合，学校に関する知識や経験のあることは大きなメリットである。その反面，教育指導的な「教える」姿勢が強く出る場合や，「子どもを変容させる」価値意識や管理的視点が出てしまうこともあるかもしれない。またアセスメントやケース会議のときに「すぐに手立てを」という癖が反映してしまうこともあるかもしれない。学校というこれまでと同じ現場で，異なる職種として仕事をすることは簡単なことではない。しかし指導者ではなく支援者であるという意識のなかで，教育のなかにある福祉的機能を改めて取り出してみると，これまでの教育実践での経験や考え方をソーシャルワーク実践に活かせる利点は大きい。特に，相手の力を引き出すスキルや学校システムの課題や強みをすみやかに把握し，校内での相互作用をイメージできることなどは，支援者の立場だからこそ十分に活かしていけるはずである。

（3）個別スーパービジョンの意義
1）スーパーバイジーにとっての個別スーパービジョン
　筆者をスーパーバイザーとして業務に位置づいた個別スーパービジョンを10回以上継続的に経験したスーパーバイジー10名と，業務以外で単発に行ったスーパーバイジー4名（前者をAグループ，後者をBグループとする）から寄せられた意見・感想のなかで使用されていたキーワードを種別し，その出現回数を

第8章　自らの知識や経験をいかに活かすのか

調べてみると以下のようになった（表8-2）。

表8-2　キーワードの種別

| キーワードの内容の種別 | Aグループ（10名） | Bグループ（4名） |
|---|---|---|
| ア　SVやSVrへの否定感，不信感 | 7（8.6%） | 0 |
| イ　論理的な応答（根拠，目的，役割等） | 11（13.6%） | 3（12.5%） |
| ウ　自己覚知，気づき，振り返り | 20（24.7%） | 3（12.5%） |
| エ　活動のチェック機能・質の担保 | 8（9.9%） | 0 |
| オ　理論，知識，スキルアップ | 12（14.8%） | 9（37.5%） |
| カ　SVやSVrの活用 | 6（7.4%） | 0 |
| キ　精神的な支え | 8（9.9%） | 3（12.5%） |
| ク　SVrの存在による学校の安心 | 9（11.1%） | 0 |
| ケ　活動の具体的な見とおし | 0 | 6（25%） |
| 計 | 81（100%） | 24（100%） |

出所：筆者作成。

　Aグループの「SVやSVrへの否定感，不信感」は，スーパービジョンのスタート時の気持ちを述べた3名のものである。その主な理由は「論理的応答（根拠，目的，役割等）」への苦痛であった。しかしその後の変化として「自己覚知や気づき，振り返り」を意味する言葉が複数回出現し，「SVやSVrの活用」という表現が現われた。この3名の場合は，業務に組み込まれたスーパービジョンであったが，いずれもスーパービジョンの経験がなく，当初はその必要を感じていなかった。Bグループ4名は，スーパーバイジーの希望によるスーパービジョンであったため「否定感，不信感」はなかった。ちなみに業務に位置づけられていないスーパービジョンのため，管理機能といえる「活動のチェック，活動の質の担保」や「SVrの活用」にかかわる表現はなかった。
　全体をみると，スーパーバイザーとの論理的な応答をとおしてスーパーバイジーが活動を振り返り，自己覚知や気づきを深め，スーパービジョンを主体的に活用しながら，専門職として質の高い活動を自ら考え実践することを志向するようになる経過がみえる。また，継続的な個別スーパービジョンを受けるスーパーバイジーにおいては，スーパービジョンやスーパーバイザーを主体的

に活用し、自らの活動の妥当性のチェック機能としつつ、自らの安心感を得る機会ともとらえている様子が特徴的である。継続的な学校巡回型スーパービジョンを経験したあるスーパーバイジーは「私たちが学校と先生方をみているように、学校はSVrとSSWrのことをみている。両者の信頼関係にもとづいた支援が学校からのプラスの評価になっていると思う」と記述していた。同様の記述は他のスーパーバイジーにもあった。ここから推測できることは、スーパービジョン体制やスーパーバイザーとスーパーバイジーとの信頼関係が、学校側の安心感やSSWの浸透に効果があるということである。

**2) スーパービジョンを活かすスーパーバイジー**

対人援助職にはスーパービジョンが不可欠といわれているが、スーパーバイジーがスーパービジョンを知らなかったり、実際に経験したことがなかったりする場合が少なくない。そのため業務に位置づけられたスーパービジョンの場合、その意味を理解していないスーパーバイジーが、責任の発生しない部外者の助言に振り回されて妥当性を欠いた活動になることも想定できる。また自己防衛が強いスーパーバイジーの場合はスーパーバイザーとの信頼関係が構築しにくくスーパービジョンの効果が現われにくい状況もあるだろう。

一方、スーパーバイジーがスーパービジョンを主体的に活用しようとしている場合、学校からの好意的な評価の声や個別ケースの支援の進展、校内システムの改善、機関連携の活発化等、具体性のある効果を早期に経験することが多い。

スーパービジョンはスーパーバイジーによる準備から始まっている。スーパーバイジーがスーパービジョンの意義を正しく理解し、自らの成長の機会ととらえる姿勢の有無が、スーパービジョンの効果を左右するといえるだろう。

(付記)
本節は2008（平成20）年から2015（平成27）年までに、さまざまな地域で筆者が行ってきた個別スーパービジョン（55人以上、延べ730回以上）の実際をふまえて述べている。

## 第3節　研修会や学習会をどう進めるか

### (1) 初任者（経験者）研修などでの総括的なプログラム

#### 1) 学習の見とおしを立てる

スクールソーシャルワーカーの役割を文部科学省は表8-3のように示している。

表8-3　スクールソーシャルワーカーの役割

| |
|---|
| 問題を抱える児童生徒が置かれた環境への働き掛け |
| 関係機関等とのネットワークの構築，連携・調整 |
| 学校内におけるチーム体制の構築，支援 |
| 保護者，教職員等に対する支援・相談・情報提供 |
| 校内研修等の講師 |

出所：文部科学省。

これらを具体化する学習についてどのような見とおしをもてばよいのか。子どもたちへの働きかけとともに，「関係機関とのネットワーク」や「校内のチーム体制の構築」にみられるように，学校支援や学校内外のシステムづくりへの支援も求められている。こうした役割を遂行していくためにどのような理論や実践項目について考えていけばよいのか。下記は，研修項目とそれぞれのポイントを列記した学習プログラムの一覧例（表8-4）である。

#### 2) 学習プログラムの一覧例（表8-4）

| | 研修項目 |
|---|---|
| 理　論 | ソーシャルワークの基礎基本<br>（ポイント）　ソーシャルワークの定義の理解（新旧定義の比較理解等）<br>　　　　　　　ソーシャルワークの基礎理論（システム理論を中心に）<br>　　　　　　　ソーシャルワーク実践を支える価値・知識・技術 |
| | 子ども家庭福祉の理念と重点<br>（ポイント）　子どもの現状（虐待，いじめ，非行，不登校，校内暴力等）<br>　　　　　　　「子ども家庭福祉」のとらえ方（子どもの貧困と家庭の抱える課題等，外国籍・外国にルーツのある子どもの抱える課題）<br>　　　　　　　子どもの福祉に関する主な法令（子どもの権利条約，日本国憲法，児童福祉法，児童憲章，児童虐待防止法，いじめ防止対策推進法，子ど |

| | |
|---|---|
| | もの貧困対策推進法等） |
| 学校教育について | |
| （ポイント） | 学校の歴史，基本的な学校の機能と役割についての理解<br>教育の基礎（教育原理，教育心理等）の理解<br>教師の子ども観（集団と個人，子どもの発達と学年の特徴）<br>教師の現状（多忙，メンタルヘルス，熱意，同僚性，生活者等）<br>児童虐待，いじめ，子どもの貧困等の問題における学校の役割についての理解（法的な役割と教育的役割等）<br>教育活動の理解（教科教育，特別支援教育，特別活動，学校行事等，生徒指導，教育相談，進路指導，学校保健・健康教育，学校安全，学校災害，など）<br>学校経営，学校運営の理解（校務分掌，学校組織，生徒指導・教育相談体制，コミュニティスクール・学校運営協議会等，PTA），教育行政，教育法規，生徒指導提要，いじめ防止基本方針 |
| スクールソーシャルワーカーの役割 | |
| （ポイント） | 教育の権利をはじめとする子ども権利の保障<br>個々の子どもの生活と人生への視点<br>学校の役割の実現を支援（教職員や他の支援者との協働・連携）<br>人と環境との関係性で問題をとらえる考え方の浸透<br>科学的・計画的な支援，チームアプローチの定着<br>教育の福祉的機能の活用<br>コンプライアンス，法制度，社会資源の活用<br>学校内外の連携の促進<br>学校内外の支援システムの構築と調整 |
| 発達上の特徴（発達障害）について | |
| （ポイント） | 発達障害者への支援（発達障害者支援法，学校教育法等）について<br>発達障害の特徴（ADHD，自閉症スペクトラム等）の理解<br>特別支援教育について（特別支援コーディネーター，特別支援教室等）<br>学校教育の役割（ユニバーサル教育，インクルージョン等）<br>連携（家庭，医療等）について<br>引き継ぎについて（個別の教育支援計画，個別の指導計画等） |
| 児童虐待について | |
| （ポイント） | 児童福祉法，児童虐待防止法における学校の役割<br>学校における子どものサイン（反応性愛着障害，発達障害との類似等）<br>虐待の発見と通告の留意点<br>虐待を受けた子どもへの対応の留意点<br>保護者対応の留意点<br>学校教育の役割<br>機関連携と要保護児童対策地域協議会，関係機関の役割について<br>児童虐待防止とスクールソーシャルワーカーの役割 |
| 少年非行について | |
| （ポイント） | 少年非行の現状について<br>少年非行への対応（児童福祉法，少年法，少年警察活動規則等） |

# 第8章 自らの知識や経験をいかに活かすのか

| | | |
|---|---|---|
| | | 非行少年の特徴と背景への視点<br>学校教育の役割 |
| | 関連法規，制度，社会資源<br>（ポイント） | 主たる法規（上記参照），関連法規の理解（生活保護法の一部改正，民法，高齢者虐待防止法，障害者虐待防止法，隣接領域の法規等）<br>主たる制度・条例の理解（医療・保健・福祉の制度，子どもの貧困大綱，いじめ，個人情報保護等の条例）<br>地域のフォーマルな資源・インフォーマルな資源<br>ネットワークの留意点（個人情報保護の観点）<br>ソーシャルアクションについて |
| 実　践 | 活動準備と活動スタート時の留意点<br>（ポイント） | 教育委員会の理解（担当者の理解と信頼関係）<br>スクールソーシャルワーカー自身の活動環境の調整（机，下足箱，書類の保管，私物の保管，パソコン環境等）<br>スクールソーシャルワーカーの担当者（Co）との関係づくり<br>管理職の理解と信頼関係の構築（学校経営方針とスクールソーシャルワーカーの役割とのすりあわせ，組織での位置づけ）<br>学校状況の把握（学校アセスメント）<br>地域状況の把握（地域アセスメント）<br>教育行政と福祉行政等の動向の把握 |
| | 包括的アセスメント<br>（ポイント） | ミクロ—メゾ—マクロを対象<br>情報収集の方法について（範囲，ありか，許可等）<br>アセスメントシートの活用について<br>情報の分析について<br>包括的な見立てについて（課題とストレングス）<br>知識の活用（発達段階，虐待と発達障害の区別，ＤＶ関係，心身の疾病，学校教育と現場，地域事情，法制度等） |
| | プランニングと支援のデザイン<br>（ポイント） | ストレングスの活用<br>長期目標について<br>短期目標と具体的な手立てについて<br>支援のデザインについて　＊第7章第1節，第8章第2節および次項（2）参照 |
| | ケース会議について<br>（ポイント） | ケース会議の意義・役割について<br>ケース会議のもち方<br>ケース会議のあり方<br>アセスメントシートの活用<br>ケース会議と学校システム |
| | 記録について<br>（ポイント） | 記録の重要性 |

| | |
|---|---|
| | 記録の方法とスキル<br>記録の保管における留意点 |
| **教員研修について**<br>（ポイント） | 研修企画と目的意識<br>研修準備（打ちあわせ，レジュメ，パワーポイント，グラフ等の作成，資料の準備等）<br>講義スキル（内容の順序，発声，メリハリ等）<br>振り返り（自己評価，担当者同士，参加者アンケート等） |
| **スクールソーシャルワーク・スーパービジョン**<br>（ポイント） | スーパービジョンの意義と目的の理解<br>スーパービジョンの種類と特徴<br>スーパーバイザーの役割と留意点<br>スーパーバイジーの役割と留意点<br>スーパービジョンへの学校側の理解について |

出所：筆者作成。

### 3）好奇心・観察力・洞察力を高める

　こうした内容やポイントは，あくまでも全体の一部である。個人的な学習や集合研修（学習）を計画するときに参考にしていただきたい。スクールソーシャルワーカーが学校を理解することのみならず，学校や周囲の人びとにスクールソーシャルワーカーが理解されるには，まず，スクールソーシャルワーカー自身が学校への好奇心や観察力，洞察力を高めていくことも大切である。さらに，日々の実践と生活のなかで，人の生活や人生にかかわる深く広いさまざまな事柄と，学校や教育についてのさまざまな事柄を学び続けるためには視野を広げ，つねに謙虚な気持ちで子どもから，保護者から，教職員から，仲間から，その他市井の人びとから，あらゆる経験あらゆる場面から学ぶ姿勢が必要である。「適切に教えてもらう」力は，いいかえればスクールソーシャルワーカーの視点を，日常の会話のなかで適切に相手に伝える力でもある。

### （2）「支援のデザイン力」を高めるスキルアップのグループ討論
#### 1）討論をとおして深める

　近年，スクールソーシャルワーカー向けの研修などで，「包括的なアセスメント」を扱うことが増えている。「ケースワーク」にとどまらず，「ソーシャル

ワーク」を意識するための，ミクロ領域からマクロ領域まで先を見とおした支援のデザインに関心をもちたい。以下は個々のワーカーのスキルアップを目的としたグループスーパービジョンやグループ討論の討論題目の例である（表8-5）。

2）討論題目の例（表8-5）

| 討議題 | ポイント |
|---|---|
| ①全体を俯瞰する姿勢 | スクールソーシャルワーカーにはさまざまな相談がもちこまれるが，いずれの問題も「全体のなか」で何が生じているのかを俯瞰する姿勢が大切になる。そのうえで子どもを個別化して細やかな観点でみる。「全体のなか」にはワーカー自身もふくまれ，全体を俯瞰することは自分の立ち位置を客観的な視点で確認することでもある。自らの活動のなかで，こうした全体を俯瞰する姿勢についてどう意識し行動しているかを考える。 |
| ②子どもと環境の望ましい状況のイメージ | 個別の課題が解決または改善されたときの，子どもと環境（ミクロ―メゾ―マクロ）のより良い状況をどのようにイメージしているのか。 |
| ③相互作用の影響による変化の見とおし | 目標とする状況へ向かって次々に生じ得る相互作用を見とおすことが大切になる。そして，当事者が主体的に課題解決に向きあうことや相手の潜在的な力を引き出すことが欠かせない。その際，関係者の内的動機にどう働きかけるのか。また，誰しも何らかの結果を出しそれを適切に評価されたとき，自信となりエンパワーされ次の行動につながる。その過程をワーカー自身がいかに洞察したり想像したりしているのかを考える。 |
| ④授業や学校行事への関心をもつ | 教育法規や国や各自治体のビジョン等を確認し，勤務する学校の経営や運営方針をどういった方法で把握しているのか。授業を参観したり学校行事での子どもの様子を観察したりしながらも，授業や学校行事をめぐる教職員の計画意図を教えてもらっているかどうか。特に，授業や指導案づくりの話題は有効である。指導案は授業の設計図であり，教師が子どもをどう育てていこうとしているかを示すものであり，こうした会話を教師といつどのように行っているかを話しあう。 |
| ⑤具体的で効果的で実現可能な手立ての創出 | 「見立て」の方向性はまちがっていないはずなのに，なかなか支援の効果が出ないと，支援の関係者が困り感をもつことは少なくない。実際はアセスメントが不足している場合もあるが，「手立て」に工夫が足りないこともある。まず，課題が大きいほど関係者は課題に目を向ける傾向が強いが，改めてストレングスを重視して考えれば，子どもは可能性に満ちており，学校にはたくさんの「チャンス」がある。また家庭・保護者にも子どもを思う前向きな思いがある。こうしたストレングスの視点にたどりついた発想力が自らの経験知のなかでどこから生まれてきているのかを紹介しあう。 |
| ⑥思考の言語化・視覚化（伝達のスキル） | 「どうしたら教師に伝わるだろうか」という悩みは誰にでもある。「根拠を明確にしたうえで，ポイントを押さえて相手のわかりやすい言葉を使って，できるだけ簡単に伝えること」をめぐり，どのようなことに注意しているのか。なかなか時間を確保することはむずかしいが，ワーカー自身が自分自身の思考をまとめて理解を深めるためにも視覚化した材料を用意することも大切になる。 |

| | | |
|---|---|---|
| | | レジュメの作成，パワーポイントの活用，図式化，あるいは意外に留意されていない部分として「声の大きさ」と「発声」もある。こうしたトレーニングをどのようにしているかを話しあう。 |
| ⑦実践のための具体的な計画の提示 | | 目指すべき状況をふまえて，段階的なプロセスを明確にしながら支援計画が立てられているかどうか。関係者全体で支援のイメージが共通できる場をどのように工夫してつくりだしているかを話しあう。 |
| ⑧実行力 | | 支援のデザインが，「絵に描いた餅」では意味がない。実践力は関係者一人ひとりの得意を活かした全体力である。実践は計画どおりの相互作用を生むとは限らない。計画と異なる相互作用を生む場合もある。それがプラスであってもマイナスであっても，小さな変化が大きな変化を生み出すこともある。その際のモニタリングのあり方とはいかなるものか，途中であきらめずに実行するための工夫も話しあう。 |

出所：筆者作成。

### 3）ミクロ―メゾ―マクロへの視野の広がり

こうした「支援のデザイン」を意識すると，個別ケース（ミクロ）への支援を通して学校システム（メゾ）または制度等（マクロ）にまでプラスの変化が生じることを把握しやすいと思われる。ミクロの場面でプラスの変化を生みだす相互作用を見とおし，当事者や関係者の力を引き出し十分に活用することが，安定した学校や地域社会の仕組みやシステムにつながることに関心を広げることができる。

## （3）アセスメントシートを活用した学習会
### 1）包括的アセスメントの手法を学ぶ

スクールソーシャルワーカーが子どもの抱える課題を解決または改善しようとするとき，子どもと環境の関係性のなかから，背景にある課題とストレングス（強みや長所）を，科学的に根拠をもって見出す必要がある。そのためには現在のみならず過去の情報が必要になる。その情報には，①子ども自身を理解するための複数の観点（発達段階，発達上の課題，疾病，学力，心理的な悩みやストレス等）によるもの，②子どもの大きな環境である家庭や家族のみならず，彼らに影響を与えている学校，生活・社会（経済状況・雇用状況・国際化・都市化，法制度，インターネットやスマートフォンなどの文化や流行）にかかわるものなどが

ある。心理や医学など他の専門領域でのアセスメントや診断も重要な情報の一つである。こうして集めた情報をもとに，総合的に立体的に子どもと環境の関係性を理解するうえでアセスメントシートが役立つ。

### 2）集めた情報を記入する

情報を適切かつ効果的に収集するためには，必要な情報の項目をある程度設定したアセスメントシートの活用が有用である。情報収集する項目が設定されていると情報を項目別に選択することができ，項目が分類されたシートに収集した情報を記入することは，情報を整理することができる。教職員やスクールカウンセラーが集まる場で情報を追加記入することで，情報の共有化にもなる。その効果は以下のようになる。

- さまざまな情報がシート1枚で視覚化できる：ジェノグラム等の活用により，視覚的に子どもを取り巻く環境が理解でき，アセスメントに必要な情報が明確化される。収集された情報と不明な情報とが項目ごとに整理され，項目の空欄は収集されていない情報であることが理解できる。
- 書き込みながら，子ども理解がすすみ，書き手自身の子どもの見方が客観的な観点で整理される。
- 記入しておけば，いつでもケース会議ができる。ケース会議などで複数の関係者が活用する場合，共通理解がしやすく，何のために，誰が何をするのかが理解しやすくなる（見立てと手立ての記載で）。
- シート自体がケース記録またはケース会議の検討内容（アセスメント・プランニング）の支援記録となる。初回アセスメントシートは，基本情報（フェイスシート）の役割をもち，継続アセスメントシートは，ケースの変化（子どもの状況）や支援の経過の記録の役割ももつ。

では，初回アセスメントシート（例）を使って考えてみる。

①今ある情報からどのような仮説がたつか，くわしく知りたい情報は何か，どこにあるか等を考えてみる。

②できあがったシートをもとに，学習会のメンバーと意見交流をしてみる。空欄部分に着目して，その情報をどのように，誰から，いつ収集すればよ

中学校　**アセスメントシート（初回・例）**　　平成　年　　8月1日　　記入者　△△　〈参考〉

| 2年 1組 | ○○ ○子 男・⊘ | ケース会議参加者 |
|---|---|---|
| 平成11年 10月 25日生 13歳 | 担任：△△ | 生徒指導，教育相談，特支Co，担任△△，前担任，学年教員，管理職，教務，養護教諭，SC，SSW |

気になること：学校にも家にも寄りつかず，怠学不登校が続いている。

〈アセスメント（情報収集）〉

過年度の出欠（特記事項）：これまでの出欠の特徴

|  |  | 4月 | 5月 | 6月 | 7月 | 8月 | 9月 | 10月 | 11月 | 12月 | 1月 | 2月 | 3月 | 合計 |
|---|---|---|---|---|---|---|---|---|---|---|---|---|---|---|
| H23 | 遅刻 | 0 | 0 | 0 | 2 | ＊ | 1 | 3 | 3 | 1 | 10 | 2 | 3 | 23 |
|  | 欠席 | 0 | 0 | 0 | 2 | ＊ | 5 | 5 | 4 | 5 | 5 | 10 | 7 | 41 |
| H24 | 遅刻 | 5 |  | 8 | 1 |  |  |  |  |  |  |  |  |  |
|  | 欠席 | 12 | 全欠 | 14 | 13 |  |  |  |  |  |  |  |  |  |

家族関係図

備考：生保就援，関係機関等
就学援助受給

**本人の状況**

生育歴：
保育園のときは，父方の祖母が迎えにいき，祖母のところで母親が夜迎えにくるのを待っていたという。□□市の□□小学校6年生のとき，両親の離婚にともない，11月に本市の○○小学校に転入した（母より）。

小学校の時の状況：

現状：
入学時から教師に反抗的だったが登校状況はよかった。1年の2学期頃から遅刻や欠席が増えてきた。2年になってからは欠席が多く登校も午後からが増え，登校しても教室に入らないでAさん，Bさんを誘い出し，廊下や体育館裏，保健室にいる。教室にいるときは寝ている。ひんぱんに外泊をしているようである。外泊先から登校することもある。7月は，終業式が終わった頃，保健室に顔を出した。

**家庭状況**

家の様子：校区の集合住宅に住んでいる。
父の状況・意向：□□市に住んでいる（母より）

母の状況・意向：夕方からのパート仕事に出て朝方に帰宅するらしい。1年生のときは，学校にも協力的で何度も来校してくれたが，最近は電話にもなかなか出ず，本児のことで来校を促しても「用事があるから」と拒み，「本人の人生だから，本人の意志にまかせたい。ほっといてもそのうちちゃんとするから」という。

きょうだい：現在小学4年生の弟がいるが，父親に引き取られたとのこと（母より）

その他の関係者：母の知人の男性が不定期に家にいるようである。家庭訪問の際に会った感じでは，母よりかなり若いようにみえるが，職業は不明。父方の祖母は□□市に住んでいる（母より）。

出所：筆者作成。

第 8 章　自らの知識や経験をいかに活かすのか

| 学校生活 | 本人の印象：いつもだるそうで、やる気を感じない。 |
|---|---|
| | 気になる様子：私服のまま学校にくる日もあり、高価な化粧品やブランド財布を所持しているようである。両手首にリストカットの跡がいくつもある。 |
| | これまでの指導・支援の経過：欠席のことや学校での様子については、家に電話したり、家庭訪問をして母親に連絡をとってきた。本児にも服装や持ち物、生活態度、学習への取り組みについては毎回指導してきたが改善はなく、欠席が増えている。夏休みに入ってからも補習授業に誘おうと、何度か家庭訪問をしたが誰も出てこず、28日の昼頃に、若い男性が出てきて「あいつは、最近ずっと家にいないから来ても意味ないよ」といった。 |
| | 友人：2-1Aさん、2-2Bさん、2-3Cさん、〇〇中学校の生徒数人。　部活：バレー部を1年の夏休み末に退部。　進路希望： |
| 本人に関する情報 | 基本的生活習慣（衣食住）：家ではほとんど食事をせず、外で買い食いをしていると本児はいう。弁当はもってこない。 |
| | 行動の特徴：指導中も目をあわさず、表情も変えない。教師が強い指導をすると、暴言を吐きながら教師へ暴力をふるったり、近くのものを壊したりするほど暴れることがある。 |
| | 学力・学習（読み書き・計算、得意不得意、教科別）：学力は低い。2年生になってから、テストは一度も受けていない。1年生の2月の実力テスト　国30、数17、社35、理31、英20　合計133／500 |
| | 言語コミュニケーション：特に気にならないが語彙は少ない。教師とは、担任と養護教諭にしか口を聞かず、それも軽い世間話程度であり、指導的な話は受けつけない。 |
| | 対人関係：Aさん、Bさん、保健室登校のCさんとも普通に交流する。 |
| | 健康（身体的・精神的）：中肉中背。最近かなりやせたようにみえる。顔色も悪い。 |
| | 興味・関心：校内でも携帯でメールばかりしている。保健室で、Aさん、Bさん、Cさんと折り紙をしていることも何度かあり、「小さいとき、ばあちゃんに教えてもらった」と彼女たちにいっていた（養護教諭）。 |
| | 本人の思い・希望： |

| アセスメント（背景にある課題と当事者のストレングス） |
|---|
| ・ |
| ・ |
| ・ |

| プランニング（目標） |
|---|
| 長期： |
| 短期： |

プランニング（手立て）

| 短　期　目　標 | 誰が　：　誰に | 具体的手立て・役割 |
|---|---|---|
| ① | | |
| ② | | |
| ③ | | |
| ④ | | |
| ⑤ | | |
| 次回ケース会議日程　　月　　日（　）　　時より　　場所： | | |

## 継続アセスメントシート　　〇〇年版

| 年　　組 | 第〔　〕回　担任 | 年　　月　　日　　参加者 |
|---|---|---|
| 今回検討したいこと<br>＊モニタリングから | | |

〔今までのカンファレンスの経過〕＊前回の内容が転記されます。

**アセスメント（見立て）**

**プランニング（目標）**
　長期：

　短期：

**家族図**

備考

### 前回確認した役割分担

| | 各　目　標 | 誰が　：　誰に | 具体的手立て・役割 |
|---|---|---|---|
| ① | | | |
| ② | | | |
| ③ | | | |
| ④ | | | |
| ⑤ | | | |

### 各機関・各担当から―どう取り組んで結果どうだったか

| | 取り組んだこと | 結果（本人・家族の動き） |
|---|---|---|
| ① | ＊いつ，何をして（具体的に） | ＊どうであったか（事実のみ） |
| ② | | |
| ③ | | |
| ④ | | |
| ⑤ | | |

出所：筆者作成。

第8章　自らの知識や経験をいかに活かすのか

| アセスメント（現在の情報・状況） | | |
|---|---|---|
| 本人について | 家庭について | 学校について（取り組み） |
| | | |
| 気持ち・考え： | 気持ち・考え： | 留意点： |
| 友人 | 校園・地域・学童保育・関係機関＊それぞれとの関係，動き | |

| アセスメント（背景にある課題と当事者のストレングス） |
|---|
| |

| プランニング（今回の短期目標） |
|---|
| |

プランニング（手立て・役割分担）

| 各　目　標 | 誰が　：　誰に | 具体的手立て・役割 |
|---|---|---|
| ① | ： | |
| ② | ： | |
| ③ | ： | |
| ④ | ： | |
| ⑤ | ： | |

次回のケース会議の予定日　　月　　日（　）　　時より　場所：

参加者・参加機関

いかを話しあう。

③学習会のメンバーによる事例報告を受けてアセスメントシートに記載し，事例検討を行ってみる。

④アセスメントシートが学校現場に取り入れられるために，どのような取り組みが必要になるかを考える。

⑤支援を効率よくするために，自分で開発したもの，工夫したものがあれば紹介しあってみる。

⑥実践のなかでどのような支援ツールがあればよいかを考える。

### 3) 学校は「情報の宝庫」

学校には，大変多くの情報が存在し「情報の宝庫」といえる。しかし，個々の教職員のもつ情報がまとめられていなかったり，情報のありかがわからなかったり，情報が混在していたり，情報の項目（種類）が偏っていることは少なくない。包括的にアセスメントするためには，まんべんなくかつ正しい情報が必要であり，集まった情報を分類し整理しなければならない。アセスメントシートの活用は多忙な学校現場においては有効な方法である。

### （4）教師や地域関係者向け研修の概要

#### 1) スクールソーシャルワーカーによる研修会について

スクールソーシャルワーカーの活動に対する学校や地域の理解が増すと，業務の一環として，研修会や講座の講師を依頼される機会も多くなる。表8-6は，筆者が近年実施した研修の対象と内容の一例である。自治体の官製研修（10年経験者研修や教師の職階別研修，校長会研修など）や地域の民生・主任児童委員やPTA主催の子育て講演会など多種に及んだ。

表8-6 研修会の例

| 対象 | 名称 | 目的 | 内容（一例） | 方法 |
|---|---|---|---|---|
| 教員 | 経験者研修（10年目） | SSWの理解 | ・SSWについての基礎的理解<br>・SCとのちがい<br>・SSWrの活用方法，等 | 講義<br>グループワーク<br>アンケート |
| | 校長会研修 | 児童虐待への対 | ・児童虐待の種類，通告について | 講義 |

第8章　自らの知識や経験をいかに活かすのか

| | | | | |
|---|---|---|---|---|
| | | 応 | ・要保護児童対策地域協議会について（成り立ち，しくみ，有効性）等 | グループワークアンケート |
| | 生徒指導主事研修 | SSWrとの連携事例検討 | ・模擬事例を使い，SSWrとの連携方法について検討<br>・ケース会議のもち方等について協議 | 講義<br>グループワーク |
| | 養護教諭研修 | 事例検討 | ・SCとの違い<br>・SC，SSWrとの連携，活用方法<br>・アセスメントシート作成等 | グループワーク |
| | 現職教育研修 | 事例検討 | ・年間をとおしての事例検討（アセスメント・プランニング・モニタリングを学び，その様子をグループに分かれて検討，発表する） | （教員の）プレゼンテーション<br>グループワーク |
| 民生・主任児童委員 | 定例会 | SSWの理解<br>不登校やひきこもりへの対応 | ・SSWについての基礎的理解<br>・家庭訪問の方法，注意点，等 | 講話 |
| PTA・地域住民 | 子育て講演会 | 子どもへの対応<br>親としての心がまえ | ・「完璧な親はいない」「子どものサインに気づく」「子どもの居場所づくり」などのテーマでの講話，等 | 講話 |

出所：筆者作成。

## 2）校長会研修「児童虐待への対応と要保護児童対策地域協議会」より

一例として，地区の校長会研修をとりあげる。本研修においては，以下のような依頼の経緯があった。

> ある小学校で虐待疑い案件があり，スクールソーシャルワーカーが関与し，要保護児童対策地域協議会における個別ケース検討会を実施した。当該の学校からはその後，虐待対応やケース会議のすすめ方について校内研修会の要請があった。さらに，同校校長から，要保護児童対策地域協議会のしくみについて，地区の校長会研修であらためてレクチャーしてほしいとの要望あった。そこで，スクールソーシャルワーカー，児童福祉係（要対協事務局）担当者が協働して講話を行うこととなった。

▼研修会（講義）の内容
①プレゼンテーションの内容／担当：児童福祉係（要対協事務局）（図8－1～

3抜粋資料参照）

> 要対協のしくみと構造，法的根拠，要対協で使う用語，要対協の意義・特徴，要対協の運営，虐待対応の流れ，通告義務・守秘義務，ケースの取り扱いと管理方法，役割分担，等

**要保護児童対策地域協議会（要対協）とは**
◆協議会の前身─児童虐待防止市町村ネットワーク（平成12年～）
◆平成16年の児童福祉法改正時、市町村における児相家庭相談の第一義的窓口整備と併せ法定化（児童福祉法第25条の2）平成20年度から設置が努力義務化
◆協議会の役割─「要保護児童及びその保護者（以下「要保護児童等」という。）に関する情報その他要保護児童の適切な保護を図るために必要な情報の交換を行うとともに、要保護児童等に対する支援の内容に関する協議を行うものとする。」（同法第25条の2第2項）
◆平成21年より、対象者に「要支援児童」「特定妊婦」が追加され、総称して「要保護児童等」となった

図8-1

**要対協の特徴**
◆要対協の構成機関・担当者には、守秘義務を課す（児童福祉法25条の5）。＊罰則規定あり（「違反した者は、1年以下の懲役または50万円以下の罰金に処する」児童福祉法第61条の3）
◆要対協の調整機関の指定を規定（「協議会を構成する関係機関等のうちから、一に限り」同法第25条の4）。調整機関は、事務の総括、支援実施状況の進行管理、関係機関との連絡調整を行う。
⇒調整機関は、情報の一元管理、ケースの状況確認、主担当機関の確認、援助方針の見直し等のコーディネーションやマネージメントを担う（ケースの見過ごしやもれを防ぐ）。

図8-2

**要対協の意義**
◆早期発見・早期対応…気になるレベルでのケース検討
◆関係機関の連携…各機関の機能や特色についての相互理解、客観的・多角的なケース検討、適切な役割分担、多様な援助、地域の体制づくり
◆メンバーの意識変化…ひとつの機関での抱え込み防止、負担軽減、相互作用による援助の質の向上

図8-3

②プレゼンテーションの内容／担当：スクールソーシャルワーカー（図8-4～6抜粋資料参照）

> 児童虐待におけるスクールソーシャルワーカーの役割，在宅支援とアセスメント，アセスメントの実際，支援者に求められる視点，ケース会議のもち方，等

第8章　自らの知識や経験をいかに活かすのか

```
児童虐待におけるＳＳＷｒの役割（１）
◆予防－教職員との日頃からの信頼関係（ラポール）
　形成、児童虐待についての研修・啓発活動、法律・制
　度についての情報提供等
◆気づき・発見－虐待発見の主役は教職員、ＳＳＷ
　ｒは客観的な立場での関わりが可能
◆調査・確認－確認内容・項目の検討協力、場合に
　よっては確認の席に同席、学校・児童相談所の役割の
　軽減
```
図8-4

```
在宅支援とアセスメント（１）
◆虐待を発見、通告し、関係機関が支援を開始しても、
　約９割は在宅、そのまま学校へ登校（一時保護ケー
　スは全体の１割）
◆家庭で虐待を受けている子どもたちにとって、学校は
　安全な場所である⇒子どもたちにとっての最大のケア
◆ＳＳＷｒは、子どもの状況に見合った支援が行われ
　ているかを確認する立場
```
図8-5

```
アセスメントの実際（１）
◆リスク、緊急度、家族関係支援、在宅支援等、さまざまな指
　標によるチェックリスト、アセスメントシートが試案、開発されて
　いる。
◆どのようなリストやシートを使用するにしても、あくまでツールに
　過ぎない⇒限界の理解
◆一人で記入するのではなく、「共通の言葉」とするために利用
　すること⇒支援者同士の共通理解
◆アセスメントは、ケースに関する情報を収集し、問題の発生原
　因を明らかにし、どう支援していくのかにつなげるプロセス
◆アセスメント項目だけで物事を決定したり、それだけに頼るも
　のではない
```
図8-6

出所：図8-1～6，いずれも日本学校ソーシャルワーク学会編『スクールソーシャルワーカー養成テキスト』中央法規出版，2008年をもとに筆者作成。

## 3）研修後の感想

### ①校　長

要対協のしくみを初めて知った／要対協があることで，安心して虐待対応にあたれると感じた／通告の義務について，あらためて校内で徹底させたいと思う／しくみは理解できたが，通告の判断はむずかしい／スクールソーシャルワーカーの業務について知ることができた／市町村の福祉課ともっと連携を図る必要があると思った

### ②児童福祉要対協事務局担当

学校との連携には，管理職との連携が欠かせないと感じており，要対協の話をすることができてよかった／ネグレクトの事例では，学校がどのようなことで苦慮しているかがわかった／児童相談所への誤解があり，要対協事務局がその橋わたしをする必要があると感じた

③スクールソーシャルワーカー

> 研修会が、スクールソーシャルワーカーの業務理解、さらには活用の促進につながる機会となった／スクールソーシャルワーカーの要請や活用方法について、周知、工夫が必要／子どもの在宅支援の方法について、児童相談所や要対協事務局とも連携し、できる限り具体的に検討していく必要があると感じた

　以上、スクールソーシャルワーカーが関与（企画および実施）した研修会の例を紹介した。ここに挙げた内容はさまざまであり、それはそのまま、スクールソーシャルワーカーの業務範囲の広さを反映しているともいえる。いずれにせよ重要なのは、適時・適切な研修会開催を心がけることである。また、スクールソーシャルワーカーだけでなく、協働する関係者（ここでは児童福祉係）と講話を実施するなど、地域における支援者同士の学びあいへと発展させることも、大切な視点となるであろう。

## （5）自己点検の指針をもつ
### 1）自ら、そして仲間と共有するよりどころ

　ソーシャルワーカーにとって、日頃の実践を振り返る自己点検や自己評価のためのツールは数多くある。必携は『ソーシャルワーカーの倫理綱領』である。その習熟とともに、教育という場をふまえた振り返りの項目が大切になる。以下の自己点検の例（表8-7）は、一人ひとりで自問自答したり複数のメンバーで話しあってみる項目としてみてもらいたい。具体的な対応のマニュアルとは異なり、今日出会った人々の顔を思い浮かべながら考えてみたい。この例は、子ども、保護者、学校・教職員、地域・関係機関の4つの領域に分けている。

## 2) 自己点検の例

表8-7 自己点検の一覧例

**子どもに対して**

- □学力・学習意欲の向上のためにどのような取り組みができているか。
- □子ども自らが教育機会を最大限に活かすことのできる教育環境をつくりだすことについて、具体的に何ができているか。
- □子ども本人が友だちや教師、家族との人間関係を改善していくことを促せているか。
- □自己肯定感が育ち、社会的に自立する能力が身につくように働きかけることができているか。
- □子どもが不安やストレスへの対処方法、問題解決や自己決定するスキルを身につけるためにどのような働きかけができているか。

**保護者に対して**

- □わが子の教育のために保護者の積極的で効果的な学校参加を促すことができたか。
- □子どもの社会的情緒的ニーズをその保護者に理解してもらうために働きかけができたか。
- □特別なニーズをもつ子どもに役立つ学校や地域(関係機関など)への働きかけ方を理解してもらったか。

**学校・教職員に対して**

- □子どもの学校での諸体験を最大限有用なものにするために、いかなる教育活動を実践すればよいか。その提案ができているか。
- □子どもや家族の諸ニーズに応える適切な社会資源づくりについて、学校や地域関係者と協働できているか。
- □子どものおかれている諸環境(養育、健康、地域、社会、経済など)の要因がその子どもの学習や生活にどんな影響を与えているか。その分析を行い、関係者にその理解を喚起したり提言が行えているか。
- □「気がかりな子ども」の把握をつねにチームで行うために、効果的な働きかけができているか。
- □児童虐待や非行犯罪などの困難事例の諸要因を峻別し、チームのなかで共通理解を促せているか。
- □保護者や学外機関との有効で継続的な関係ができるように橋渡しを行えているか。
- □子どもの学力向上に資するプログラムをつくりグループワークなどを通じて実行できているか。
- □不登校や自殺念慮、虐待・ネグレクト、若年妊産、校内暴力、薬物濫用など、個別テーマに即した危機介入や予防プログラムが提示できるか。
- □「個別支援計画」や「個別教育計画」の作成に参画できているか。
- □幼・保―小、小―中、中―高、小・中―特別支援など、学校間の接続支援の計画や提案ができているか。

**地域・関係機関に対して**

- □学校の考え方や取り組みを地域や関係機関の人びとが理解できるように働きかけているか。
- □子どもや保護者のニーズに応えるための地域人材の確保や居場所づくりを行えているか。
- □特に援助の必要な家族へのサービス提供のために地域の関係機関と継続的に連携できているか。
- □子どもやその家族にとって手の届く諸資源の開発に携えているか。
- □地域・行政・市民団体等による学校応援団づくりができているか。

□子育て支援や障害児の自立支援，要保護児童対策，学校警察連携などの会議へ定期的に参画できているか。

出所：筆者作成。

### 3）指針はつねに見直しを

こうした項目は，つねに組織的に「更新」「改訂」「修正」していくことが大切になる。どこか外部から教授されるものではなく，自治体や地域単位，地域のスクールソーシャルワーカー同士のなかで，討議や討論の切り口として扱うことが求められる。

### （6）集合研修（学習会）のパッケージを考える
### 1）人材育成の年間計画づくり

全国各地で，自治体や有志などさまざまな単位で研修会や学習会が開催されている。職能団体や小さなサークルに至るまで，各地でこうした集まりをコーディネートできる経験者（ベテラン）やスーパーバイザーも増え，年間をとおして定期的，計画的な人材育成や学習・研究の場がかつてよりも幾分可能になってきている。その一方で，地域でこうした活動の濃淡もある。しかし，点と点がつながり線から面となり地域を越えて結びついていきたい。「ソーシャルワークはチームである」ということを随所で具現化していきたい。研修会や学習会はその契機となる。以下は，初任者や経験者の集合研修のパッケージ例（2日間連続講座型）をふくめた年間の取り組み例である（表8-8〜10）。

### 2）パッケージ例

初任者研修，経験者研修，職能研修，単発のトピックによる研修

表8-8　初任者研修の例

| 初任者（採用予定者）講習会（3月下旬） |
|---|
| 1．本県（市区町村）の教育課題<br>　　担当：教育委員会指導主事 |
| 2．学校における相談援助技術——倫理綱領と接遇マナー<br>　　担当：チーフ・スクールソーシャルワーカー |
| 3．学校理解を深める話しあい |

第8章　自らの知識や経験をいかに活かすのか

表8-9　経験者（新任者をふくむ）集合研修のパッケージ例（2日間連続講座）

| 1日目 | 講義題 | 講座担当 |
| --- | --- | --- |
| 10:00～10:50 | 今年度の本県の教育課題とスクールソーシャルワーカーへの期待 | 教育委員会指導主事 |
| 11:00～12:00 | 今日の貧困と家庭支援——ソーシャルワークの基礎 | 県社会福祉士会 |
| 13:00～14:20 | 学校における相談援助技術——いじめ，貧困，児童虐待関連法規を学ぶ<br>　＊コメンテーター（県SV） | チーフSSW<br>県弁護士会 |
| 14:30～15:30 | 事例検討会の進め方を学ぶ——域内会議[1]の運営と課題 | SSW |
| 15:40～16:00 | 全体の振り返り——グループ討議<br>新任者の歓迎会 | SSW・SV |
| 2日目 | 講義題 | 講座担当 |
| 10:00～12:00 | 校内研修会・教師向け研修会の進め方（演習）<br>　要対協との連携をめぐって | SSW<br>子ども家庭課職員 |
| 13:00～14:30 | 事例から学ぶ社会資源の開発—医療機関との連携を中心に（演習） | 特別支援学校コーディネーター<br>SSW |
| 14:40～16:00 | 高校における相談援助と就労支援 | SSW<br>高等学校校長 |
| 16:10～ | 振り返り（感想）シートの作成・まとめ | SV |

注：1）域内会議——教育事務所配置のスクールソーシャルワーカーおよび教育事務所の域内にある市区町村教育委員会所属のスクールソーシャルワーカーが集まる会議。

表8-10　その他の取り組み

〈その他〉
1　単発のトピック型研修会の開催—地区連絡会[2]
2　SVが呼びかける事例学習会や関係団体開催の研修会などの紹介
3　SSWの紹介チラシや配布物などを紹介，推薦図書や資料の紹介
4　実践事例集の作成（年度末）——SVがとりまとめ
5　SV，SSWによる個人情報保護に則った現任者メーリングの設置

注：2）地区連絡会——県内を3地区に分け，教育事務所配置のスクールソーシャルワーカーおよび教育事務所の域内にある市区町村教育委員会所属のスクールソーシャルワーカーとそれぞれの担当指導主事が集まる会議として職能研修と情報交換の場として開催。
出所：表8-8～10，いずれも筆者作成。

### 3）ワーカーだけにならないように

計画的に研修会を開催するには，その日時の調整や場所，講師予算など，教

育行政とのつながりが欠かせなくなる。また，講師や研修企画者に，スクールソーシャルワーカーと他職種にも呼びかけ，たとえば生活保護の申請窓口職員や地域の保健師などと出会う機会をつくることも大切になる。何よりも，他職種の人びとにスクールソーシャルワーカーについて知ってもらう機会として，研修会や学習会といった大切な時間を活用することも心がけたい。

〈第2節：参考文献〉
荒川義子編著『スーパービジョンの実際』川島書店，1991年。
ジョナサン・パーカー，ブレダ・ブラッドリー／岩崎浩三・高橋利一監訳／三上邦彦・渡邊敏文・田中秀和訳『進化するソーシャルワーク』筒井書房，2008年。
福山和女編著『ソーシャルワークのスーパービジョン』ミネルヴァ書房，2005年。
野中猛『スーパービジョンの要点』，2012年。
http://www.rehab.go.jp/College/japanese/training/24/pdf/soudansien_09_kougi6.pdf
〈第3節：参考文献〉
日本学校ソーシャルワーク学会編『スクールソーシャルワーカー養成テキスト』中央法規出版，2008年。
鈴木庸裕・佐々木千里・髙良麻子編『子どもが笑顔になるスクールソーシャルワーク――教師のためのワークブック』かもがわ出版，2014年，24～36頁。
（第1節　佐々木千里・土屋佳子・宮地さつき・鈴木庸裕，第2節　佐々木千里，第3節　佐々木千里・鈴木庸裕・土屋佳子）

---

**コラム8**

### 活動目標を自らつくる

　スクールソーシャルワーカー同士で共有する活動方針は，学校の関係者や地域の専門職に自分たちの動きや考え方を認知してもらうためにも大切である。さらに，活動目標は現実の「地域の課題」を明らかにしたうえで個別の活動目標を立てるということも大切にしたい。以下は，東日本大震災直後（2011〔平成23〕年7月）に，福島県内のスクールソーシャルワーカーや関係者からの情報収集をもとに，意見を集約して作成した課題と活動である。

#### 東日本大震災後の教育復興の担い手として

〈地域課題〉
　福島県は，地震や津波による震災被害に加えて放射能被害もあり，「安定」した生活をとりもどすうえで複合的な課題を抱えており，今なお，多くの子どもが区域

外や県外への転出入を余儀なくされている。そのようななか，

　第1に，学校では居所が安定しない子どもや保護者へのきめ細かいケアを維持促進し，個々のニーズを学校だけで抱え込まないようにしていく必要がある。

　第2に，家庭の生活環境や保護者の生活の安定を目指す福祉的対応（社会福祉制度の活用や地域の保健福祉，生活福祉行政への橋渡し）への必要性が，震災後日増しに増加している。

　第3に，被災や社会混乱のなか，被災地と受け入れ地双方の自治体間の連携やサービスの引き継ぎも困難な状況にある。家族の生活基盤自体（無就労・家族離散など）の修復が長期化するなかで，保護者からの生活相談が「生活のケア」として，学校や担任にもち込まれることも多くなる。

　第4に，めまぐるしく変化する生活環境において，支援者や教職員もまた被災者である。

　第5に，今後，学校現場には，被災直後のストレスが少なからず軽減したあと，現実の居住地選択や家庭生活の安定をめぐるニーズへの対応という大きな課題が学区・地区ごとに浮上してくる。

〈スクールソーシャルワーカーの活動目標〉

①学校や地域の関係者と協働して，大災害後の教育や生活の課題のみならず，それ以前の課題が埋もれないように，あくまでも予防的対応を意識した活動。
②地域の幼・保―小―中―高の連携を視野においた支援のコーディネート活動。
③健全育成や子育て支援，保健福祉，要保護児童対策等の会議・支援チームへの参加。
④社会福祉的ニーズとして，生活保護や未成年後見，親族里親，さまざまな補償・賠償問題などに関する知識，児童相談所や家庭裁判所との調整のあり方などについて。
⑤保護者の就労問題。
⑥若者・高校生などの就労への支援活動。
⑦仮設住宅や借り上げ住宅への巡回訪問や「仮設住宅生活支援相談員」，災害支援関係のセンター職員との連携。
⑧子どもの放課後・休日支援への対応。
⑨被災保護者同士の仲間づくりや地元住民との交流支援。
⑩保護者（養育者）の地域資源活用の円滑化やモニタリング。
⑪県外や域外の避難家族への支援および被災者支援者との連携。
⑫地域（自治体）をまたぐケースへの広域連携の対応。
⑬課題の記録や報告書の作成と行政等への提案。

　なお，こうした観点をもとに，スクールソーシャルワーカーは抱え込むことなく，災害対策や復興支援の専門家（機関）への橋渡しや連携，協働，協議および専門団

| 体からの研修を深める。

出所：福島スクールソーシャルワーカー協会。

　震災は地域丸ごとの生活支援という課題を大きくクローズアップさせた。上記の活動目標の作成はその教訓によるものである。都道府県や市町村の教育委員会のみならず，児童福祉（子ども福祉），障害福祉，子育て支援，地域生活支援，生活困窮対策など，多様な協議会や委員会，そして諸事業がある。スクールソーシャルワーカーの実践はこうした諸事業への接点づくりや参加，さまざまな専門職との人間関係づくり，情報収集のアンテナづくりをともなう。文書化された活動目標や活動指針などは，こうした関連する機関や部署の計画や方針，指針ならびに関係者との相互作用を生み出すツールにもなった。

（鈴木庸裕）

## おわりに——個の尊厳を守る専門職として

　本書は、「学校理解」に力点をおくものであるが、気をつけないといけないことは、学校に寄りかかったり学校に閉じこもってしまうことがないようにするという点である。子どもが育つ環境づくりにおいて、学校がどのような拠点となるのか。「学校・家庭・地域をつなぐスクールソーシャルワーカー」といいあらわされるのは重要だと考える。しかし、学校に入ることで、基本的人権の尊重や子どもの教育権や生存権の保障を目指す多様な筋道が狭くなったり、制限を受ける現実がある。学校に入ることでソーシャルワークの本義を弱めてしまうこともある。

　今日の学校を理解することは、これまでの、子どもや青年を取り巻く社会福祉に何ができて何ができていなかったのかを映し出す鏡にもなる。「心のケア」は、学校教育への批判的精神をもつことなく、子どもの内面に立脚することで支援者自身の専門性の安寧を図りかねない。また、困窮者の自立や貧困防止対策、障害児者の地域生活支援などにも、「がんばれば報われる」「経済的な自立、納税者づくり」という、結局は自己責任論に結びつく危険性もある。さらに、「様子をみましょう」という言葉も、「これだけ環境整備したのにうまくいかないのは本人の責任」という空気と支援者のあきらめ、そして当事者の孤立感を助長しかねない。たしかな根拠をもって「待つこと」も大切であるが。

　そうしたなかで、ソーシャルワークは、自身の援助技術を駆使したり課題を指摘するだけでなく、複数の有効なプランや提案が自らでき、さらに教師をふくめ周囲の専門職から多様な実践的選択肢を導き出す営みである。「子どもに選ばれる」「教師に選ばれる」「保護者に選ばれる」、そして「専門職に選ばれる」ような提案力を高めたい。とはいってもスーパーマンではない。

　最近、子どもや高齢者などの虐待に対応する相談援助職から、「接近困難ケース」という話を聞く機会があった。そのなかには支援の前任者とのかかわりや以前に支援された体験がマイナスになって、周囲への相談やSOSの発信

をやめてしまう人がいるというケースであった。「権利擁護の担い手とされるものがもっとも権利侵害をしてしまってはいないか」。支援が人の回復力を奪うことにもなる。肝に銘じたい話である。

　私たちは「言葉や文字」によって情報を得ていることが多い。実際をみない言葉や伝聞が多く、「目視」や接触がないなかでワークが始まったり動いたりすることもある。相談窓口や電話相談が世のなかに林立するなかで、アウトリーチ型や出向いていく支援スタイルが地域社会のなかで弱まってきていることが、スクールソーシャルワーカーの出番を呼び出したのではないか。

　それだけではない。今日、子どもの周囲には多種多様な「専門職」がいる。しかし、それらをコーディネートする人がみあたらない。従来、「教育は人なり」といわれてきた。今日は「教育はチームなり」である。そのなかで、スクールソーシャルワーカーが子どもたちから、「この人は私を守ってくれる人」という信頼感を獲得していくとともに、「個の尊厳」を守る「専門職」として周囲から承認されていくことも大切である。

　いじめによる自殺（自死）、青少年犯罪や痛ましい学校事故がマスコミで大きく報道されるごとに近視眼的政策提案がなされてくる。今後、日本のソーシャルワーカーの役割がいかなるニーズによって構築されていくべきか。その問いを導き出してくれるのは、将来を担う子どもたちであることはまちがいないであろう。

　最後に、本書の出版にあたり、ミネルヴァ書房の戸田隆之氏に大変お世話になった。『「ふくしま」の子どもたちとともに歩むスクールソーシャルワーカー』、『震災復興が問いかける子どもたちのしあわせ』（いずれもミネルヴァ書房）に引き続き、ご尽力を賜った。ここに厚く御礼申し上げる。そしてご多忙ななか、本書に参画いただいた執筆者各位に改めて御礼申し上げる。

2015年6月

　　　　　　　　　　　　　　　　　　　　　　　　編　者　鈴木庸裕

〔巻末図書一覧〕

スクールソーシャルワーカーに読んでほしい
## 学校教育・教育実践関連の図書一覧

　本書にかかわり，スクールソーシャルワーカーや社会福祉職などの方々に推薦したい学校・教育・教育実践関係の著書を一覧にした。なお，各章や節での引用文献や参考文献をのぞき，できるだけ入手可能なものに限定し，ひと言コメントをつけた。ぜひ，手にとってみていただきたい。

### ▼学校論・教育改革論
- 折出健二『人間的自立の教育実践学』創風社，2007年。
  　＊公教育が目指す人間的自立とは何かをその本質から再提起する。
- 苅谷剛彦『学力と階層』朝日文庫，2008年。
  　＊学歴社会，義務教育，教員の勤務実態と子どもの学習意欲のつながりを考える。
- 今津孝次郎『学校臨床社会学——教育問題の解明と解決のために』新曜社，2012年。
  　＊多様な学校組織文化や教育問題，学校改革への研究方法を説く。
- 竹内常一『いまなぜ教育基本法か』桜井書店，2006年。
  　＊教育基本法改正のどこに問題があるのかを「子ども問題」の本質から考える。
- パウロ・フレイレ／三砂ちづる訳『被抑圧者の教育学（新訳）』亜紀書房，2011年
  　＊教師が教え，生徒は教えられる，銀行貯蓄型から学校・教育の抑圧性を読みとる。
- パウロ・フレイレ／里見実訳『希望の教育学』太郎次郎社，2001年。
  　＊変えることができるという意志と希望を失ったとき，教育は，非人間化の行為の手段になる。

### ▼子ども論・子ども理解
- 土井隆義『友だち地獄——「空気を読む」世代のサバイバル』ちくま新書，2008年。
  　＊繊細さが若い世代の生きづらさを生んでいる。ケータイ・メールでの結びつきの背景に迫る。
- 中西新太郎『〈生きにくさ〉の根はどこにあるのか——格差社会と若者のいま』NPO前夜セミナーbook，2007年。
  　＊現代社会の「生きづらさ」がどこにあるかを浮き上がらせる子ども論。
- 浜田寿美男『子ども学序説——変わる子ども，変わらぬ子ども』岩波書店，2009年。
  　＊子どもの発達心理学の視点から今日の子ども論の広がりを示す。

### ▼子どもの貧困と教育
- 鳫咲子『子どもの貧困と教育機会の不平等——就学援助・学校給食・母子家庭をめぐ

って』明石書店，2013年。
  * 給食費未納や就学援助など教育費用と貧困問題の観点から子どもの貧困削減を考える。
- 制度研『お金の心配をさせない学校づくり——子どものための学校事務実践』大月書店，2011年。
  * いち早く子どもの貧困に気づき向きあってきた学校事務職員の実践と協働を描く。
- 「なくそう・子どもの貧困」全国ネットワーク『大震災と子どもの貧困白書』かもがわ出版，2012年。
  * 「ガレキや汚染土壌の下に貧困がある」。震災が可視化させた子どもの貧困を語る。
- 西田芳正『排除する社会・排除に抗する学校』大阪大学出版会，2012年。
  * 貧困と格差拡大を学校教育がどう理解していくのかを考える。

▼学校・家庭・地域をつなぐ
- 全国放課後連編『障害のある子どもの放課後活動ハンドブック——放課後等デイサービスをよりよいものに』かもがわ出版，2011年。
  * 障害のある子どもたちの地域生活支援と居場所を保障する放課後の営みを学ぶ。
- 西尾祐吾監修『福祉と教育の接点』晃洋書房，2014年。
  * 教育と福祉のかかわりについて歴史的に検証したうえで，両者の接点や連携のあり方について課題や提言を行う。
- 日本学童保育学会『現代日本の学童保育』旬報社，2012年。
  * 子どもの生活を，学童保育を歴史や実践から振り返り，今日的課題を明らかにする。
- 日本社会教育学会編『学校・家庭・地域の連携と社会教育』東洋館出版社，2011年。
  * 学校・家庭・地域の連携に関する動向をふまえた社会教育について事例等も加えて検討する。
- 野本三吉（加藤彰彦）『子どもとつくる地域づくり』学苑社，2014年。
  * 「子どもは地域社会で育ち，地域をつくる当事者でもある」と新たな子どもとの社会を問う。
- 萩原元昭編『子どもの参画——参画型地域活動支援の方法』学文社，2010年。
  * 大人支配・子ども受動という仕組み等の変革の1つの方法として参画型地域活動支援について検討している。
- 増山均『教育と福祉のための子ども観——「市民としての子ども」と社会参加』ミネルヴァ書房，1997年。
  * 子どもの社会参加や生活文化の視点から教育福祉の豊かな営みを提案する。

巻末図書一覧

### ▼学校の教育実践から学ぶ

- 教育科学研究会編『講座・教育実践と教育学の再生（全5巻＋別巻）』かもがわ出版，2013〜14年。
  - ＊日本の教育学・教育実践が今日に至るまでどう子どもや子ども社会と向きあってきたのかを把握するために。
- 京都府生活指導研究協議会『「Kの世界」を生きる』クリエイツかもがわ，2013年。
  - ＊統制と排除の学校から「共感・共闘・共生」の教育実践を創造する教師の実践。
- 鈴木和夫『子どもとつくる対話の教育』山吹書店，2005年。
  - ＊生きづらさを抱える子，暴力で表現する子の言葉にならない声に耳を傾け，受け止める小学校教師の生活指導と授業の記録。
- 全国生活指導研究協議会『競争と抑圧の教室を変える──子どもと共に生きる教師』明治図書，2007年。
  - ＊子どもとともに学びの空間をひろげ，希望と信頼のある学校を創る生活指導の課題。
- 竹内常一・佐藤洋作編『教育と福祉の出会うところ』山吹書店，2012年。
  - ＊生きづらさを抱えた子どもと教師や支援者がともにいかなる学びと協働を通じて夢を切り開いたのか。
- 能重真作『ブリキの勲章（改訂版）』民衆社，2002年。
  - ＊1970年代後半のツッパリと真正面から向きあった教育実践の記録。
- 無着成恭『山びこ学校』岩波文庫，1995年（1951年刊）。
  - ＊戦後日本の教育実践の出発点を読む。

### ▼生活指導について学ぶ

- 折出健二編『生活指導（改訂版）』学文社，2014年。
  - ＊生活を指導するのではなく，教師と子どもがともにつくる「生活」が子どもたちを導びく生活指導を説く。
- 篠崎純子・溝部清彦『子どもとの対話に強くなる・がちゃがちゃクラスをガラーッと変える』高文研，2006年。
  - ＊教師が子どもとの会話をどう工夫しているのかを学ぶ。
- 全国生活指導研究協議会編『子ども集団づくり入門──学級・学校が変わる』明治図書，2006年。
  - ＊子どもは子ども社会のなかで育つことから学校が変わることを説く。
- 塩崎義明編『スマホ時代の学級づくり』学事出版，2012年。
  - ＊スマホ時代といわれる今日，教師が子どもや保護者とつながり新たな学級づくりを行っているのか。

▼教師論
- 久冨善之・佐藤博編『新採教師はなぜ追いつめられたのか――苦悩と挫折から希望と再生を求めて』高文研，2010年．
   ＊教育現場を取り巻く過酷な現実を洗い出し，再生への道を探る．
- 本田由紀『教育の職業的意義――若者，学校，社会をつなぐ』ちくま新書，2009年．
   ＊学校で職業能力を形成する機会が失われてきた背景をみる．
- 諸富祥彦『教師の資質――できる教師とダメ教師は何が違うのか？』朝日新書，2013年．
   ＊教師を取り巻く過酷な現状のなかで新たな時代に求められる教師の資質．

▼子ども・青年の学びと生き方
- 乾彰夫編『高卒5年どう生き，これからどう生きるか』大月書店，2013年．
   ＊高校卒業へのインタビュー調査をもとに，マスコミで語られない若者像を探求する．
- 大阪府西成高等学校『反貧困学習――格差の連鎖を断つために』解放出版社，2009年．
   ＊貧困問題や生徒の厳しい生活現実と向きあうなかで生まれた教材．
- 豊泉周治『若者のための社会学――希望の足場をかける』はるか書房，2010年．
   ＊学校から仕事に移行するときに出あう「若者に希望のある社会」への道筋を示す．
- 宮島喬・太田晴雄編『外国人の子どもと日本の教育――不就学問題と多文化共生の課題』東京大学出版会，2005年．
   ＊学校で文化の壁に直面する子どもたちへの学校制度や支援のあり方から多文化教育の姿を探る．

▼学校安全・学校保健
- 齋藤歡能監修／渡邉正樹編『学校安全と危機管理』大修館書店，2006年．
   ＊教師に求められる学校安全の知識や理解とセーフスクールの紹介．
- 喜多明人・橋本恭宏編『〈提言〉学校安全法――子どもと学校を守る安全指針』不磨書房，2005年．
   ＊学校安全の現場依存主義の限界と国・自治体・学校の協働による学校安全のすすめ．

▼子どもの人権と教育福祉
- 「施設で育った子どもたちの語り」編集委員会『『施設で育った子どもたちの語り』明石書店，2012年．
   ＊被虐待体験を乗り越え，支えられつつ自らの思いを語るまでの軌跡．
- 非行克服支援センター『何が非行に追い立て，何が立ち直る力になるのか』新科学出

版社，2014年。
　　＊もと非行少年たちへのインタビューから，何が立ち直りに至ったのかを支援者に問う。

▼保護者とのつながり
- 古川治編『学校と保護者の関係づくりをめざすクレーム問題――セカンドステージの保護者からのクレーム対応』教育出版，2013年。
　　＊学校や教師が取り組む保護者のクレーム対応がもつ課題について。
- 小野田正利『普通の教師が普通に生きる学校――モンスター・ペアレント論を越えて』時事通信社，2013年。
　　＊学校と保護者の意識のズレがどこから生まれてくるのか。

▼いじめ・不登校・学級崩壊
- 教育科学研究会『いじめと向き合う』旬報社，2013年。
　　＊子どもとともにいじめを克服するために教師，研究者，弁護士に何ができるか。
- 篠崎純子『困らせたっていいんだよ，甘えたっていいんだよ』高文研，2014年。
　　＊荒れる教室，女子グループの対立，発達に困難を抱える子どもと向きあい希望を語る。
- 全国生活指導研究協議会『いじめ・迫害――子どもの世界に何が起こっているか』クリエイツかもがわ，2013年。
　　＊いじめを乗り越える学校や学級をどのように育てるのかを考える。
- 全国生活指導研究協議会『暴力をこえる――教室の無秩序とどう向き合うか』大月書店，2001年。
　　＊今日の暴力を子どもとともに考え，分析し，対話・討論・討議を通して組み替えていく生活指導教師の営み。
- 吉益敏文・山崎隆夫・花城詩・齋藤修・篠崎純子『学級崩壊――荒れる子どもは何を求めているのか』高文研，2011年。
　　＊どうして子どもたちはこれほどまでに荒れるのかを苦悩した教師による学級づくりの道。

▼臨床教育学
- アーサー・クラインマン／江口重幸・五木田紳・上野豪志訳『病いの語り・慢性の病いをめぐる臨床人類学』誠信書房，1996年。
　　＊臨床教育学の方法論である「語りを聴く」ことの大切さを示す。
- 新堀通也『教育病理への挑戦――臨床教育学入門』教育開発研究所，1996年。
　　＊学校で起きる困難な問題への対処から，臨床教育学の誕生が求められた経緯。

- 中村圭佐・氏家靖浩編『教室の中の気がかりな子――ADHD, LD, 高機能PDD, 統合失調症…』朱鷺書房，2003年。
    * SOSが出ている子どものいる教室（学校）にどうアプローチすべきかを実践的に紹介。
- 和田修二・皇紀夫編『臨床教育学』アカデミア出版会，1996年。
    * 臨床教育学が成立した初期の理論的な論考。

▼特別支援教育
- 相澤雅夫他編『必携・特別支援教育コーディネーター』クリエイツかもがわ，2011年。
    * 障害理解や生態学的なアセスメントから移行支援，支援機関との連携をひらく。
- 荒川智『インクルーシブ教育入門――すべての子どもの学習参加を保障する学校・地域づくり』クリエイツかもがわ，2008年。
    * さまざまな子どもの利益を保障するインクルーシブ教育の可能性を展望する。
- 玉村公二彦・清水貞夫・黒田学・向井啓二編『キーワードブック特別支援教育――インクルーシブ教育時代の障害児教育』クリエイツかもがわ，2015年。
    * 障害児教育の基本的な原理や改革動向，支援などの基本的知識を概説。

▼福祉教育
- 大橋謙作編集代表『福祉科指導法入門』中央法規出版，2002年。
    * 改めて社会福祉教育の視点から福祉科教育の実践を考える。
- 阪野貢『福祉教育の理論と実践――新たな展開を求めて』相川書房，2000年。
    * 福祉教育の多様性を現代社会の課題から考える。

（鈴木庸裕）

# 索　引

## あ　行

あいまいな存在　145
アクティブラーニング　67
アセスメント　108, 115, 186
アセスメントシート　214
アダムズ, ジェーン　23
生きづらさ　1
意見表明権　42
いじめ対策等総合推進事業　20, 163
いじめ防止対策推進法　163
ウェルビーイング　61
役務の提供　42
SNS（ソーシャル・ネットワーキング・サービス）　56
エンパワメント　18
OECD中学教員調査　33
親子プログラム　130

## か　行

介護保険法　62
改正教育基本法　1, 2
ガイダンス　16
介入（インタベンション）　169
抱え込み　142
学習支援　36
　　――員　87
学習指導要領　155
学年団組織　138
家族主義　30
学級経営　4
合校　6
学校アセスメント　134, 178
学校運営協議会　60
学校外教育　16
学校管理者　170
学校基本法施行規則　150
学校給食　34
学校教育指導　150
学校教育法　136, 155
学校教育法施行規則　155
学校教育法施行令　155
学校経営　4
学校計画　150
学校支援地域本部　60
学校システム　113
学校事務職　13, 37
学校スリム化　6
学校組織　137, 138
　　――構造　138
学校内送致　17
学校の福祉的機能　13, 83
学校評価　150, 151
学校評価ガイドライン　150
学校風土　9
学校福祉論　14
学校文化　5
学校保健安全法　170
家庭環境調査票　104
家庭教育支援　60
家庭支援機能　57
家庭児童相談室設置運営要綱　155
家庭全体　58
感化救済事業　49
環境変革　82
間接支援　169, 197, 198
管理機能　184
管理職　137
管理訪問　168
気づき　185
義務教育制度　13
キャリア教育　11
教育委員会規則・通則　155
教育機能　184
教育基本法　1, 155
教育計画　18, 146-148

239

教育憲法　1
教育再生実行会議　31
教育支援活動促進事業　62
教育職　12
教育振興基本計画　149
教育的意味　5
教育と福祉の「谷間」　14
教育と福祉の統一　49, 50
教育の機会均等　3
教育福祉　49, 50
教員文化　5
教員養成カリキュラム　10, 11
教科「福祉」　53
共助　63
教職実践演習　10
教職者像　11
競争主義　44
教壇実践　11
緊急派遣　168
経験者研修　226
ケース会議　211
ケースマネジメント　12
権威性　70
健康管理表　103
健康調査票　103
現実的近視眼的処置　2
高校福祉科　15
高校無償化　33
公助　63
厚生労働省局長通知　146
校長会研修　220, 221
校長像　139
行動連携　142
幸福追求　13
校務分掌　7
合理的配慮　16
国際児童年　41
国際人権規約　41
国民生活基礎調査　25
国連子どもの権利委員会　43
互助　63
個人情報保護法　161
個人と環境の関係性　108

子育て短期支援事業　165
子ども・子育て支援法　65
子ども総合支援委員会　13
子どもの権利条約　41
子どもの最善の利益　41, 45
子どもの貧困　25, 31
子供の貧困対策に関する大綱　34
子どもの貧困対策の推進に関する法律　29
子どもの貧困率　25
子ども貧困防止対策推進法　17
個の尊厳　232
個別支援計画　12, 16
個別指導計画　16
個別スーパービジョン　184
困っている子　115
困り感　17
コミュニティ・スクール　60, 66

## さ 行

サービス利用者　47
ジェノグラム　215
支援のデザイン　108
自己覚知　185, 190
自己責任　36
自己変革　82
支持機能　184
自助　63
市町村児童家庭相談援助指針　155
実践記録　71
実践的指導力　5, 19
児童虐待防止法　158
児童生徒支援課　13
児童相談所運営指針　155
指導の無限定性　5
児童福祉司　58
児童福祉法　46
児童養護施設入所児童　50
司法福祉　14
社会事業　40
社会正義　48
社会的教育者　21
社会的結束　20
社会的視点　11

索　引

社会的排除　165
社会福祉基礎構造改革　9
社会福祉士・介護福祉士法　9
社会福祉専門職　12, 125
社会福祉専門職団体協議会　47
就学援助制度　29, 38
就学指導審議会　125
集団的責任　20
10年経験者研修　220
就労移行支援事業　67
主幹教諭　141
授業妨害　45
主任介護支援専門員　66
ジュネーヴ宣言　41
守秘義務　160
巡回　168
小1プロブレム　5
障害者基本法　152
生涯発達　97
職員協働型　7
職業倫理　47
職能研修　226
職階別研修　220
初任者研修　226
申請主義　65
新専門職創生型　7
心理教育　15
心理教育的アプローチ　95
心理的視点　11
スーパーバイジー　184
スーパーバイズ　184
スーパービジョン　184, 185
ストレス・バーンアウト　3
生活　79
生活意欲　77
生活技術　77
生活教育　46
生活現実　71, 76
生活困窮家庭　32
生活困窮者自立支援法　67
生活指導　77
生活指導教師　19
生活知性　77

生活綴り方　46
生活の質（QOL）　14, 98
生活の視点　81
生活の全体　78
生活保護受給家庭　29
生活保護制度　29
性行不良　162
聖職　3
精神障害者保健福祉手帳　53
生存権保障　14
生徒指導　77
『生徒指導提要』　18, 143, 145, 155
『生徒指導の手引き』　78
生理的視点　11
世界人権宣言　42
接近困難ケース　231
セツルメント事業　23
戦災孤児　41
全体の奉仕者　2
総合相談　64, 67
相談支援体制整備ガイドライン　152
ソーシャルアクション　111
ソーシャル・センター　22, 127

た　行

第一義的責任　30
第3の学校経営改革　8
大正デモクラシー　49
対人援助専門職　21
楽しい授業　13
地域に根ざす教育　46
地域の教育力　17
地域包括支援センター　66, 68
チーム学校　113
地縁ネットワーク　62
地方教育行政の組織及び運営に関する法律　155
地方障害者計画　152
中1プロブレム　3
中央教育審議会答申　44
直接支援　169
通級教室　86
通告義務　158

241

つなぎ　16
低所得世帯　50
出口管理　11
デューイ，ジョン　22
伝達（の）スキル　186，189
トインビー・ホール　23
道徳教育　6，11
同僚性　113
特別支援教育　15，131
特別支援コーディネーター　141

な　行

鍋（なべ）ぶた　8
日本学術会議　9
日本型学校　6
日本学校ソーシャルワーク学会　21
日本社会福祉士養成校協会　9
日本生活指導学会　77
人間と環境の相互作用　80
人間発達援助　89

は　行

配置　168
派遣　168
発達援助専門職　93
発達支援専門職　21
発達障害支援センター　20
ハル・ハウス　23
反福祉的状況　15
非行　162
非行少年　162
非正規労働　63
ひとり親世帯　26
評価　21
費用対効果論　20
開かれた学校　142
ピラミッド構造　8，137
貧困ライン　25
福祉科教員　52
福祉教育　15
福祉的就労　53
福祉の教育的機能　83

プラグマティズム　22
フラット（なべぶた）構造　137
プラットフォーム　25，34，70
プランニング　115
不良行為少年　162
プロジェクト構造　8
プロフェッショナル　96
放課後子ども教室　60
包括的アセスメント　114，204，211，214
暴力行為　45
報・連・相　206
保健調査票　104
保護者対応　4

ま　行

マクロ　84，106，118，154，214
マトリクス構造　137
マニュアル化　11
ミクロ　84，106，118，154，214
未然予防　185
無戸籍　55
メゾ　84，106，118，154，214
モンスターペアレント　3
問題行動　32
問題発見機能　55

や　行

ゆとり教育　8
養育態度　32
養護教諭　33，103
養護診断　103
要支援児童　161
幼保一元化問題　50
要保護児童　161
要保護児童対策地域協議会　47，125，164，221

ら　行

臨床教育学　89，93
倫理綱領　47，48
倫理責任　48
連携ケース会議　81

242

■執筆者紹介（＊は編著者，執筆順，現職，所属，主著・主要論文）

＊鈴木　庸裕（はじめに，第1章，コラム7，第8章第1節・第3節，コラム8，おわりに，
　　　　　　巻末図書一覧）
　編著者紹介参照

宮地さつき（コラム1，第7章第2節，第8章第1節）
　法政大学現代福祉学部助教，福島県本宮市教育委員会スクールソーシャルワーカー・
　スーパーバイザー
　日本学校ソーシャルワーク学会，日本子ども虐待防止学会ほか
　『子どもの生活の場としての教育と福祉のinterface ―― J. デューイの「ソーシャ
　ル・センターとしての学校」論より』（単著）『学校ソーシャルワーク研究』第3号，
　2008年。門田光司・鈴木庸裕編著『ハンドブック　学校ソーシャルワーク演習――
　実践のための手引き』ミネルヴァ書房，2010年。鈴木庸裕編著『『ふくしま』の子ど
　もたちとともに歩むスクールソーシャルワーカー――学校・家庭・地域をつなぐ』
　（共著）ミネルヴァ書房，2012年ほか。

岩田　美香（第2章）
　法政大学現代福祉学部教授
　日本学校ソーシャルワーク学会理事，日本社会福祉学会，日本子ども家庭学会，日
　本家族社会学会，日本社会学会，日本福祉社会学会，日本保育学会，日本保健福祉
　学会理事，日本司法福祉学会ほか
　「ひとり親家族からみた貧困」（単著）『貧困研究』Vol. 3，明石書店，2009年。「子育
　てと社会的孤立」（単著）河合克義・菅野道生・板倉香子編『社会的孤立への挑戦
　――分析の視座と福祉実践』（共著）法律文化社，2013年。「子どもの貧困からみた
　『子ども・若者支援』」法政大学大原社会問題研究所・原伸子・岩田美香・宮島喬編
　『現代社会と子どもの貧困――福祉・労働の視点から』大月書店，2014年。「『学びの
　困難さ』について考える」（単著）『世界の児童と母性』第80号，2016年。

鈴木　久之（コラム2）
　二本松市立岳下小学校学校事務職員
　全国学校事務職員制度研究会
　「なくそう！　子どもの貧困」全国ネットワーク編著『大震災と子どもの貧困白書』
　（共著）かもがわ出版，2012年。制度研編『お金の心配をさせない学校づくり』（共
　著）大月書店，2011年。全国学校事務職員制度研究会編『元気がでる就学援助の本』

（共著）かもがわ出版，2012年。

望月　彰（もちづき　あきら）（第3章）

愛知県立大学教育福祉学部教授

日本教育法学会，日本社会教育学会，日本保育学会，日本教育学会，日本社会福祉学会，日本生活指導学会，日本司法福祉学会，日本学童保育学会，社会事業史学会

望月彰『自立支援の児童養護論』ミネルヴァ書房，2004年。望月彰・谷口泰史編著『子どもの権利と家庭支援──児童福祉の新しい潮流』三学出版，2005年。望月彰編著『子どもの社会的養護──出会いと希望のかけはし』建帛社，2006年。山野則子・野田正人・半羽利美佳編著『よくわかるスクールソーシャルワーク』（共著）ミネルヴァ書房，2012年ほか。

髙橋恵里香（たかはし　えりか）（コラム3）

東北福祉大学総合福祉学部兼任講師

日本学校ソーシャルワーク学会，日本社会福祉学会，日本社会福祉士会ほか

門田光司・鈴木庸裕編著『ハンドブック　学校ソーシャルワーク演習──実践のための手引き』ミネルヴァ書房，2010年。阪野貢・木下康彦編著『福祉科教育法の構築と展開』角川学芸出版，2007年。

髙良　麻子（こうら　あさこ）（第4章）

東京学芸大学教育学部教授

日本学校ソーシャルワーク学会，日本社会福祉学会，日本社会福祉士会ほか

髙良麻子『日本におけるソーシャルアクションの実践モデル──「制度からの排除」への対処』中央法規，2017年。

髙良麻子編著『独立型社会福祉士──排除された人びとへの支援を目指して』ミネルヴァ書房，2014年。鈴木庸裕・佐々木千里・髙良麻子編『子どもが笑顔になるスクールソーシャルワーク──教師のためのワークブック』かもがわ出版，2014年ほか。

村井　琢哉（むらい　たくや）（コラム4）

特定非営利活動法人山科醍醐こどものひろば理事長

特定非営利活動法人山科醍醐こどものひろば編『子どもたちとつくる　貧困とひとりぼっちのないまち』（共著）かもがわ出版，2013年。

山本　敏郎（第5章）

日本福祉大学子ども発達学部教授

日本教育学会，日本教育方法学会，日本生活指導学会，日本教育政策学会，日本学童保育学会，日本学校ソーシャルワーク学会

山本敏郎・藤井啓之・高橋英児・福田敦志『新しい時代の生活指導』有斐閣，2014年。子安潤・山田綾・山本敏郎編著『学校と教室のポリティクス』フォーラム・A，2004年。折出健二編『生活指導（改訂版）』（共著）学文社，2014年。山本敏郎『教育改革と21世紀の学校イメージ』いしかわ県民教育文化センター，2000年。諸岡康哉・高田清編『特別活動の基礎と展開』（共著）コレール社，1999年。山本敏郎「学童保育実践研究とは何か」（単著）日本学童保育学会編『学童保育』第2巻，2012年。山本敏郎「アソシエーション過程としての集団づくり」（単著）全国生活指導研究協議会編『生活指導』700号，明治図書，2012年。山本敏郎「教育と福祉の間にある教師の専門性」（単著）日本生活指導学会編『生活指導研究』28号，エイデル研究所，2011年。

篠崎　純子（コラム5）

もと公立小学校教諭，首都大学東京健康福祉学部非常勤講師，児童相談所学習支援員

全国生活指導研究協議会，日本臨床発達心理士会，日本LD学会

篠崎純子『困らせたっていいんだよ，甘えたっていいんだよ！──純子先生の虹色ノート』高文研，2014年。篠崎純子・溝部清彦『がちゃがちゃクラスをガラーッと変える──子どもとの対話に強くなる』高文研，2006年。篠崎純子・村瀬ゆい『ねぇ！　聞かせて，パニックのわけを──発達障害の子どもがいる教室から』高文研，2009年。竹内常一・佐藤洋作編著『教育と福祉の出会うところ──子ども・若者としあわせをひらく』（共著）山吹書店，2012年ほか。

氏家　靖浩（第6章）

仙台白百合女子大学人間発達学科教授

日本臨床教育学会，日本精神保健福祉士協会，日本学校心理士会ほか

中村圭佐・氏家靖浩編『教室の中の気がかりな子──ADHD，LD，高機能PDD，統合失調症…』朱鷺書房，2003年。氏家靖浩編著『コミュニティメンタルヘルス』批評社，2003年。

井戸川あけみ（コラム6）
　　もと公立学校養護教諭，福島県新地町スクールソーシャルワーカー
　　日本学校心理士会，日本学校心理学会，日本臨床動作学会
　　学校心理士，保健師，助産師，看護師，看護教諭。
　　教育科学研究会編『教育』（共著）かもがわ出版，2012年6月号。同2013年3月号。
　　鈴木庸裕・佐々木千里・髙良麻子編『子どもが笑顔になるスクールソーシャルワーク――教師のためのワークブック』（共著）かもがわ出版。2014年。

佐々木千里（第7章第1節，第8章第1節・第2節・第3節）
　　京都市，寝屋川市，静岡県等スクールソーシャルワーカー・スーパーバイザー
　　日本学校ソーシャルワーク学会，司法福祉学会
　　鈴木庸裕編著『「ふくしま」の子どもたちとともに歩むスクールソーシャルワーカー――学校・家庭・地域をつなぐ』（共著）ミネルヴァ書房，2012。山野則子・野田正人・半羽利美佳編著『よくわかるスクールソーシャルワーク』（共著）ミネルヴァ書房，2012。鈴木庸裕・佐々木千里・髙良麻子編『子どもが笑顔になるスクールソーシャルワーク――教師のためのワークブック』かもがわ出版，2014年。「児童生徒の問題への対応について学校に求められる視点とケース会議の意義――スクールソーシャルワークの活動実践における一考察」（単著）『学校ソーシャルワーク研究』創刊号，日本学校ソーシャルワーク学会，2007年ほか。

林　　聖子（第7章第3節）
　　京都市，寝屋川市スクールソーシャルワーカー
　　日本学校ソーシャルワーク学会，日本LD学会，日本社会福祉士学会，日本スクールソーシャルワーク協会
　　鈴木庸裕・佐々木千里・髙良麻子編『子どもが笑顔になるスクールソーシャルワーク――教師のためのワークブック』（共著）かもがわ出版，2014年。

土屋　佳子（第7章第4節，第8章第1節・第3節）
　　東京都教育庁地域教育支援部生涯学習課　都立学校自立支援チーム・統括スーパーバイザー，福島県等スクールソーシャルワーカー・スーパーバイザー，立教大学，早稲田大学，和光大学，宇都宮短期大学非常勤講師
　　京都大学大学院人間・環境学研究科博士後期課程在籍
　　日本学校ソーシャルワーク学会，日本子ども虐待防止学会，社会文化学会ほか
　　『スクールソーシャルワーク実践技術』（共著）北大路書房，2015年。『子どもへの気づきがつなぐ「チーム学校」――スクールソーシャルワークの視点から』（共著）か

もがわ出版，2016年。『シングルマザー365日サポートブック』（共著）しんぐるまざーずふぉーらむ，2016年ほか。

梅山　佐和（うめやま　さわ）（第7章第5節）
　京都市スクールソーシャルワーカー，同志社大学社会学部社会福祉学科嘱託講師
　日本司法福祉学会，日本学校ソーシャルワーク学会，日本社会福祉学会
　小林英義・小木曽宏編著『児童自立支援施設　これまでとこれから――厳罰化に抗する新たな役割を担うために』（共著）生活書院，2009年。加藤博史・水藤昌彦編著『司法福祉を学ぶ――総合的支援による人間回復への途』（共著）ミネルヴァ書房，2013年。相澤仁・野田正人編『施設における子どもの非行臨床――児童自立支援事業概論』（共著）明石書店，2014年。鈴木庸裕・佐々木千里・髙良麻子編『子どもが笑顔になるスクールソーシャルワーク――教師のためのワークブック』（共著）かもがわ出版，2014年。小木曽宏・宮本秀樹・鈴木崇之編『よくわかる社会的養護内容［第3版］』（共著）ミネルヴァ書房，2015年ほか。

《編著者紹介》

鈴木庸裕（すずき・のぶひろ）

1961年　大阪府生まれ。愛知教育大学大学院教育学研究科修了。
現　在　福島大学大学院人間発達文化研究科（学校福祉臨床領域）教授。
　　　　日本学校ソーシャルワーク学会，日本特別ニーズ教育学会，日本スクールソーシャルワーク協会，特定非営利活動法人福島スクールソーシャルワーカー協会，福島県教育委員会スクールソーシャルワーカー・スーパーバイザー，ほか。
主　著　門田光司・鈴木庸裕編著『ハンドブック　学校ソーシャルワーク演習──実践のための手引き』ミネルヴァ書房，2010年。日本学校ソーシャルワーク学会編『スクールソーシャルワーカー養成テキスト』（共著）中央法規出版，2008年。鈴木庸裕編著『「ふくしま」の子どもたちとともに歩むスクールソーシャルワーカー──学校・家庭・地域をつなぐ』ミネルヴァ書房，2012年。鈴木庸裕編著『震災復興が問いかける子どもたちのしあわせ──地域の再生と学校ソーシャルワーク』ミネルヴァ書房，2013年。


　　　　スクールソーシャルワーカーの学校理解
　　　　　　──子ども福祉の発展を目指して──

2015年8月10日　初版第1刷発行　　　　　〈検印省略〉
2017年9月30日　初版第2刷発行

定価はカバーに
表示しています

編著者　鈴　木　庸　裕
発行者　杉　田　啓　三
印刷者　中　村　勝　弘

発行所　株式会社　ミネルヴァ書房
　　　　607-8494　京都市山科区日ノ岡堤谷町1
　　　　電話代表　(075)581-5191
　　　　振替口座　01020-0-8076

©鈴木庸裕ほか，2015　　　　　中村印刷・藤沢製本
ISBN978-4-623-07379-5
Printed in Japan

鈴木庸裕編著
# 震災復興が問いかける子どもたちのしあわせ
――地域の再生と学校ソーシャルワーク

四六判・216頁・本体2,400円

門田光司／鈴木庸裕編著
# ハンドブック　学校ソーシャルワーク演習
――実践のための手引き

Ａ５判・240頁・本体2,800円

門田光司著
# 学校ソーシャルワーク実践
――国際動向とわが国での展開

Ａ５判・212頁・本体3,500円

山野則子／野田正人／半羽利美佳編著
# よくわかるスクールソーシャルワーク

Ｂ５判・210頁・本体2,500円

山野則子・峯本耕治編著
# スクールソーシャルワークの可能性
――学校と福祉の協働・大阪からの発信

四六判・256頁・本体2,000円

藤岡孝志監修／日本社会事業大学児童ソーシャルワーク課程編
# これからの子ども家庭ソーシャルワーカー
――スペシャリスト養成の実践

Ａ５判・388頁・本体3,800円

―― ミネルヴァ書房 ――
http://www.minervashobo.co.jp/